DELIUS KLASING

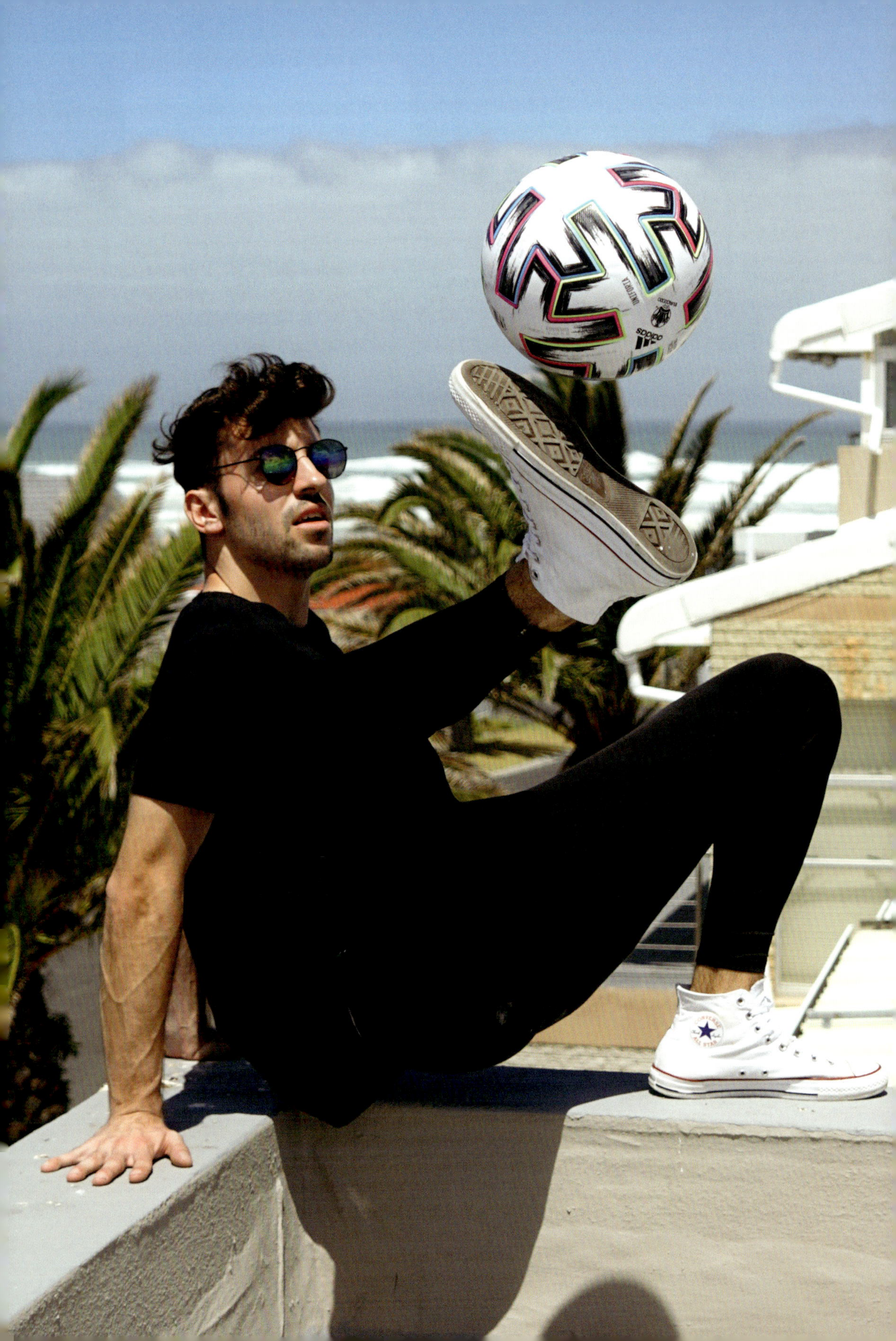

MARCEL GURK

FUSSBALL FREESTYLE

LERNE DIE BESTEN TRICKS DER WELT

DELIUS KLASING VERLAG

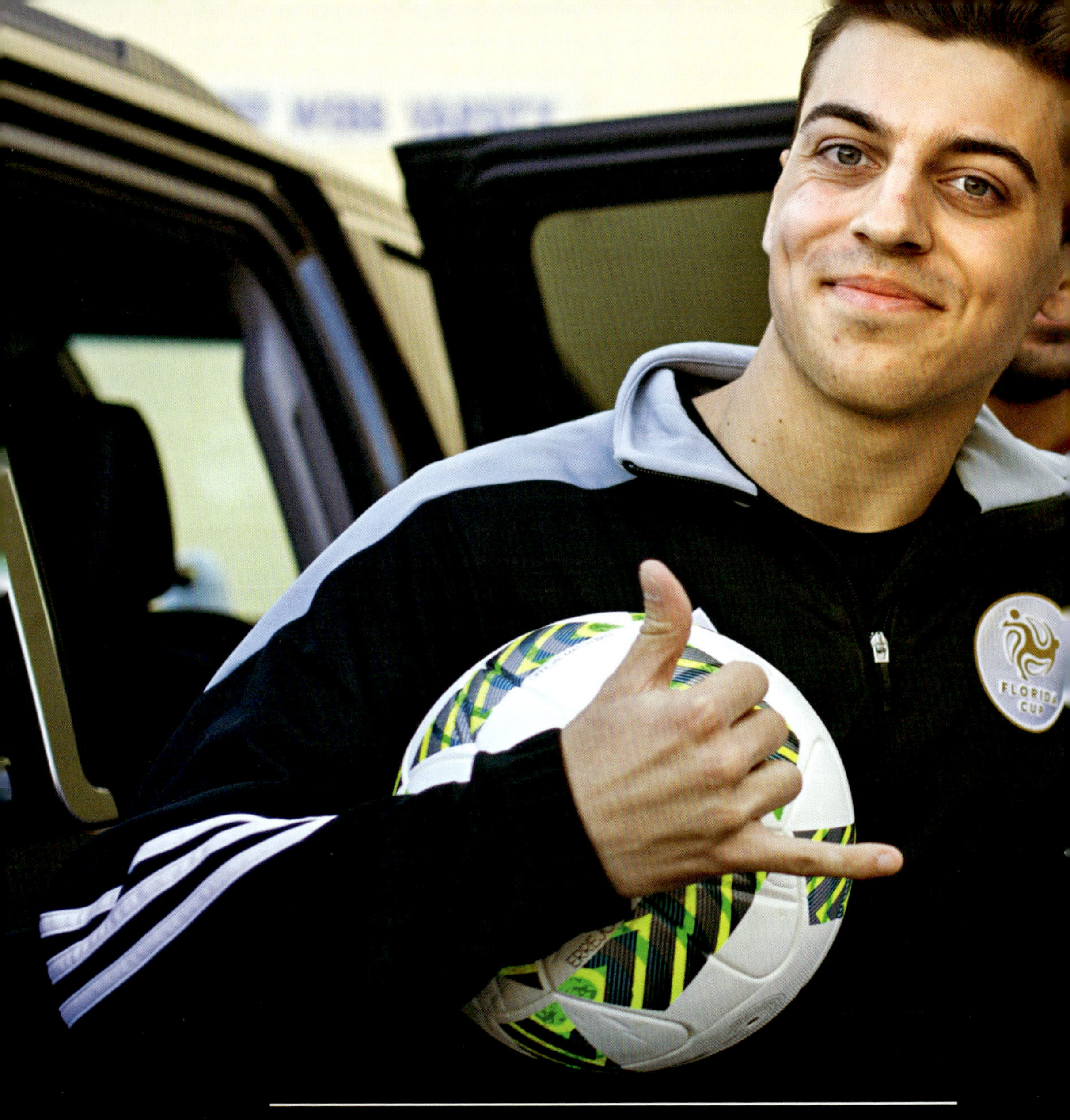

»GLÜCKWUNSCH ZUM BUCH, MARCEL!«
RONALDINHO (WELTFUSSBALLER 2004, 2005)

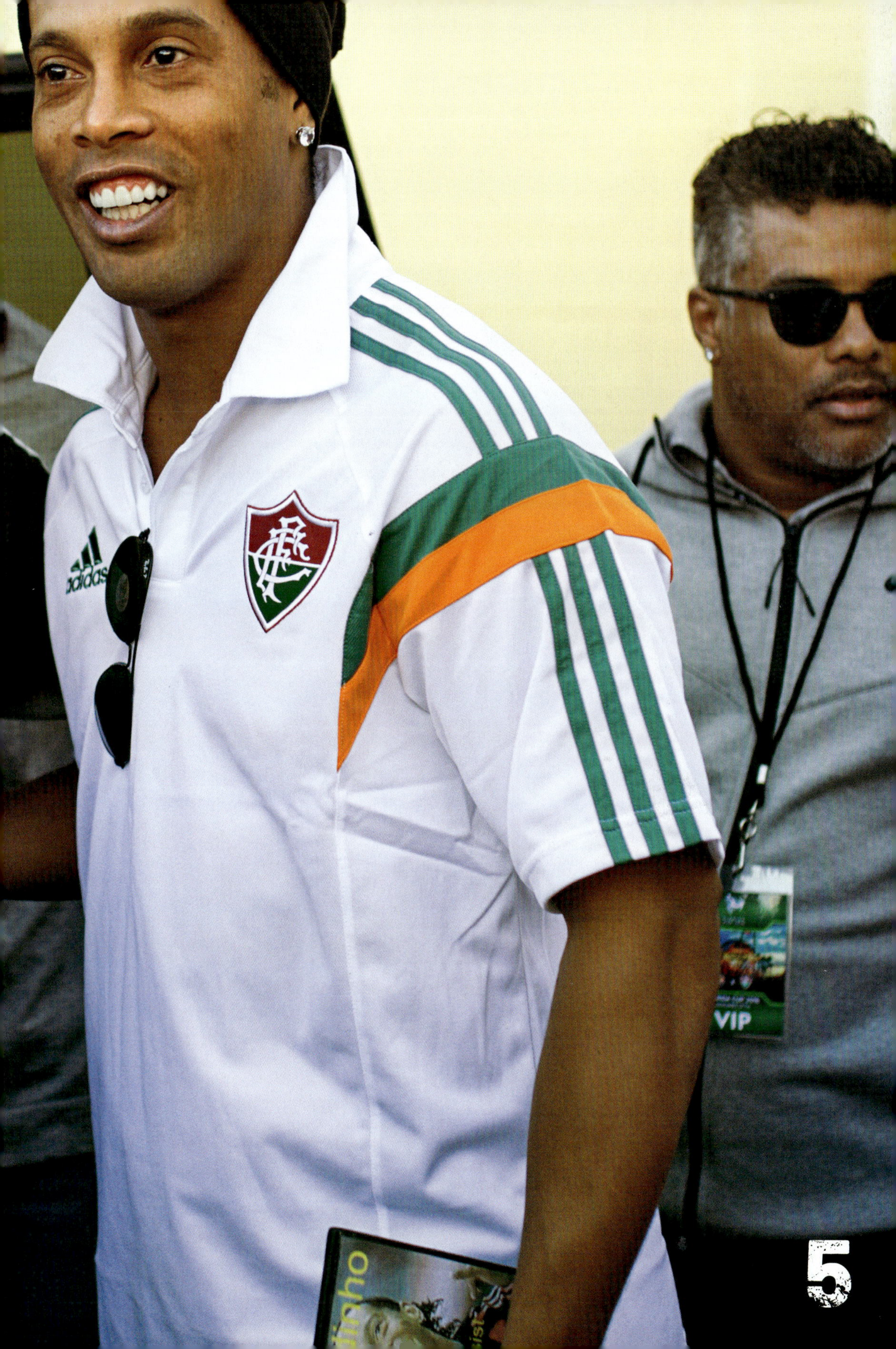
adidas
VIP

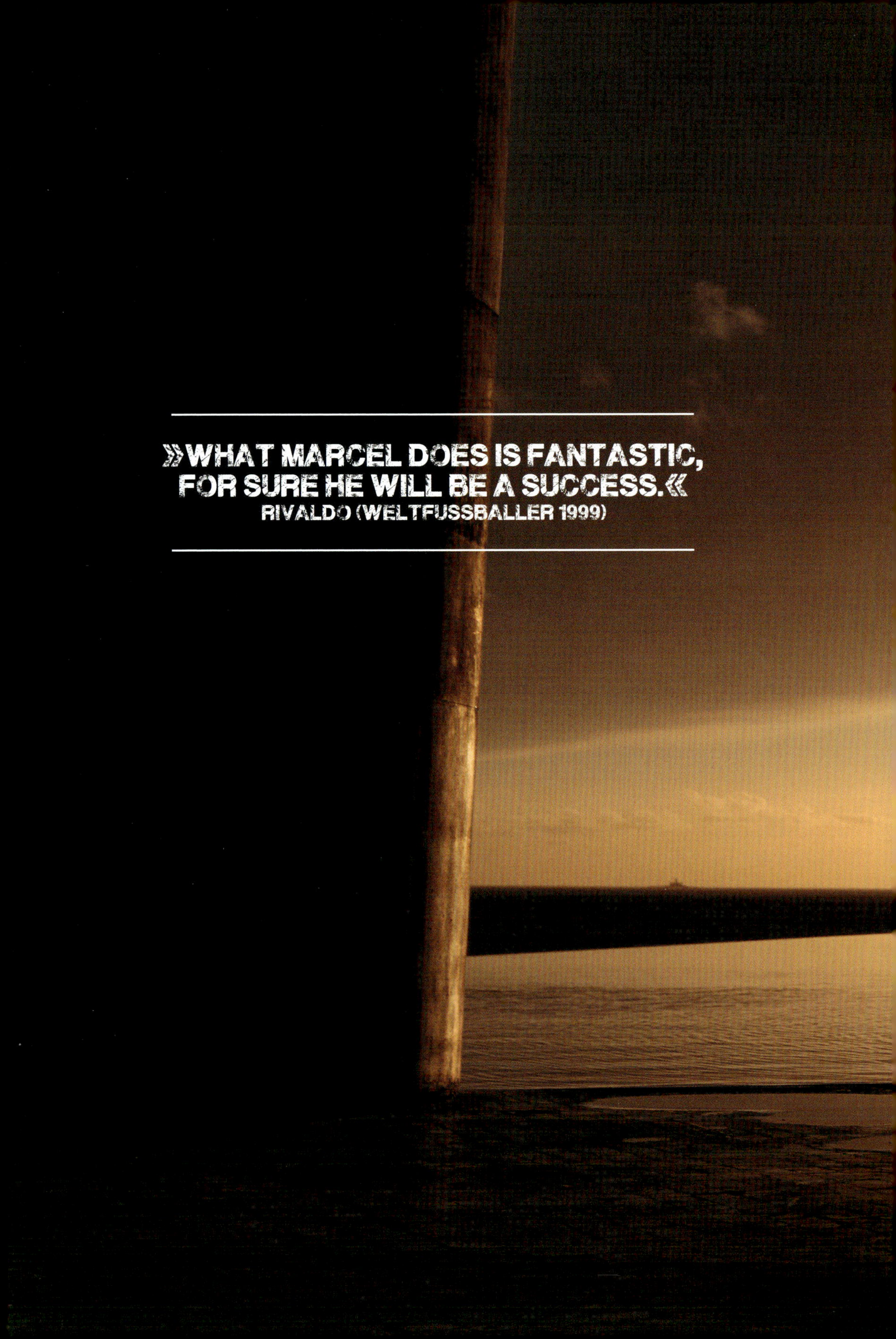
»WHAT MARCEL DOES IS FANTASTIC,
FOR SURE HE WILL BE A SUCCESS.«
RIVALDO (WELTFUSSBALLER 1999)

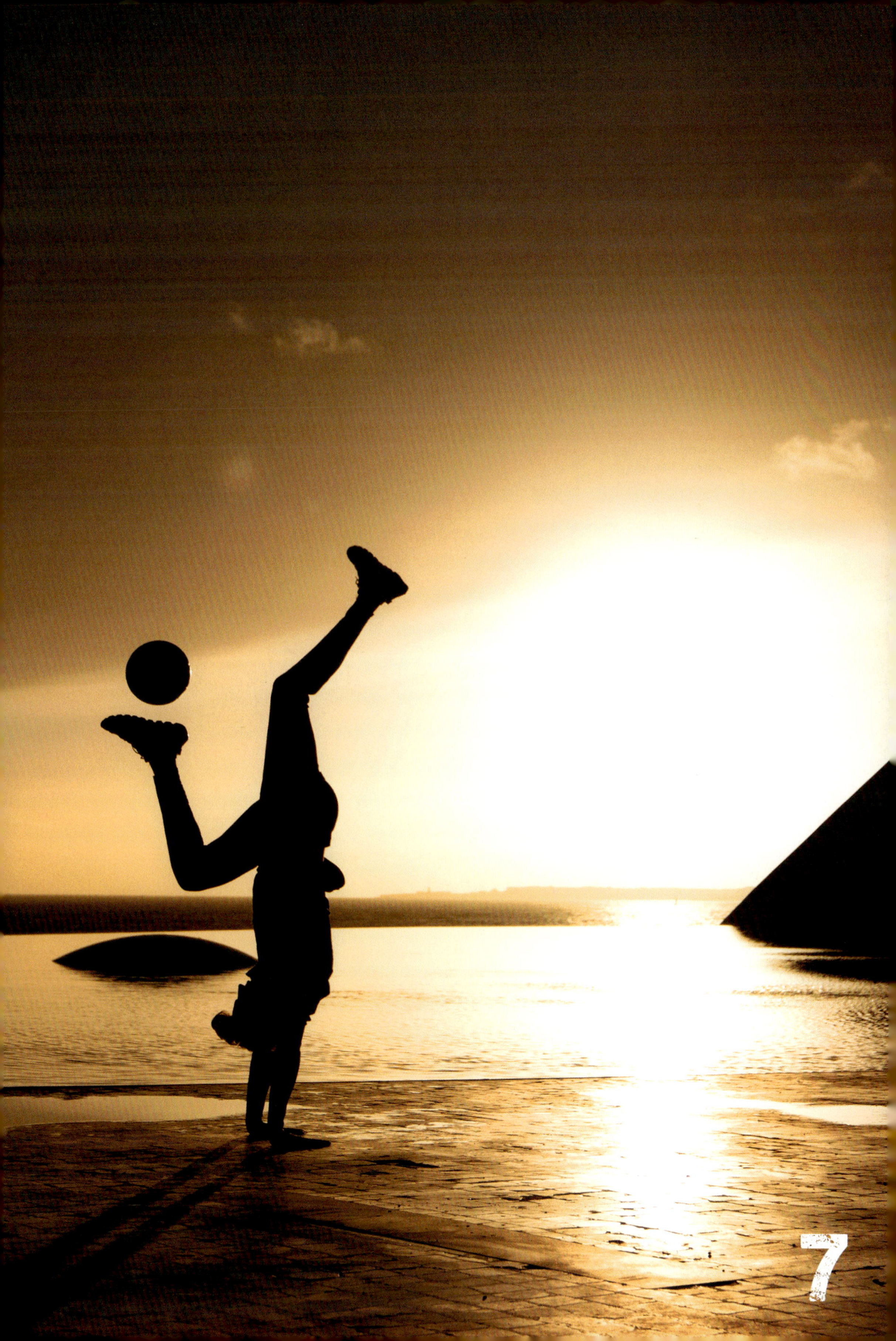

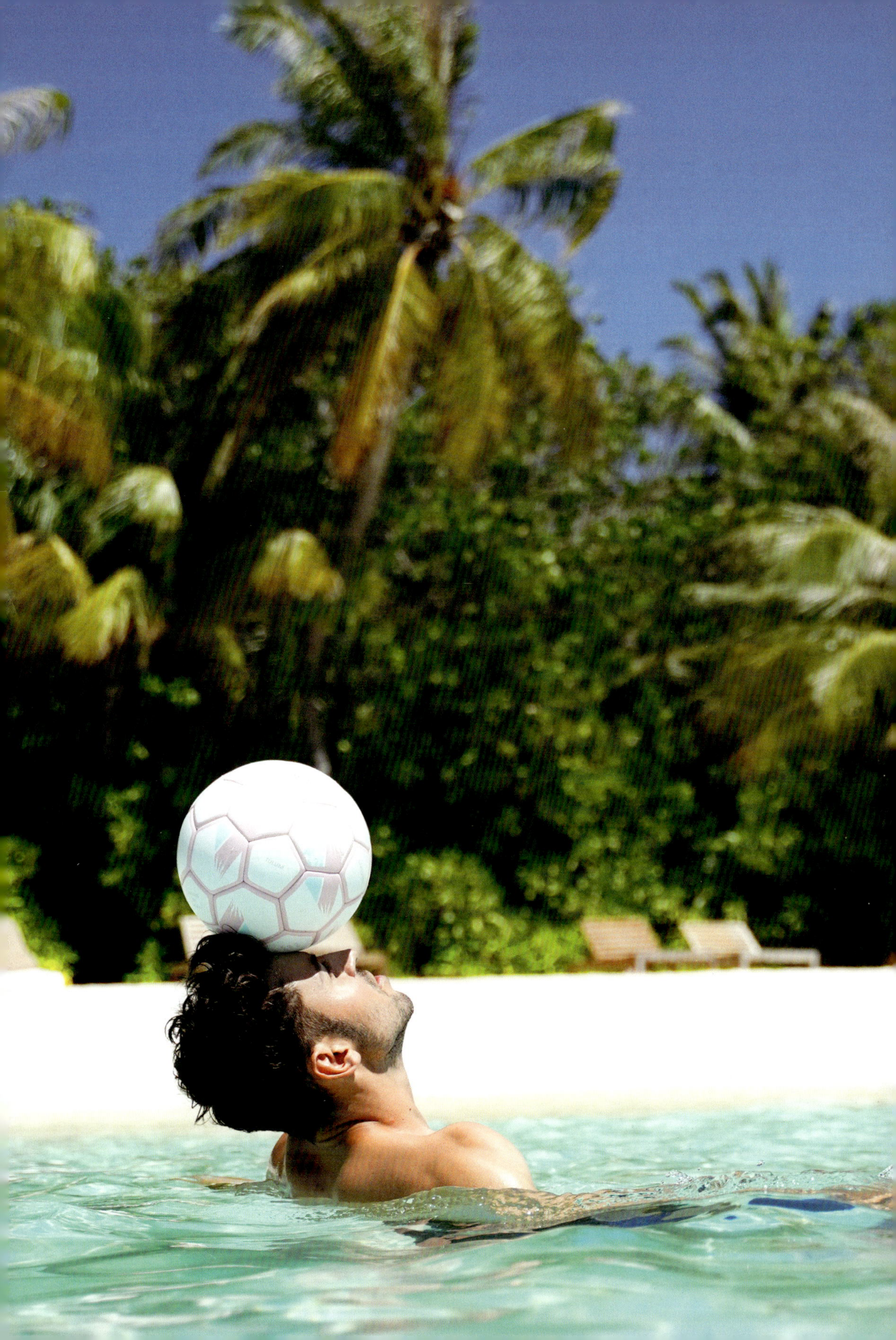

»MACH DEIN EIGENES DING!«

MARCEL GURK

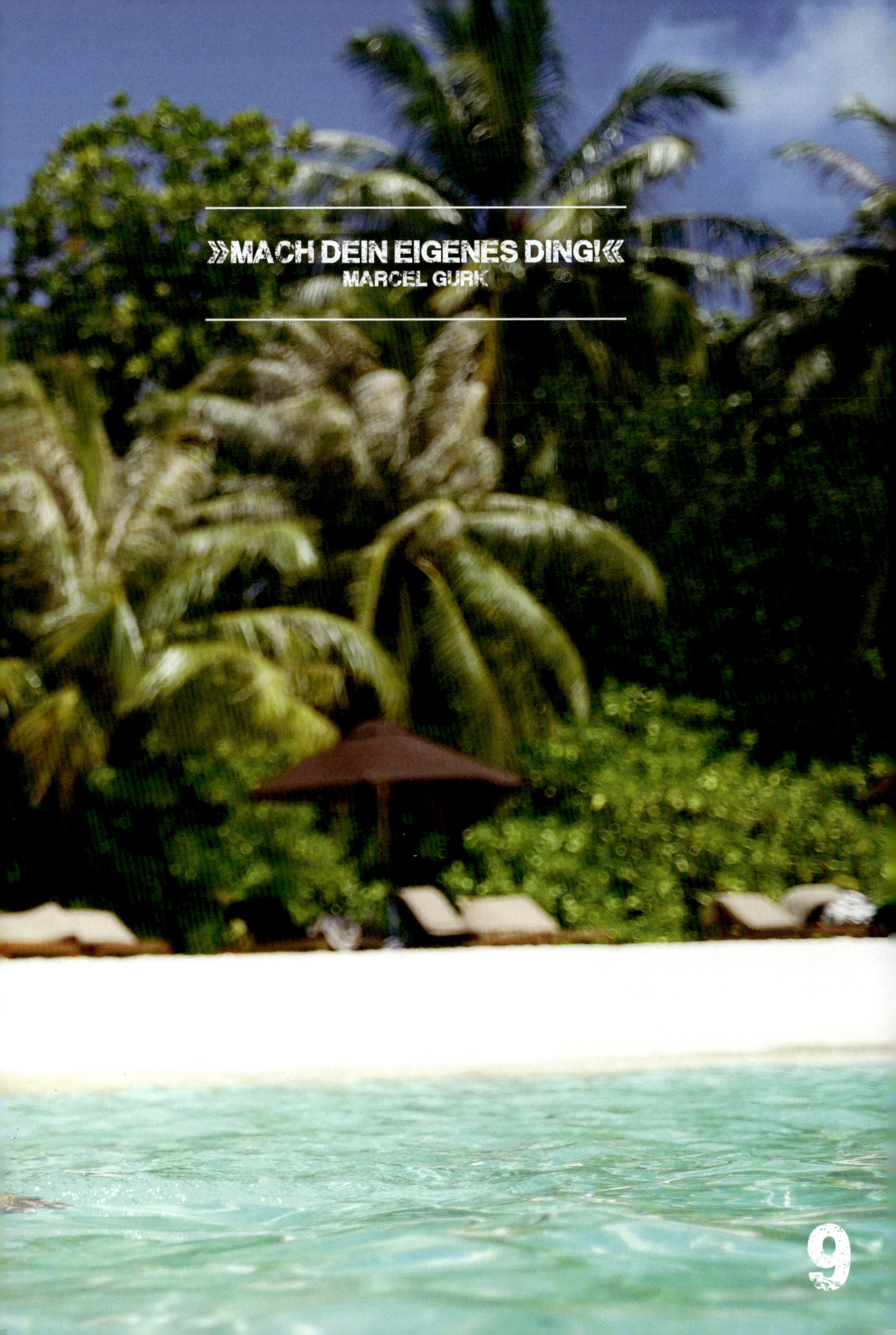

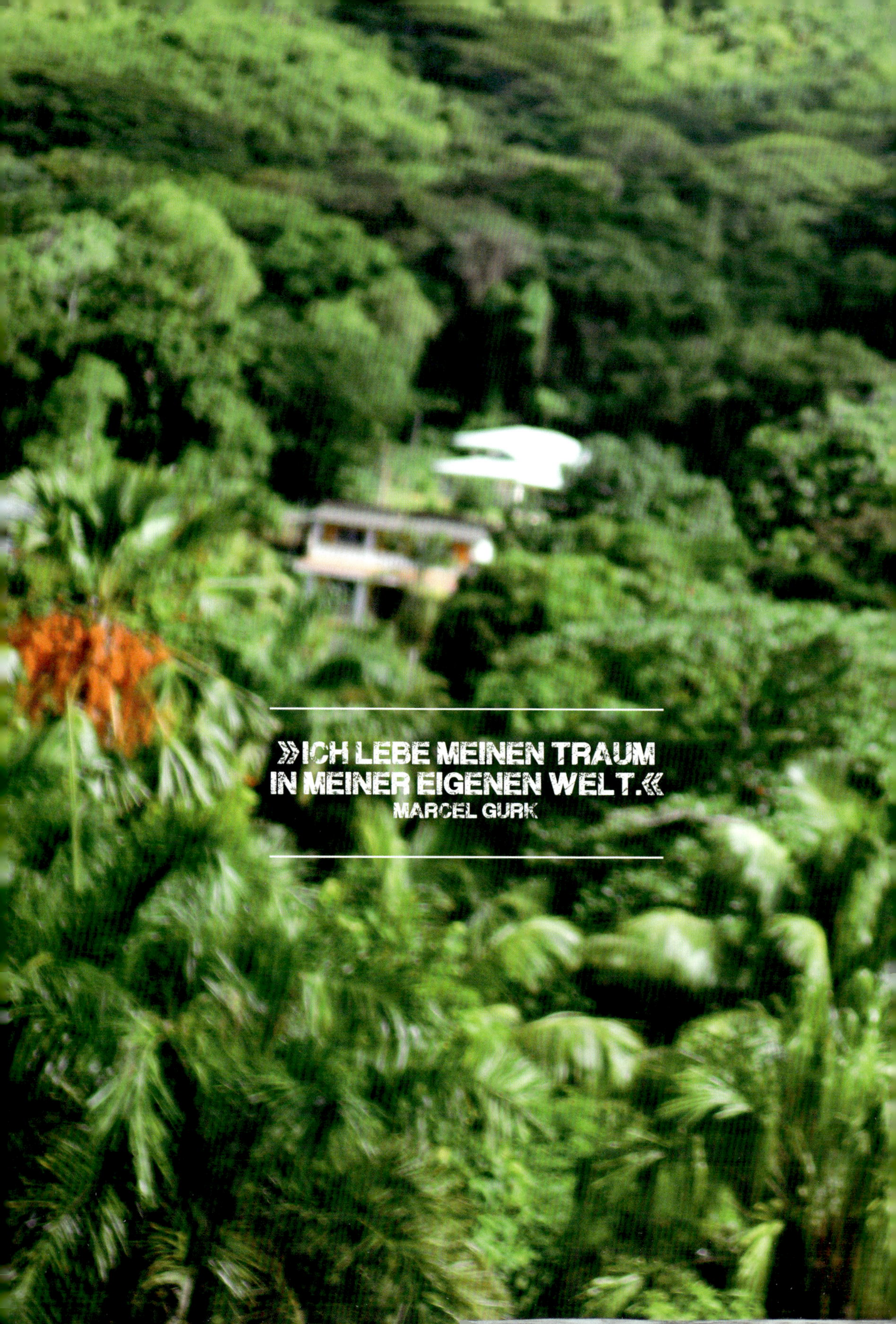

»ICH LEBE MEINEN TRAUM IN MEINER EIGENEN WELT.«

MARCEL GURK

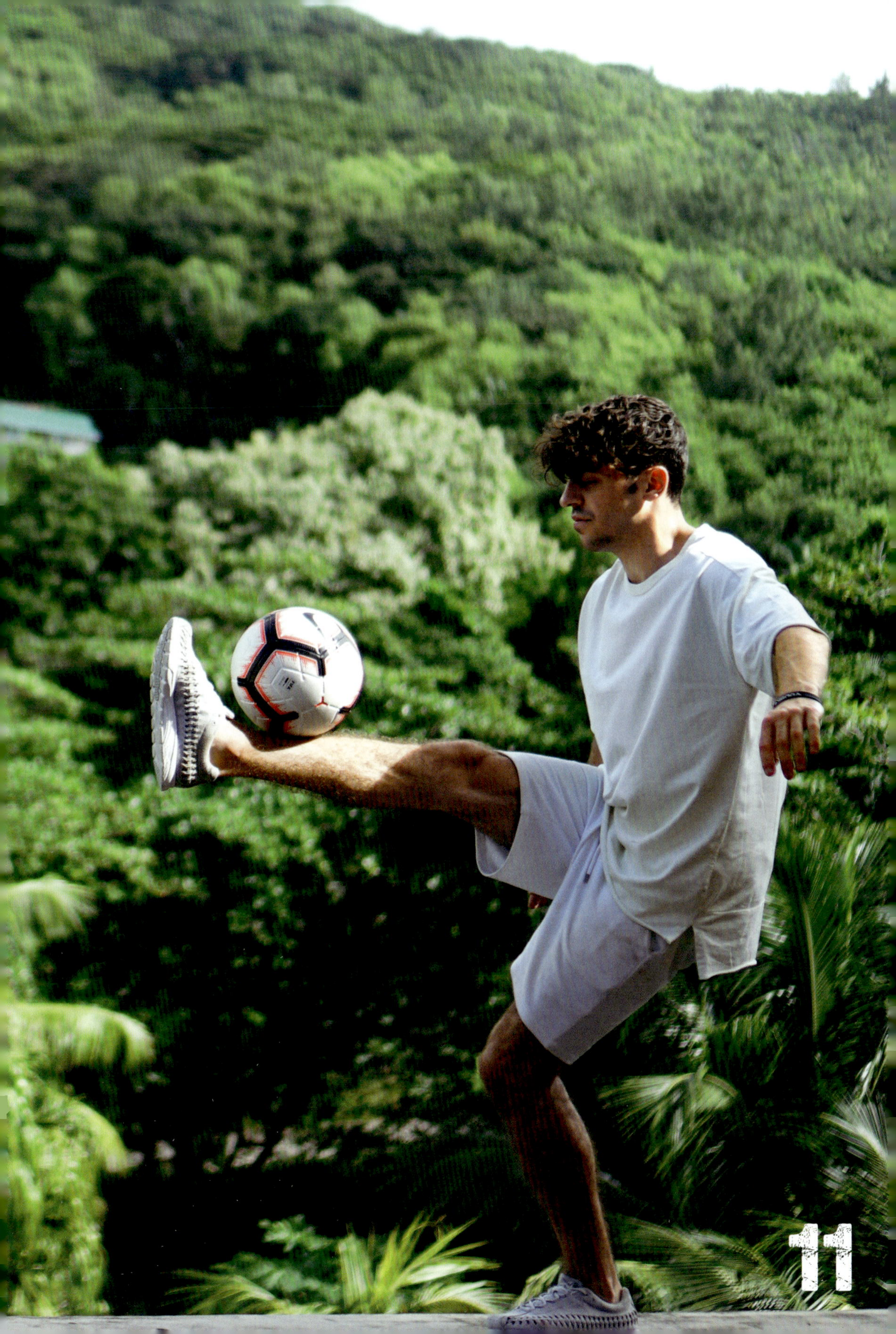

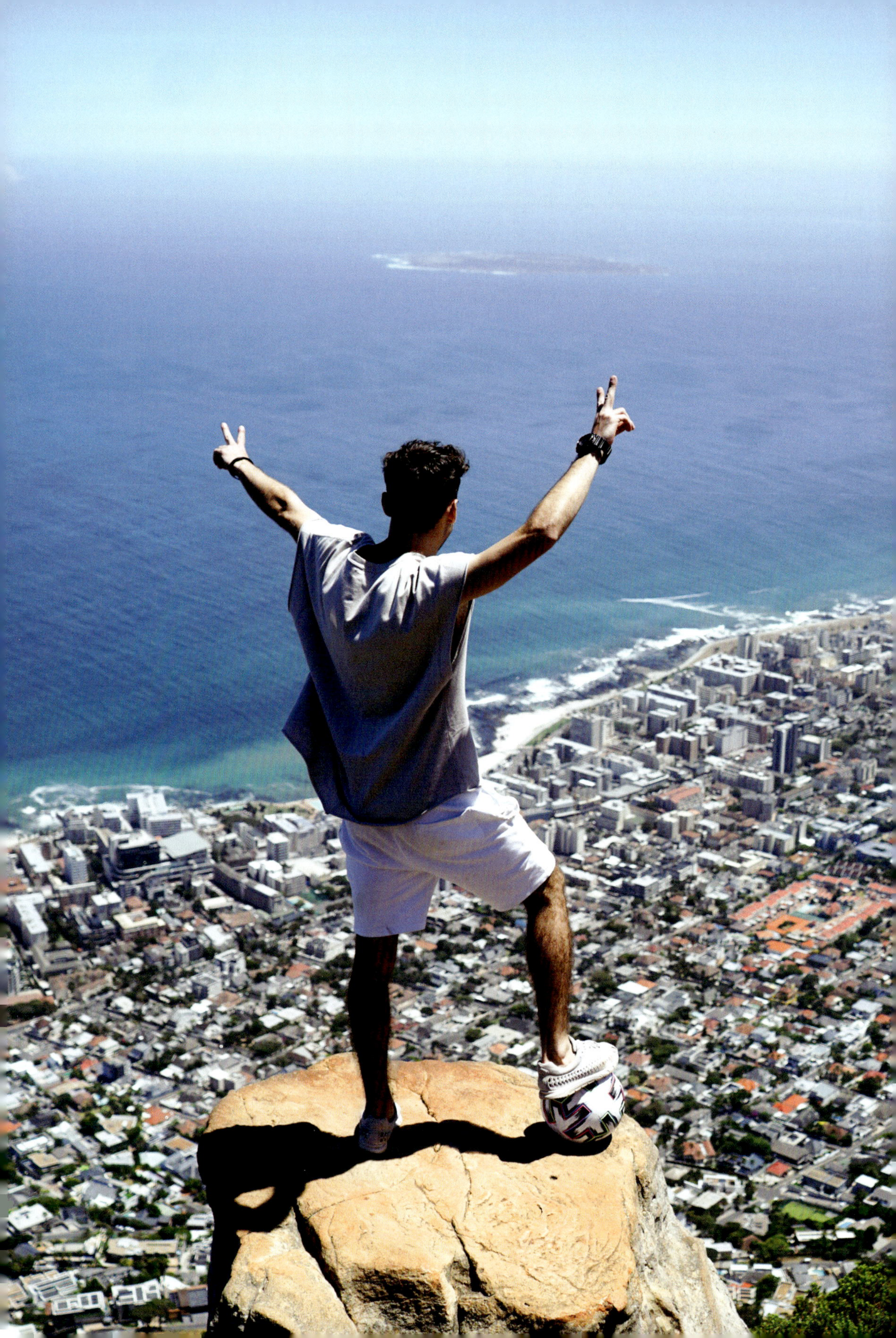

FREESTYLE IST LIFESTYLE

Du willst Fußball-Freestyler werden? Herzlich willkommen! Mit diesem Buch habe ich ein Paket geschnürt, das einen 360-Grad-Einblick in die Welt der besten Fußball-Freestyle-Tricks gibt. Zwischen diesen zwei Buchdeckeln steckt mein geballtes Freestyle-Wissen, das ich über Jahre hinweg gesammelt habe.

Das Herz des Freestyles sind die Tricks. Diese werden in einfachen Schritt-für-Schritt-Bildfolgen leicht und nachvollziehbar erklärt. Dabei folge ich dem Prinzip »von leicht zu schwer« und teile die Tricks in verschiedene Schwierigkeitsstufen ein. So ist dieses How-to-do-Buch ein perfekter Begleiter für die täglichen Trainingsstunden und deine persönliche (Fort-)Entwicklung.

Es ist das weltweit erste Fußball-Freestyle-Buch, das dir – Seite für Seite – eine Anleitung gibt, wie du vom Anfänger zum Profi wirst. Vom richtigen Jonglieren mit dem Ball bis hin zu High-Level-Tricks ist alles dabei.

Zusätzlich und einzigartig: Zu jedem Trick, der im Buch vorgestellt wird, hast du als Buchkäufer den Zugang zu exklusiven Tutorial-Videos. Scanne den QR-Code auf Seite 16 oder gib den Link von Seite 17 in deinen Browser ein, und du gelangst zu spektakulären Bewegtbildern, die das Erlernen der Tricks noch einfacher machen.

Fußball-Freestyle ist viel mehr als Fußball, es ist viel mehr als nur ein Sport. Fußball-Freestyle ist ein Lifestyle. Die Kunst am Ball verbindet. Auf der ganzen Welt gibt es mittlerweile Freestyler, ihre gemeinsame Sprache ist die Liebe zum Ball. Als Freestyler durfte ich rund um den Globus reisen und habe überall neue Freunde gefunden und meine Träume gelebt.

Der beste Freund ist und bleibt aber immer der Ball.
Also schnappt euch einen – und los geht's!

LERNE DIE BESTEN TRICKS DER WELT!

INHALT

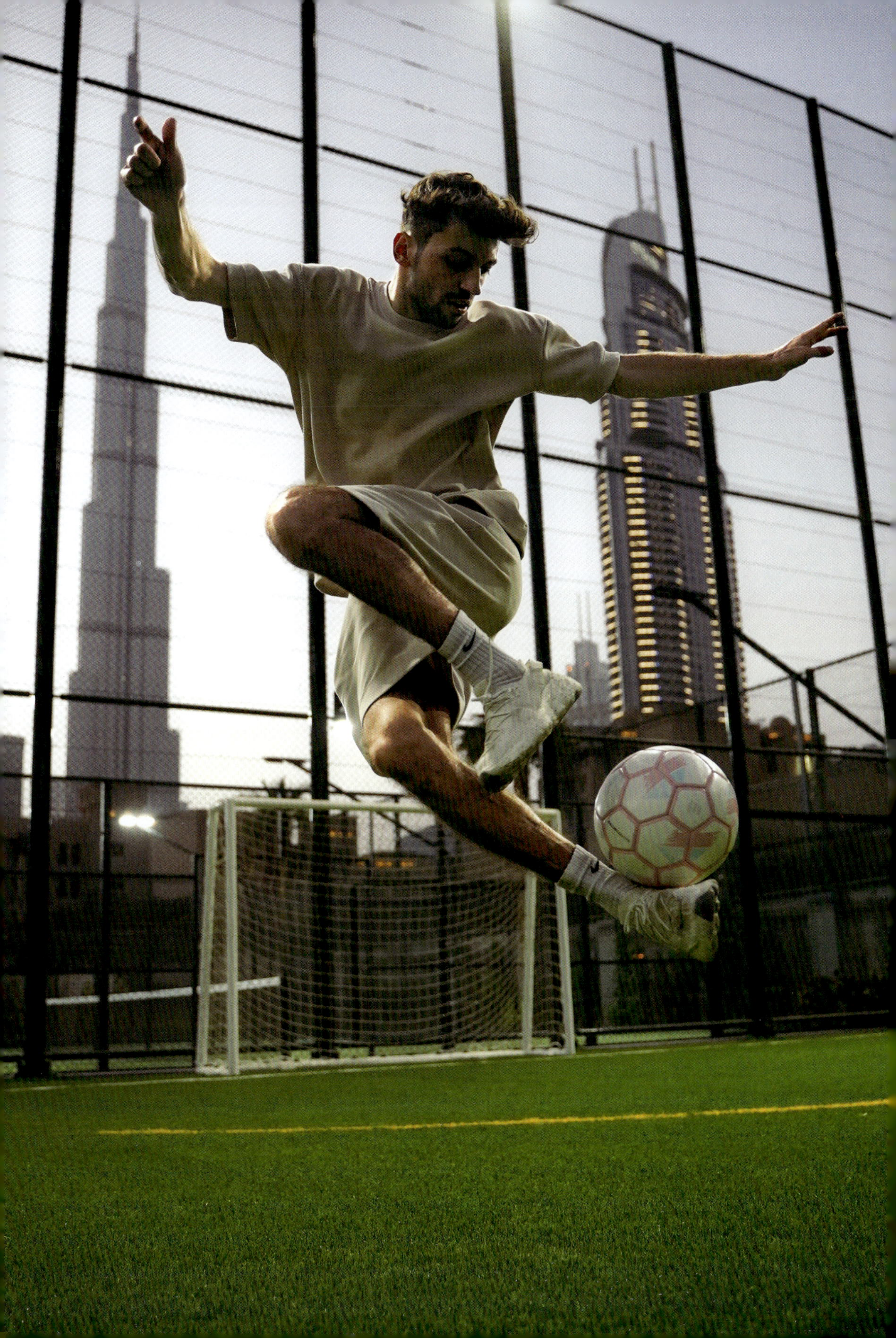

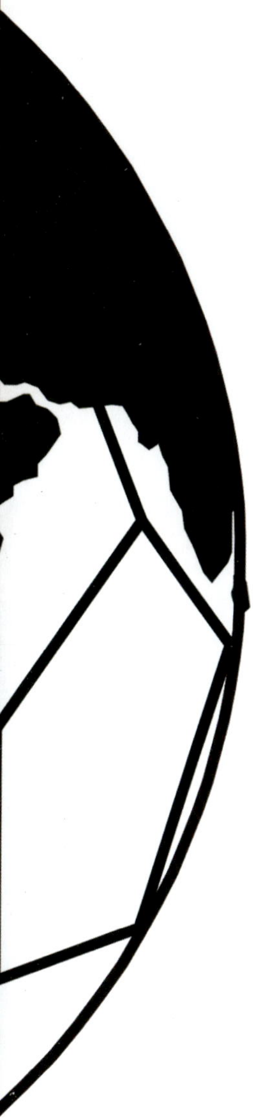

ZUSÄTZLICH UND EINZIGARTIG: DIE VIDEOS ZU ALLEN TRICKS

Zu jedem im Buch vorgestellten Trick hast du als Buchkäufer den Zugang zu exklusiven Tutorial-Videos.

www.delius-klasing.de/ fussball-freestyle

ÜBER MICH

MEINE ANFÄNGE, MEINE KARRIERE,
MEINE TRÄUME UND ERFOLGE

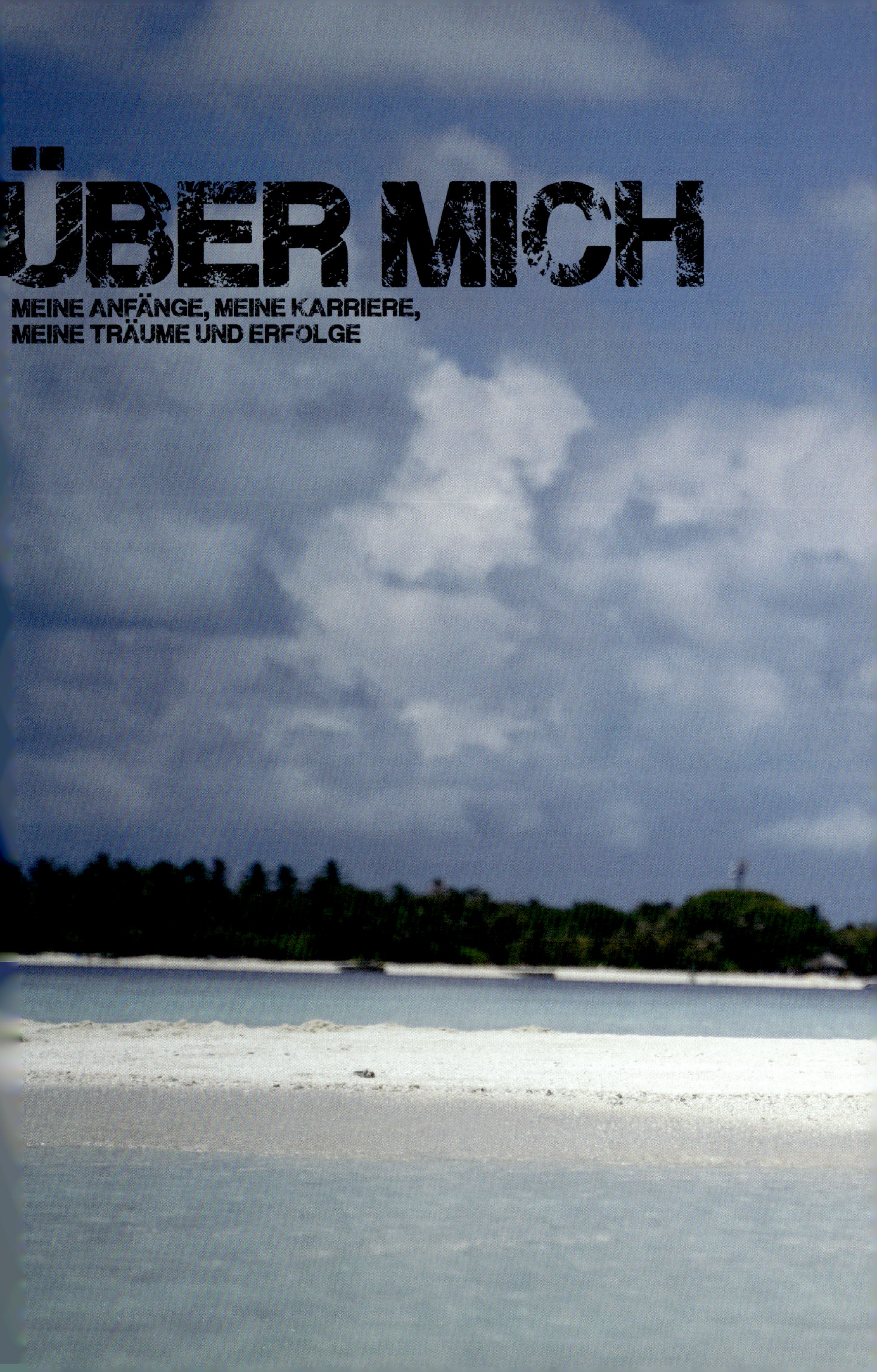

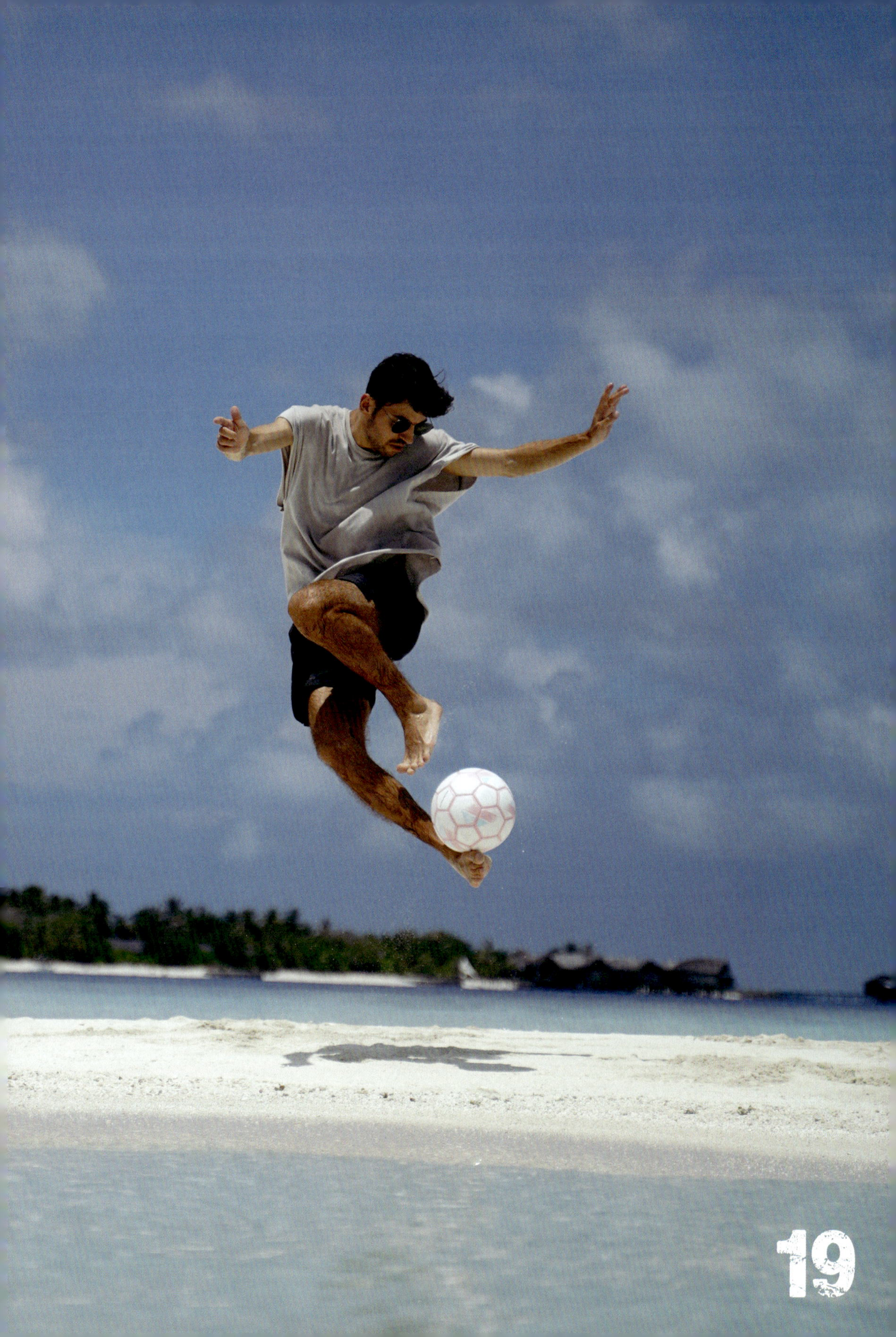

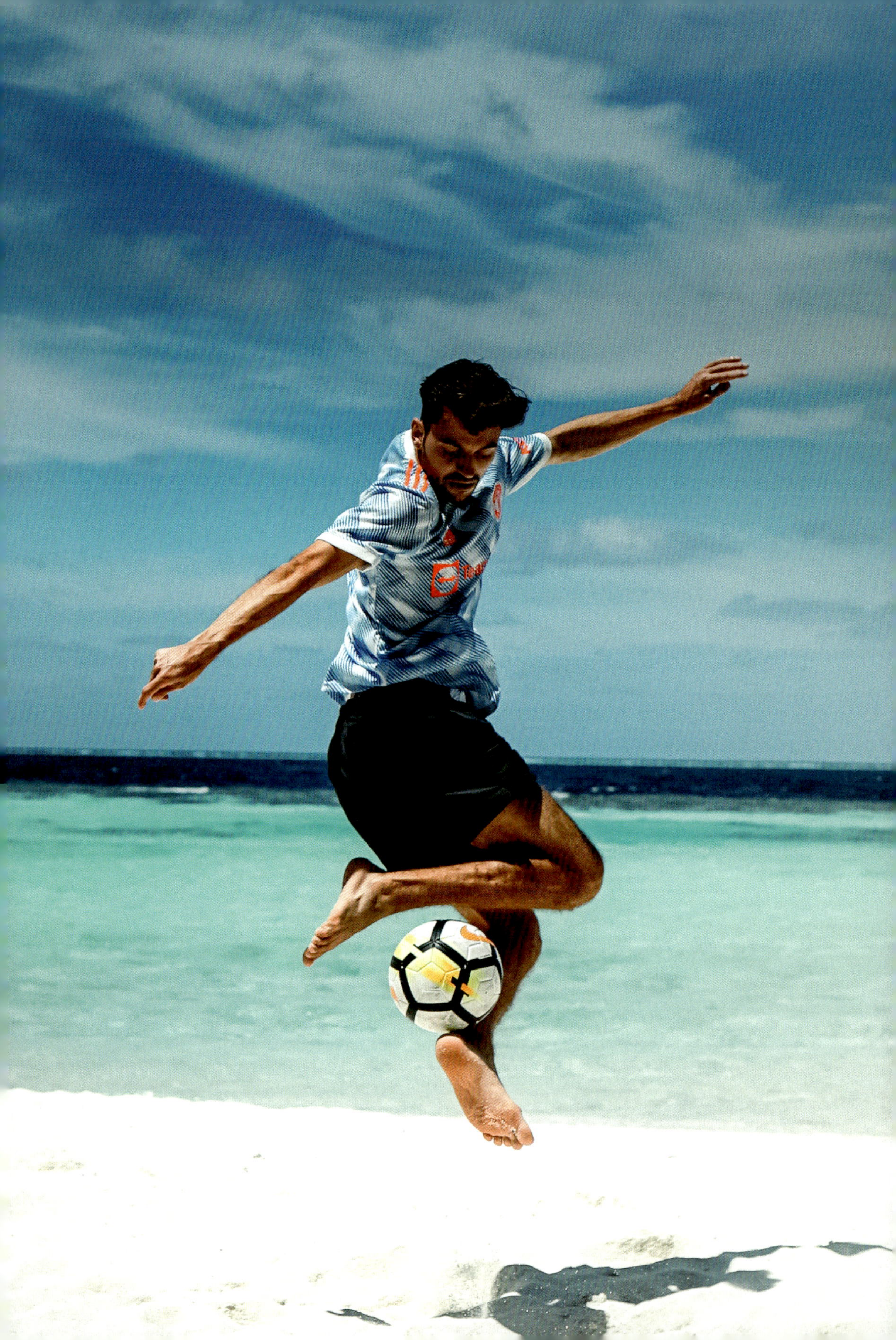

FUSSBALL KANN JEDER

»ICH KANN MIR EIN LEBEN OHNE BALL NICHT VORSTELLEN.«
Mein Name ist Marcel Gurk, ich bin 25 Jahre alt und Fußball-Freestyler aus Duisburg. Ich lebe meinen Traum. Meinen ganz eigenen Traum in meiner eigenen Welt. Keine Regeln, kein Trainer, kein Team.

Ich habe die Freiheit zu tun, was ich möchte. Meine Welt besteht nicht aus Pässen und Toren. Es zählen keine Ergebnisse – was zählt, sind die Tricks. Alles, was ich brauche, ist ein Ball.

Vor einigen Jahren habe ich angefangen Fußball zu spielen. Mir war schon immer klar, dass man mit einem Fußball mehr anstellen kann als passen und Tore schießen. Meine größte Inspiration ist und war der brasilianische Weltfußballer Ronaldinho. Seine Videos und seine Freude am Ball haben mich dazu bewegt, an meinen Tricks zu arbeiten. Er zeigte, was mit einem Ball alles möglich ist. Für mich war und ist der Ball bis heute mein bester Freund, ein ständiger Begleiter.

Ich wollte schon immer mein eigenes Ding machen. Also habe ich mit dem Fußballspielen aufgehört, damit aufgehört, der Mehrheit zu folgen. Dafür habe ich damit angefangen, konsequent meiner Leidenschaft, dem Tricksen, nachzugehen. Ich habe täglich mehrere Stunden trainiert und tue das auch heute noch, um mich stetig zu verbessern und mich auf ein neues Level zu bringen. Die Kunst mit dem Ball hat mich zu dem gemacht, der ich heute bin.

HEUTE GEHÖRE ICH ZU DEN BESTEN FUSSBALL-FREESTYLERN DER WELT,
bin mehrfacher amtierender Deutscher Meister und Guinness-Weltrekordhalter. Für meine Auftritte reise ich um die ganze Welt, ich werde für Fernsehauftritte gebucht und darf dem großen Publikum meine Künste zeigen.

Für mich ist Freestyle nicht nur ein Sport, sondern viel mehr – es ist ein Lebensstil. Es ist mein Leben. Ich gehe so weit, dass ich sage, der Ball und die Leidenschaft haben meinen Charakter gebildet – darüber bin ich sehr froh. Ich habe früh gelernt, dass man für seine Träume kämpfen muss, niemals aufgegeben sollte und alles möglich ist auf dieser Welt. Diese Einstellung bringt mich in jeder Situation weiter. Nur weil andere an manchen Aufgaben scheitern, heißt das nicht, dass man selbst nicht in der Lage ist, es zu schaffen. Wichtig ist es, im Leben etwas zu finden, das einem Spaß macht. Erst dann kann man Großes leisten und erreichen. Ich nehme euch mit in meine Welt und bringe euch die besten Tricks der Welt bei.

Schnappt euch einen Ball und werdet mit mir zum Freestyle-Profi.

AROUND THE WORLD

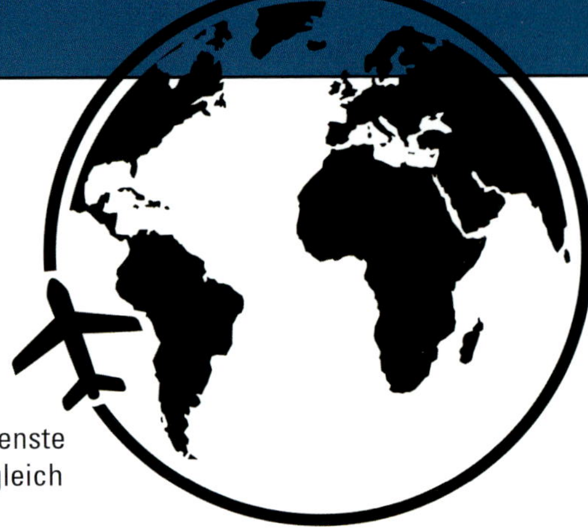

»I DID IT AGAIN!«

DEUTSCHE MEISTERSCHAFT 2019

Das »Red Bull Street Style«-Event ist die angesehenste Football Freestyle Championship der Welt und zugleich die (inoffizielle) deutsche Meisterschaft.

Die Regeln sind einfach: Auf einer Bühne befinden sich zwei Freestyler, die 3 x 30 Sekunden ihre Tricks präsentieren, immer abwechselnd. Eine Jury bestimmt Runde für Runde den Gewinner der Battles. Der Bessere gewinnt. Das Event findet in mehreren Ländern statt, der jeweils Beste startet bei den World Finals.

Im Oktober 2019 war es so weit. Beim »Red Bull Street Style« in Deutschland kamen die besten Freestyler zusammen. Das Ziel: die World Finals 2019, Miami, USA.

Was für ein Anreiz! Nach meinem ersten Titel als Deutschlands bester Fußball-Freestyler konnte ich wieder meine Skills unter Beweis stellen. Mein Sieg 2014 führte mich zum Weltfinale nach Brasilien. Nun folgte die nächste Herausforderung.

Ich hatte mich einige Wochen lang vorbereitet. Der Druck war hoch, ich wollte mir selbst beweisen, dass ich weiterhin Deutschlands Nr. 1 Freestyler bin. In dem Sport bin ich für meinen einzigartigen Style bekannt, besonders für den Trick »Eclipse«. Beim Training legte ich großen Wert darauf, mich auf meinen Stil zu konzentrieren. Ich wollte Tricks zeigen, die niemand im Portfolio hat.

Ich war eine Nacht zuvor mit einem Freund angereist, um genügend Schlaf zu finden. Am nächsten Tag kam meine Familie, das hatte mir viel bedeutet. Schließlich war die Qualifikation für das Weltfinale nicht ums Eck. Mit dabei war mein Bruder Pascal Gurk, der mittlerweile selbst drei Millionen Follower auf TikTok hat und meine Leistung am besten einschätzen kann. Es stärkte mich, ein Team hinter mir zu wissen, das sich den Sieg mindestens genauso gewünscht hat wie ich.

DEUTSCHE MEISTERSCHAFT

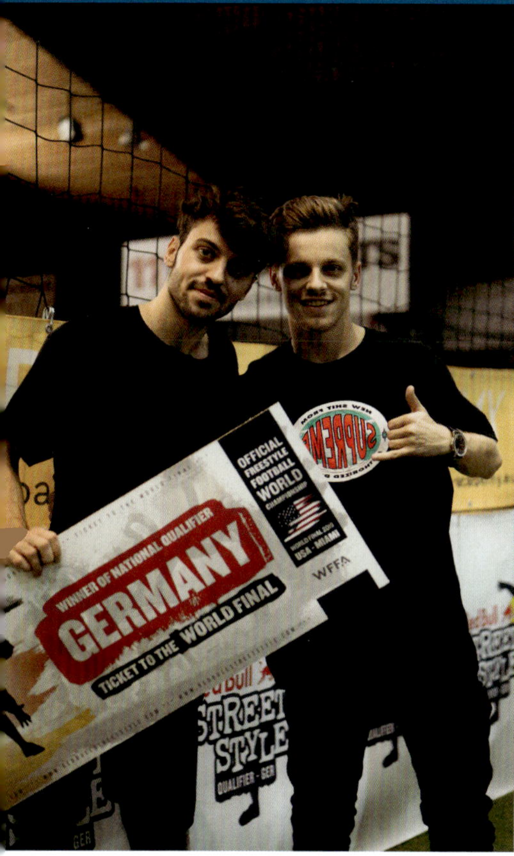

Das Ticket nach Miami.

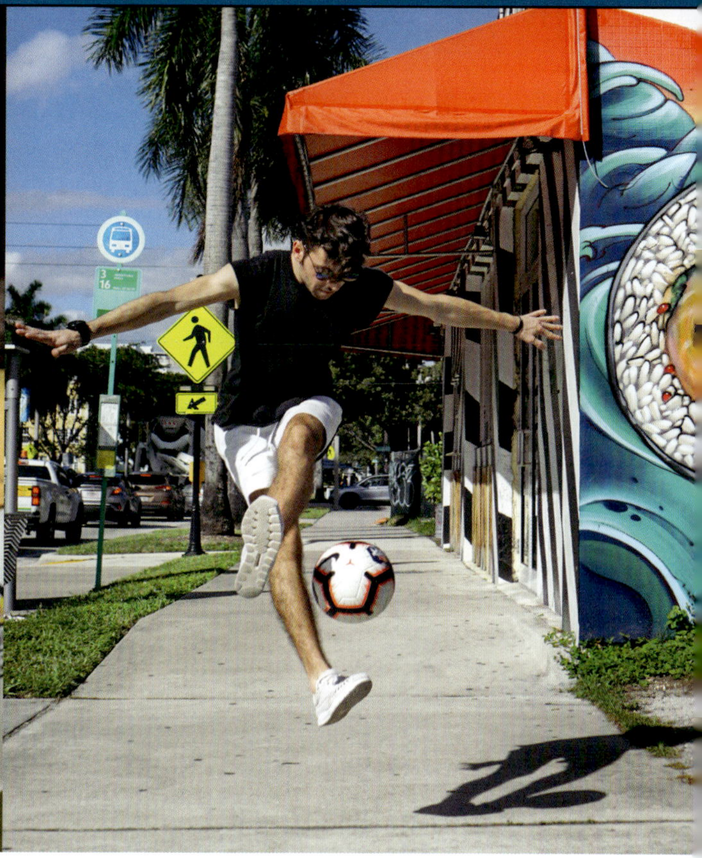

Tricks in den Straßen von Maimi.

Das Turnier lief im K.-o.-System ab. Die erste Runde konnte ich klar gewinnen. Meine Tricks klappten, ich fühlte mich frei. Bewertet wird unter anderem Kontrolle, Ausführung und Kreativität. Die Tricks kamen spontan, ganz nach Gefühl, und ich befand mich in meiner eigenen Welt. Rasch war ich im Halbfinale. Drei Minuten noch … gewonnen!

Und dann kam das Finale. Als das große Battle zu Ende war, stand zwischen mir und meinem Gegner ein Jury-Mitglied, das unserer Hände hielt. Sekunden vergingen, ich bemerkte eine schwungvolle Bewegung meiner Hand, sie ging hoch. Es war vollbracht, ich hatte es geschafft! Ein unfassbares Gefühl. Mein Bruder ist mir direkt in die Arme gesprungen. Erneut durfte ich Deutschland beim Weltfinale vertreten.

ICH HATTE ES GESCHAFFT – SCHON WIEDER!

FUSSBAL FREESTY

WO KOMMT DIESER SPORT HER, WAS MACHT IHN AUS? GESCHICHTE, DEFINITION UND ALLE TRICKKATEGORIEN DES FREESTYLES FINDEST DU IN DIESEM KAPITEL

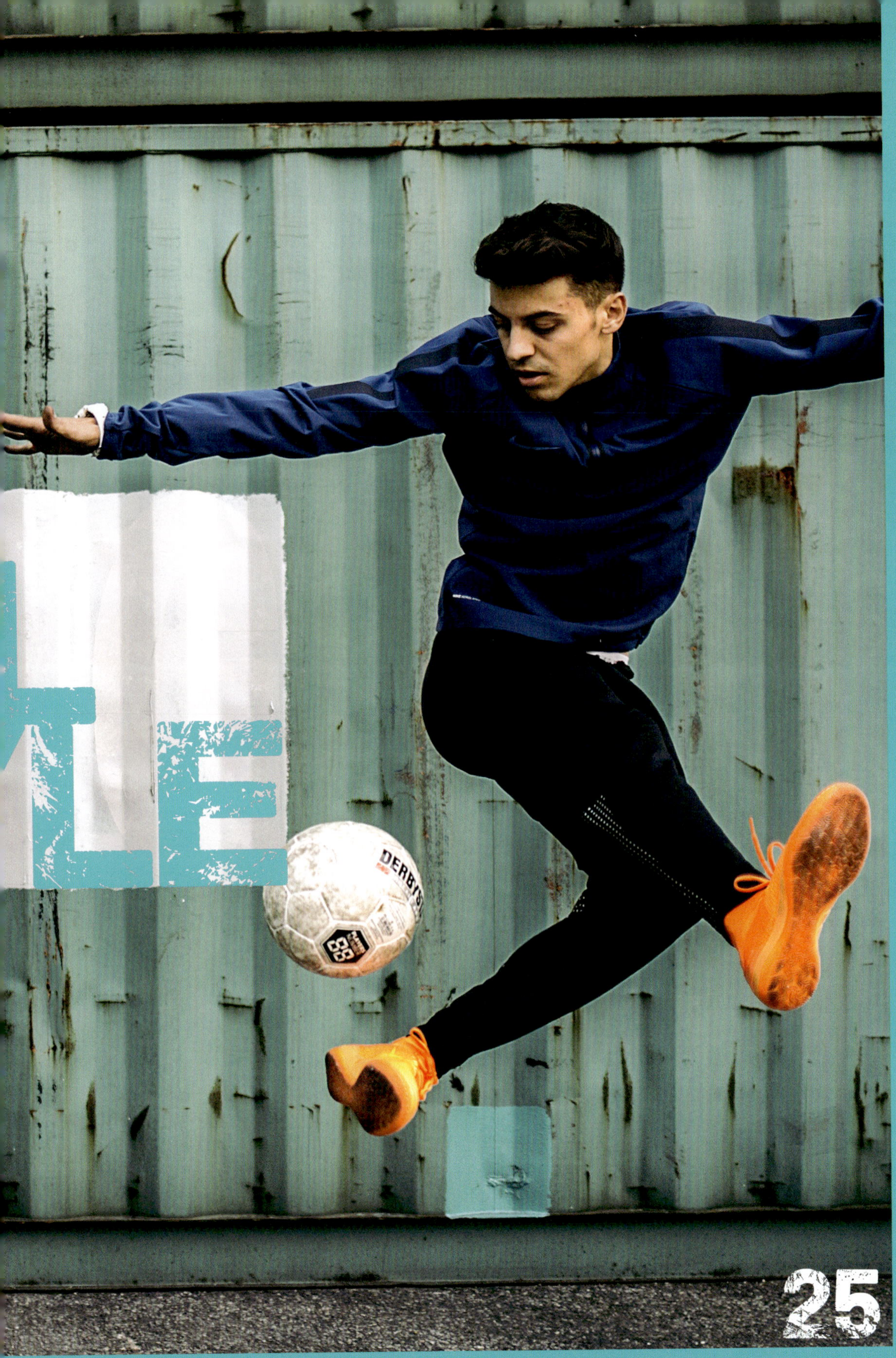
LE

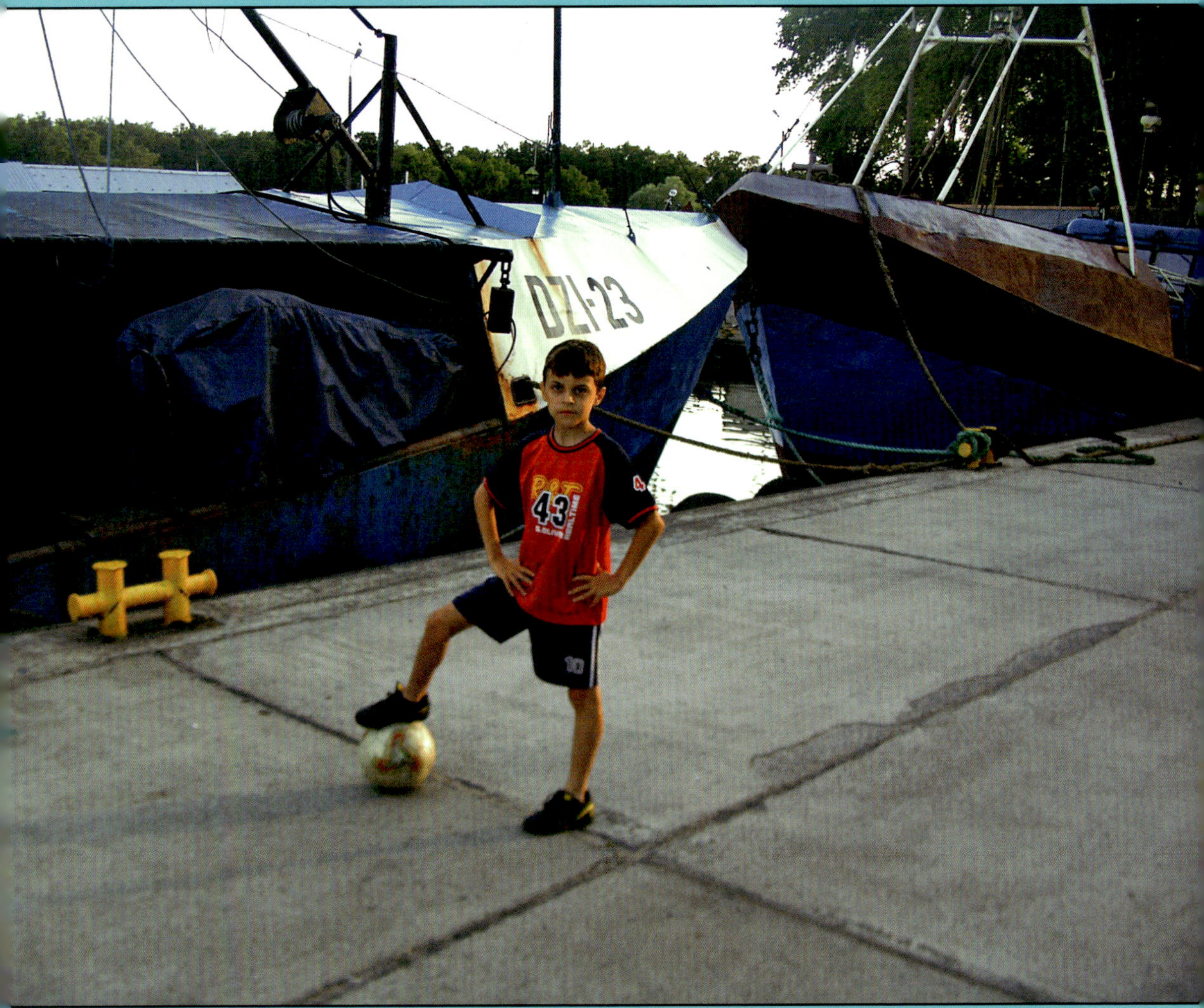

Schon im jungen Alter bin ich nicht vom Ball zu trennen.

KÜNSTLER AM BALL

Fußball-Freestyle ist eine Trendsportart, es ist eine Ausdrucksform. Immer mit dabei: der Ball. Er ist der beste Freund des Freestylers. Ihm geht es darum, mit dem Ball außergewöhnliche Tricks zu präsentieren. Mittlerweile ist Fußball-Freestyle eine eigene Sportart und mit dem regulären Fußball nicht zu vergleichen. Freestyle ist eine Individualsportart. Es existieren so gut wie keine Grenzen, der Freestyler hat die Freiheit das zu tun, was er will.

Der breiten Öffentlichkeit bekannt machte das Zaubern mit und am Ball zum ersten Mal vermutlich Diego Armando Maradona. Der damalige Weltfußballer – zu diesen Zeiten im Diensten des SSC Neapel – jonglierte vor den Halbfinals und dem Finale des UEFA-Pokals 1988/1989 den Ball spektakulär zum Aufwärmen mit allen Körperteilen: Fuß, Kopf, Schulter, Nacken – er behandelte den Ball wie kein anderer, Maradona tanzte. Die Zuschauer am Fernseher, das Publikum im Stadion: Der Argentinier verzauberte alle, seine einmalige Ballkontrolle begeisterte.

In seine Fußstapfen traten Legenden wie Ronaldinho, erste Werbespots wurden gedreht, in denen Freestyle-Tricks gezeigt wurden. Ronaldinho gilt im Freestyle als Legende, heute noch ist er für viele das große Vorbild. Er hat die Geschichte des Fußball-Freestyles geprägt wie kein anderer. Seine zahlreichen Videos inspirierten weltweit unzählige Freestyler. Ein Magier am Ball! Die Sache nahm also immer mehr an Fahrt auf – ein neuer Sport war geboren: Fußball-Freestyle.

Ich wurde schon oft gefragt, was hinter dem Begriff Freestyle steckt. Anfangs fiel es mir schwer, Interessierten den Unterschied zum Fußball zu verdeutlichen. Heute fällt mir das viel leichter, da ich es den Leuten ganz schnell und einfach zeigen und vor Augen führen kann: Dank des digitalen Fortschritts findet man immer mehr Videos zum Thema Freestyle. Das sind Errungenschaften, die Freestyle immer populärer machen und die Entwicklung des jungen Sports rasant vorantreiben.

Mittlerweile gibt es auf der ganzen Welt Freestyler, man ist Teil einer internationalen Szene. In allen möglichen Ländern gibt es Meetings und Meisterschaften. Trotz aller Veränderungen ist eine Sache geblieben: Jeder Freestyler hat die Freiheit, seinen eigenen Style zu kreieren und sich mit dem Ball ausdrücken.

Vielleicht bist du in der Zukunft ebenfalls ein Teil der Freestyle-Community!

Die wichtigsten Trickkategorien möchte ich dir kurz vorstellen. Die folgenden Tricksequenzen sind entsprechend sortiert:

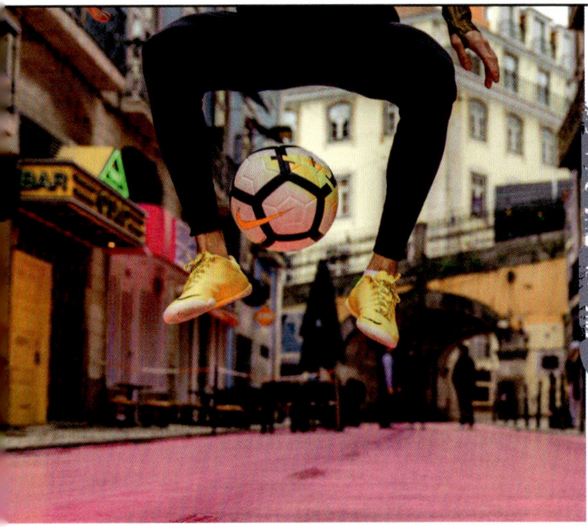

FLICK UPS

»To flick up« bedeutet so viel wie »anheben« und beschreibt den Vorgang, den Ball von dem Boden in die Luft zu befördern, um ihn danach jonglieren zu können. Es gibt viele unterschiedliche Varianten mit unterschiedlichen Schwierigkeitsgraden. In diesem Buch stelle ich euch meine persönliche Top 10 schrittweise vor.

AB SEITE 34

LOWERS

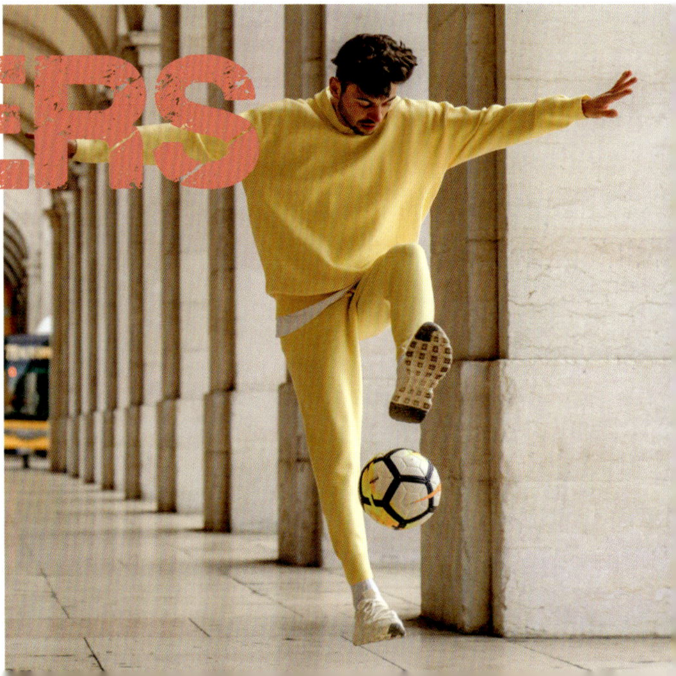

In dieser Kategorie finden sich die Tricks, die im unteren Bereich des Körpers ausgeführt werden. Dazu zählen alle Tricks mit den Füßen, Oberschenkeln und Knien. Es ist also der meistgenutzte Bereich.

AB SEITE 48

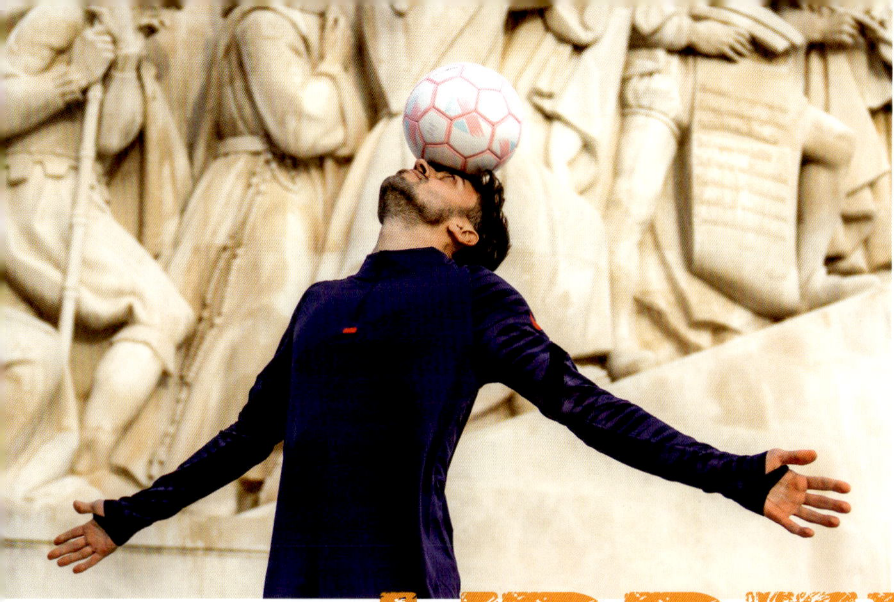

UPPERS

Diese Kategorie umfasst alle Tricks, die mit dem Oberkörper ausgeführt werden. Dazu zählen der Kopf, die Schultern, der Nacken und die Brust.

AB SEITE 106

SIT DOWNS

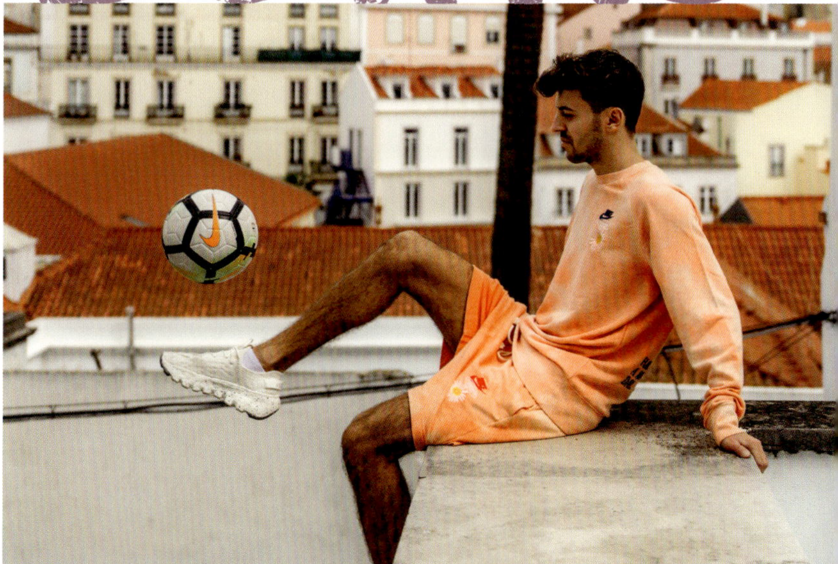

Diese Kategorie beinhaltet Tricks, die sitzend oder liegend ausgeführt werden. Dazu gehört das Jonglieren im Sitzen oder mit den Sohlen.

AB SEITE 124

FREESTYLE FACTS

Fußball-Freestyle ist die kunstvolle Art, sich mit einem Fußball auszudrücken. Es hat natürlich mit dem Fußball zu tun, ist aber eine eigene Sportart, eine Individualsportart. Verschiedenartigste Tricks werden mit allen zur Verfügung stehenden Körperteilen ausgeübt. Es kombiniert Elemente aus Tanz und Akrobatik, man braucht viel Disziplin und einiges an Körperbeherrschung.

Dafür braucht man kaum Ausrüstung: Im Prinzip ist alles, was man benötigt, ein Fußball. Man hat keinen Trainer, keine Regeln – man hat die Freiheit und die Möglichkeiten, frei über sich zu entscheiden.

Diese Spielart des Fußballs hat sich aktuell zu einer der weitverbreitesten Sportarten auf der ganzen Welt entwickelt. Die sozialen Netzwerke und Plattformen treiben diese Entwicklung weiter voran und bringen den Ball richtig ins Rollen.

Der Sport hat eine internationale Szene, es gibt weltweit Treffen und Meisterschaften. Unzählige Tricks sind möglich und denkbar, es sind keine Grenzen gesetzt und jeder kann seinen eigenen Style kreieren.

Fußball-Freestyle kann überall und jederzeit ausgeübt werden. Jeder ist in der Lage, die unterschiedlichsten Übungen und Moves zu erlernen und zu perfektionieren. Nicht nur ein Sport, sondern ein Lebensstil.

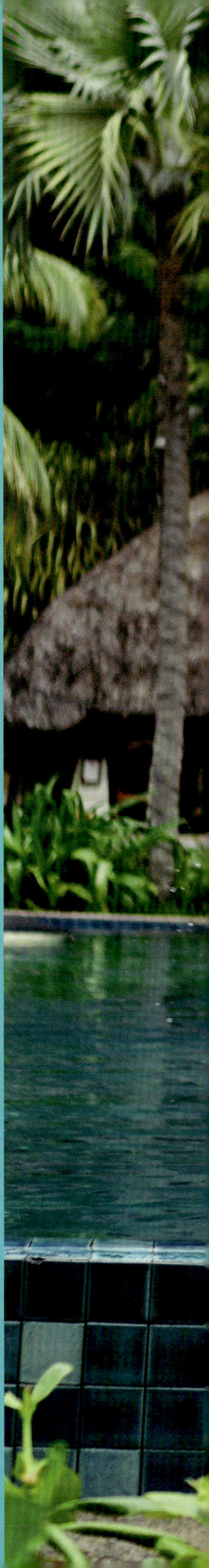

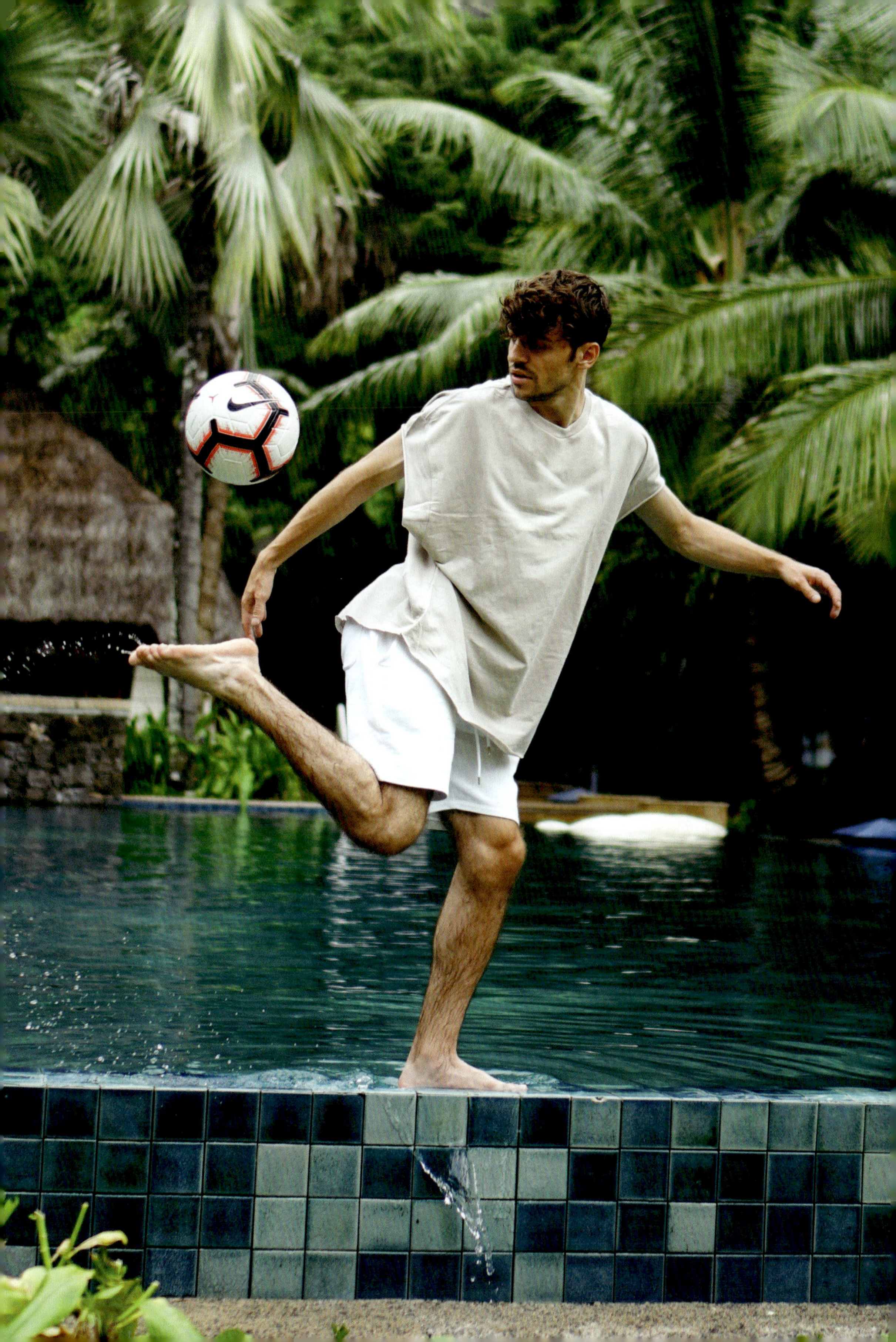

AROUND THE WORLD

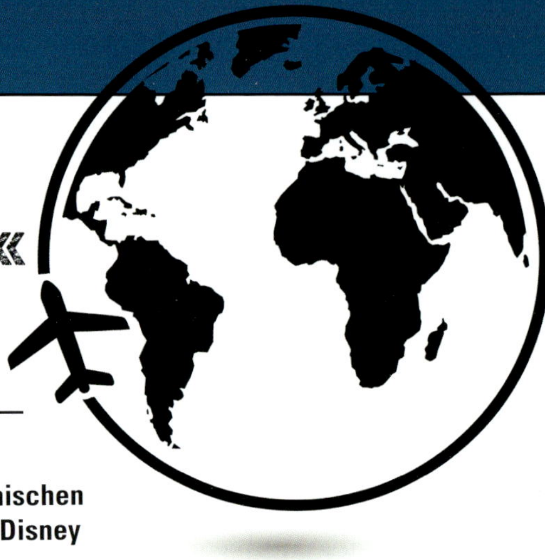

»DO IT YOUR WAY, PLAY FREE«
RONALDINHO

Im Jahr 2016 ist mein größter Traum in Erfüllung gegangen. Zum ersten Mal habe ich den brasilianischen Weltfußballer Ronaldinho getroffen. Und zwar in Disney World Orlando. Ganz nach dem Motto »If you can dream it, you can do it«.

Ich habe im Jahr 2010 wegen Ronaldinho mit Fußball-Freestyle angefangen. Täglich habe ich mir seine Videos angeschaut und im Garten ausprobiert. Er hat großen Anteil daran, dass ich heute derjenige bin, der ich bin. Gäbe es ihn nicht, gäbe es mich als Freestyler nicht. Ronaldinho repräsentiert den Freestyle-Sport wie niemand anderer. Obwohl er durch seine Rolle als Fußballspieler eine andere Geschichte hat, trägt er das Freestyler-Dasein im Herzen und begeisterte schon damals Alt und Jung. Wir spielten uns 2016 den Ball hin und her. Ich jonglierte, hielt den Ball mit meinen Fersen hoch, spielte dem Ball zu ihm und er kontrollierte ihn sitzend auf spektakuläre Art und Weise, wie Magie. Der Ball suchte ihn. Daraufhin zeigte ich noch einen meiner Lieblingstricks, unter anderem meinen Handstand Move, und er klatschte für mich. Ich verbrachte zwei Wochen mit ihm, kurze Zeit später wusste es die ganze Welt. Das Video von unserer Begegnung wurde im Internet mehrere Millionen Male geklickt. Und heute ist er Besitzer meines ersten Buchs, vielleicht in Zukunft auch von diesem Exemplar.

Neben Ronaldinho haben auch Roberto Carlos, Thierry Henry und Eden Hazard mein erstes Buch.

Drei Jahre später hatte ich die Möglichkeit, meinen großen Traum neu aufleben zu lassen. Diesmal in einem noch größeren Rahmen in einer ganz anderen Atmosphäre. In der Frankfurter Arena hatte Ronaldinho für sein Abschlussspiel seine Fußballfreunde aus der ganzen Welt eingeladen. Ich durfte kurz vor dem Spiel im vollen Stadion auftreten. Das war nicht alles. Als die Teams zum Aufwärmen auf den Rasen gelaufen sind, darunter auch Ronaldinho, habe ich mit ihm in der Mitte des Platzes den Ball hin und her gespielt – vor den Augen der zahlreichen Zuschauer. In meinen kühnsten Träumen hatte ich mir vielleicht als Kind dieses Bild ausgemalt, das Gefühl in diesem Augenblick. Das Ganze erschien mir geradezu surreal.

ORLANDO, RONALDINHO

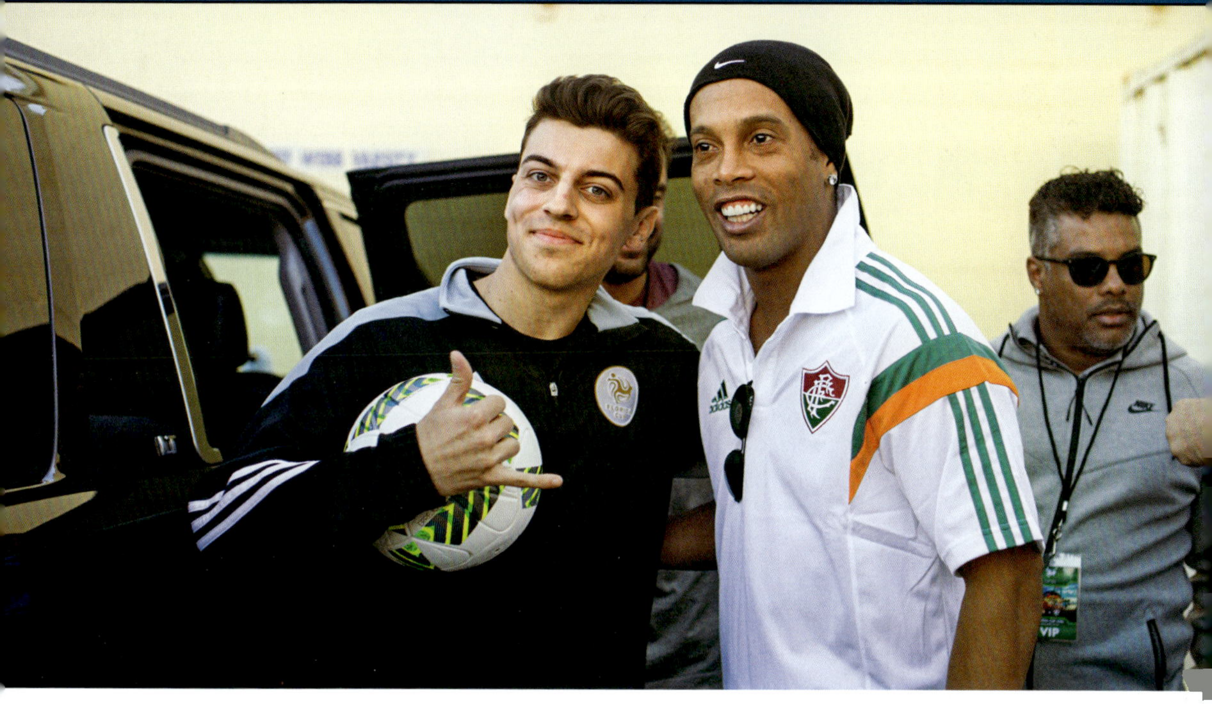

Ronaldinho ist und bleibt mein größtes Vorbild.

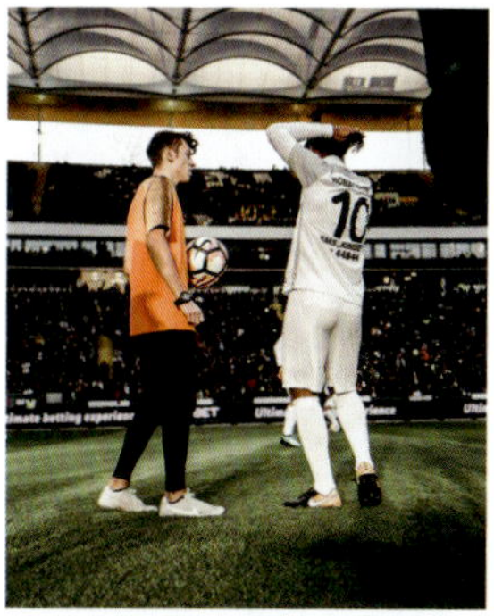

EIN PASS, EIN LÄCHELN

Ein Pass, ein Lächeln, die Annahme im Nacken, die magische Ballannahme und unfassbare Kontrolle und dann der Rückpass zu mir – einfach nur »Joga Bonito«.

Das war ein sehr besonderer Augenblick in meinem Leben, weil die Location und die Stimmung dem entsprachen, was ich es mir früher als kleiner Junge erträumt hatte.

Das Zusammentreffen mit Ronaldinho ist und bleibt eine einzigartige Geschichte, auf die ich immer wieder angesprochen werde und die mich durch meine Zeit als Freestyler begleitet.

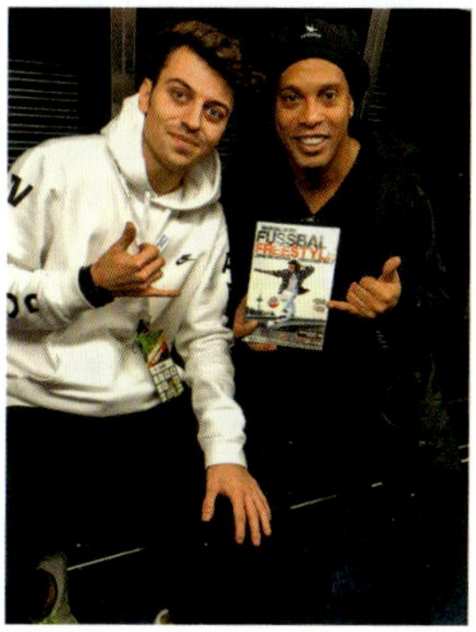

»PLAY FREE«

FLICK UPS

DARF ICH VORSTELLEN? 10 COOLE UND BEEINDRUCKENDE WEGE, DEN BALL VOM BODEN IN DIE LUFT ZU BEFÖRDERN

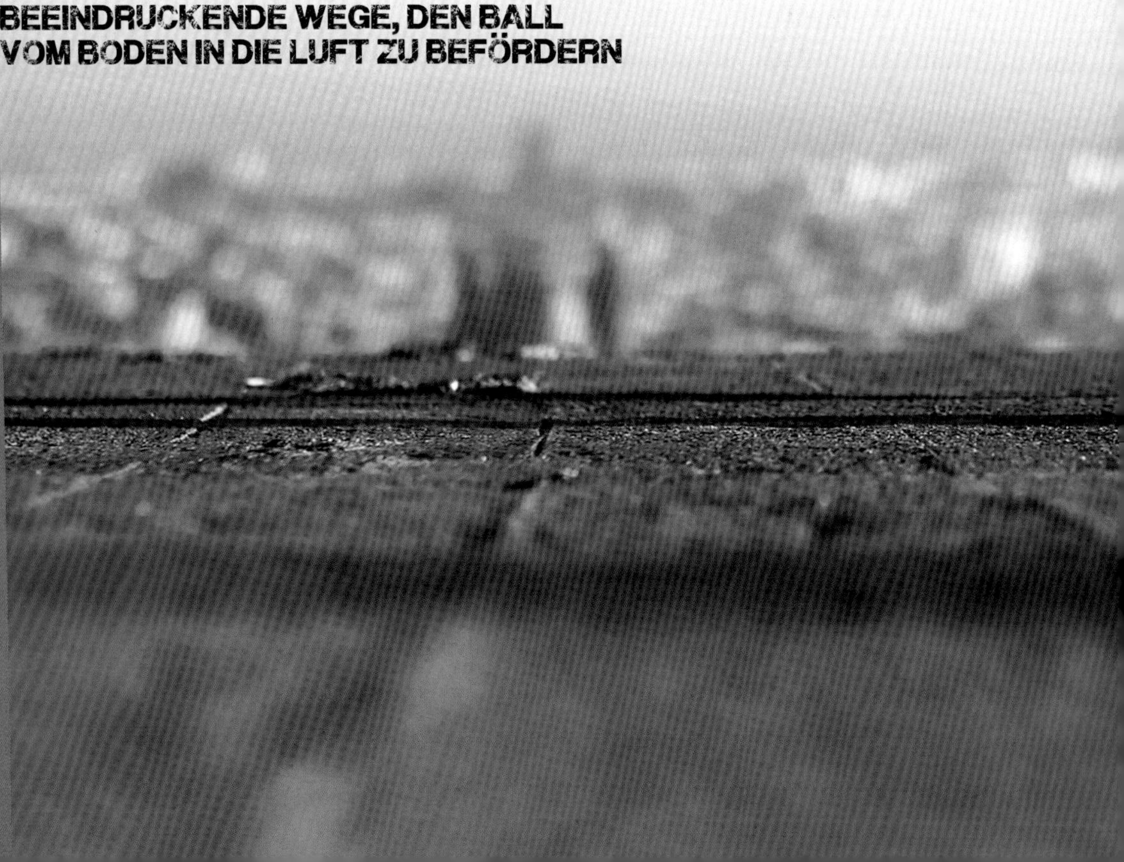

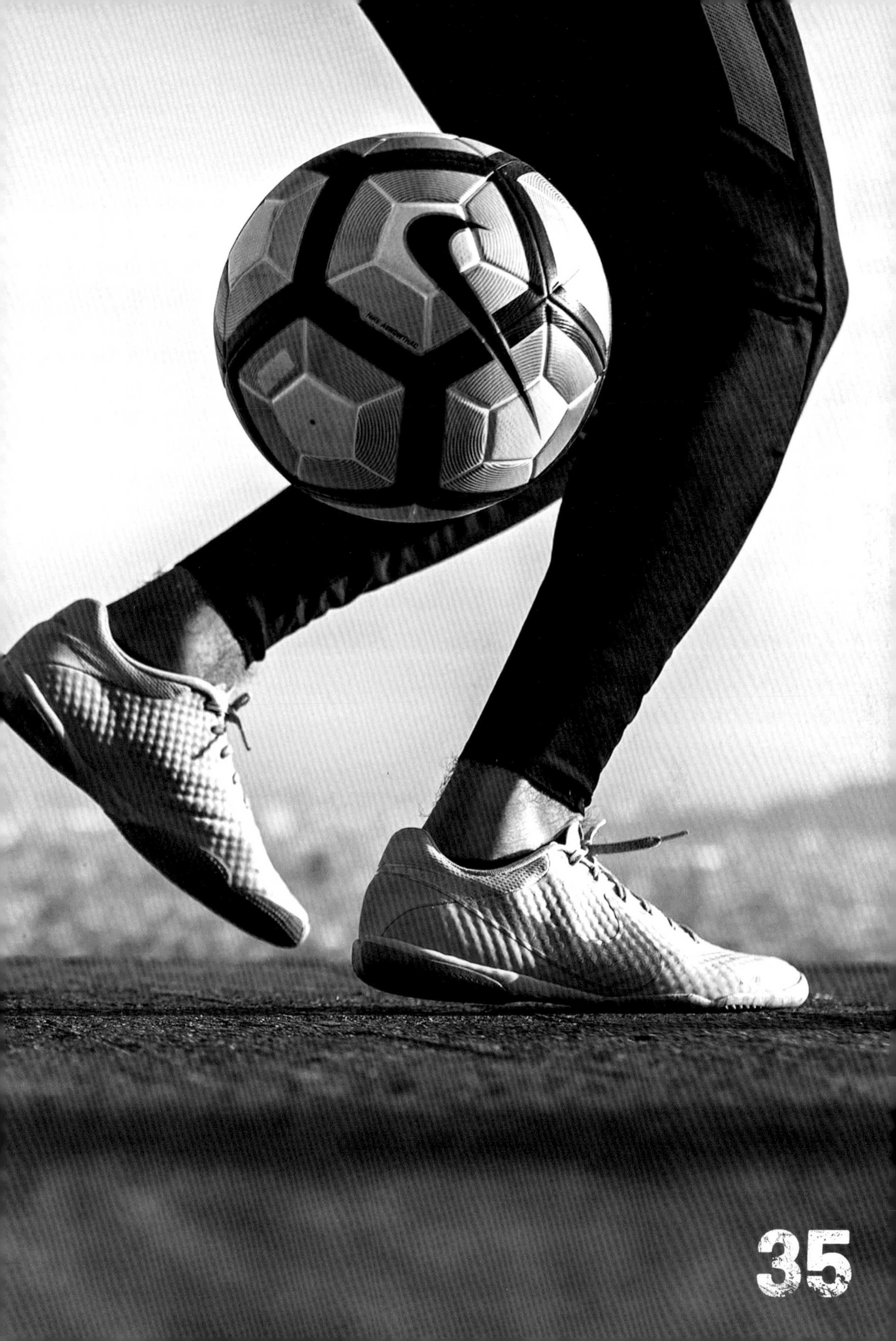

JUMP

1

2

3

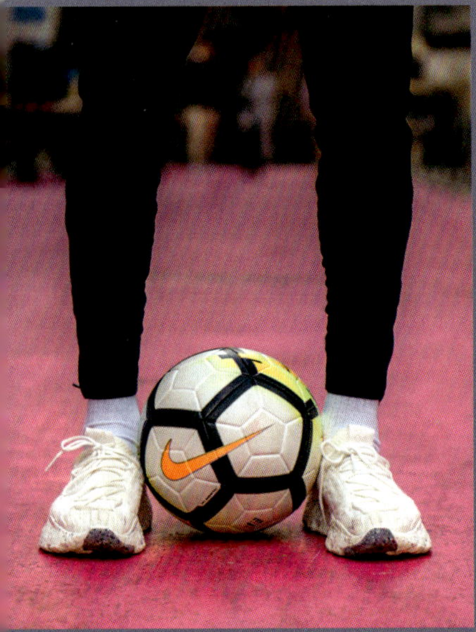

Der Ball befindet sich zwischen den Knöcheln.

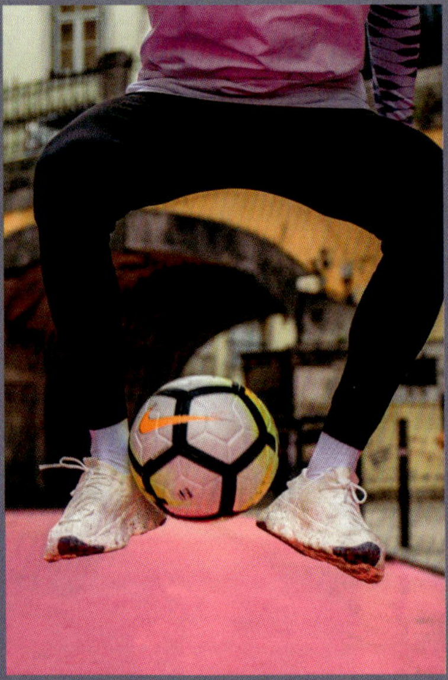

Leicht in die Hocke gehen und abspringen.

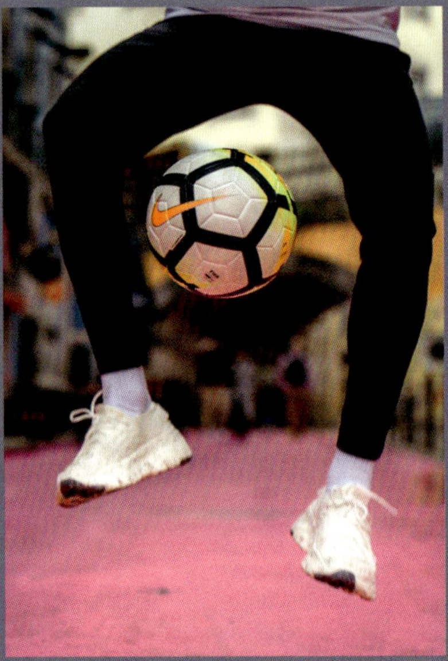

Beim Absprung den Ball lösen.

4

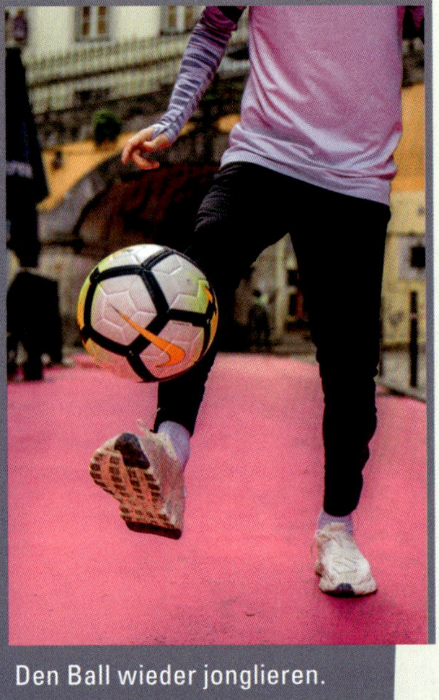

Den Ball wieder jonglieren.

SCHWIERIGKEITSGRAD:

★★★★★

HEEL JUMPER

1

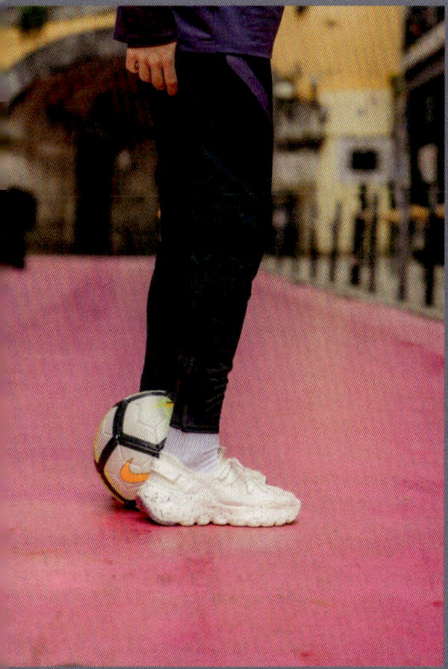

Der Ball befindet sich zwischen den Knöcheln.

2

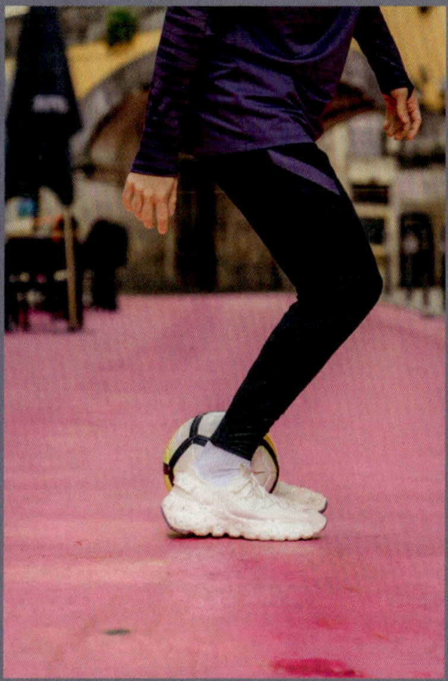

Die Beine bleiben gerade, die Hüfte leicht eindrehen.

3

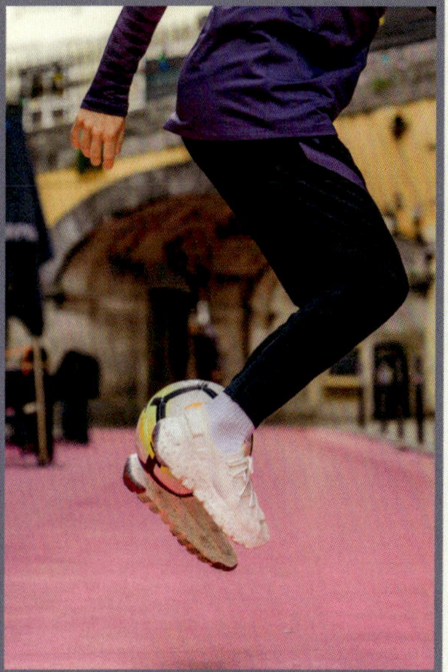

Mit eingeklemmtem Ball vom Boden abspringen.

4

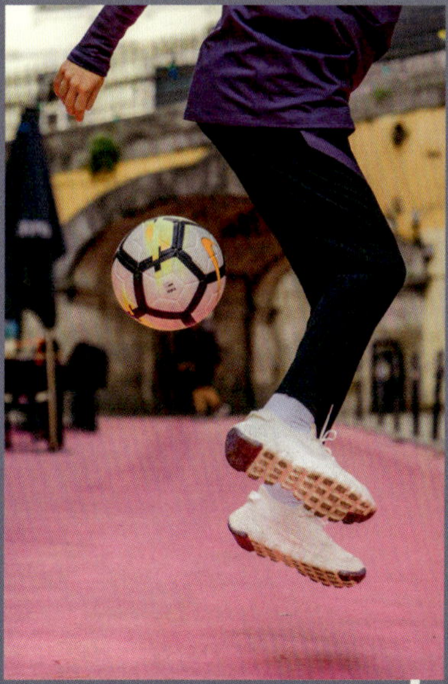

In der Luft die Füße vom Ball lösen.

5

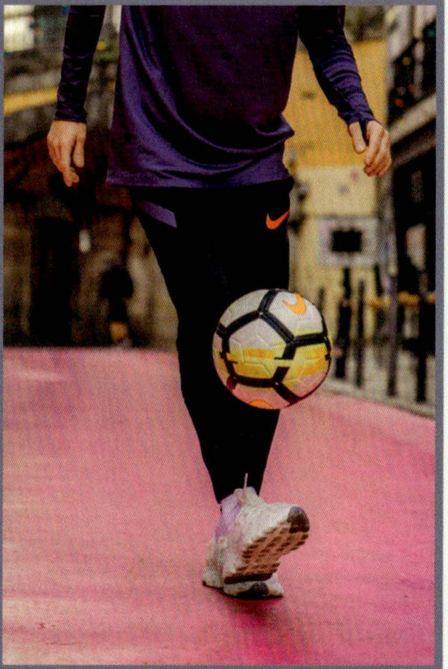

Im Anschluss den Ball kontrollieren und jonglieren.

SCHWIERIGKEITSGRAD:

★★★★★

OKOCHA

1

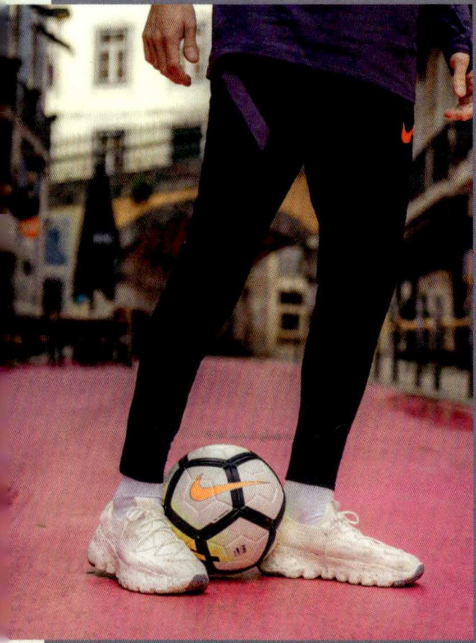

Der Ball liegt zwischen den Füßen. Den linken Fuß ein wenig quer stellen, der rechte zeigt gerade nach vorn.

2

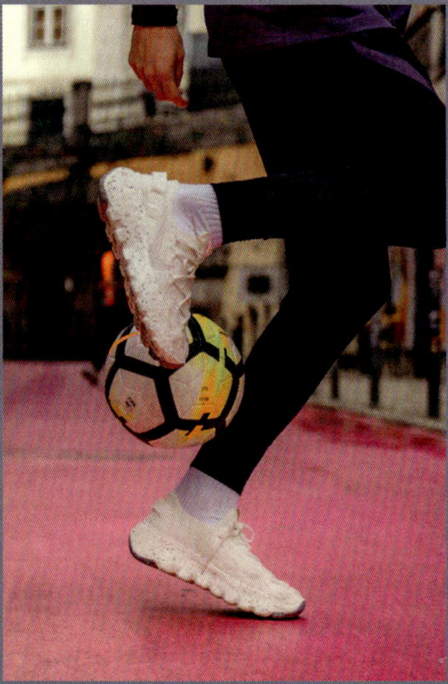

Dann den Ball mit dem rechten Fuß an der Hacke des linken Fußes hochziehen ...

3

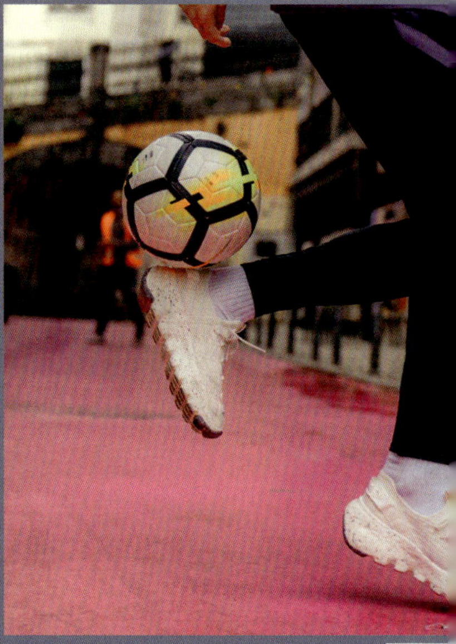

... und den Ball mit der Hacke in die Luft befördern.

4

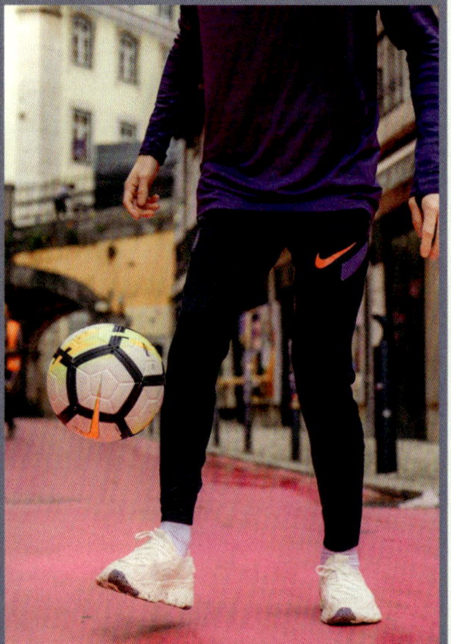

Den Ball danach wieder kontrollieren und jonglieren.

SCHWIERIGKEITSGRAD:

ROLL UP

1

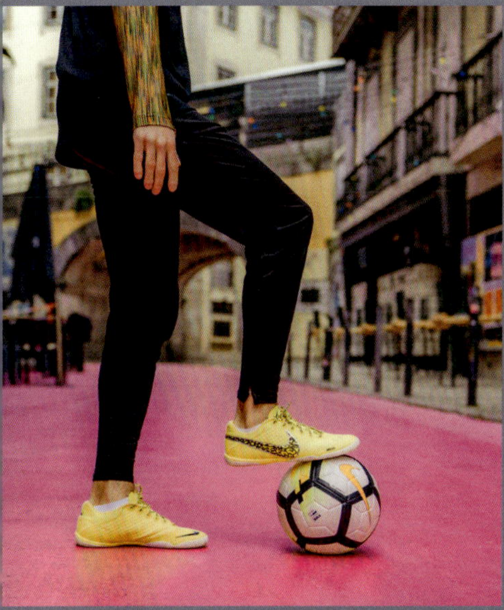

Den rechten Fuß mit der Sohle auf den Ball stellen.

2

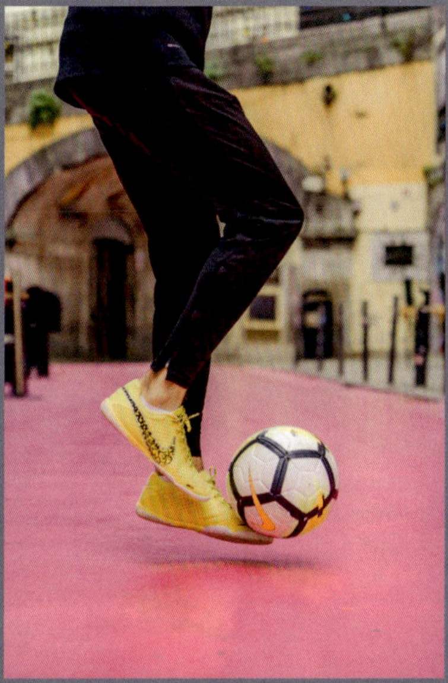

Den Ball nach hinten ziehen …

3

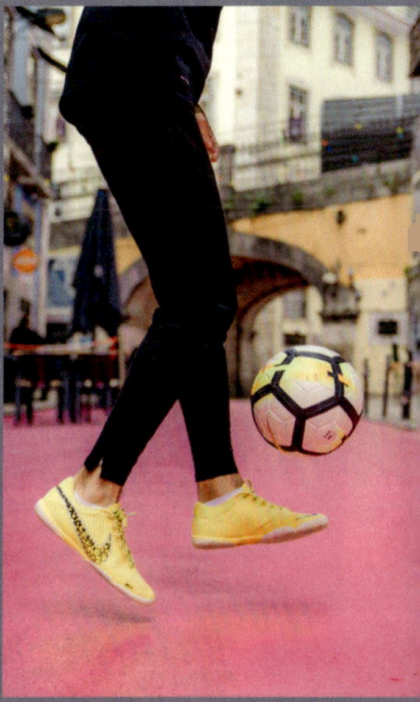

… und mit dem linken Bein abspringen.

4

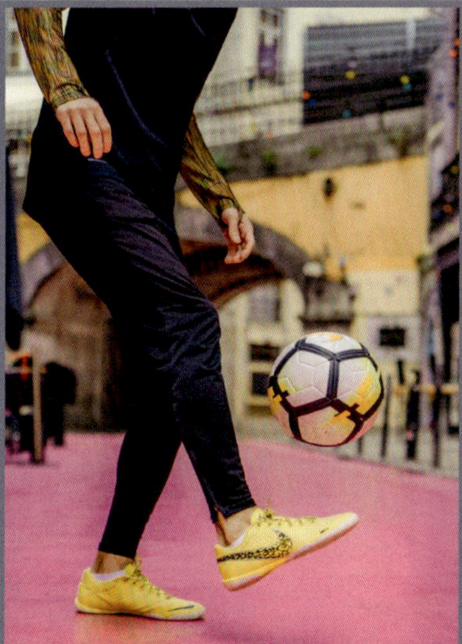

Den Ball wieder kontrollieren.

SCHWIERIGKEITSGRAD:
★★★★★

LION

SCHWIERIGKEITSGRAD: ★★★★★

1

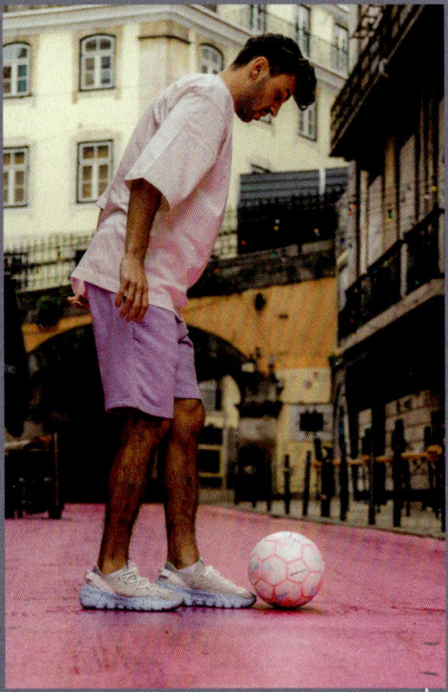

Den Ball vor der Fußspitze des linken Fußes platzieren.

2

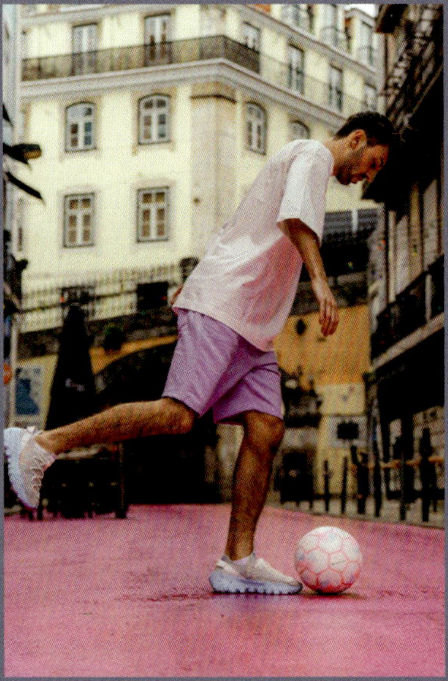

Mit dem rechten Bein kräftig Schwung holen.

3

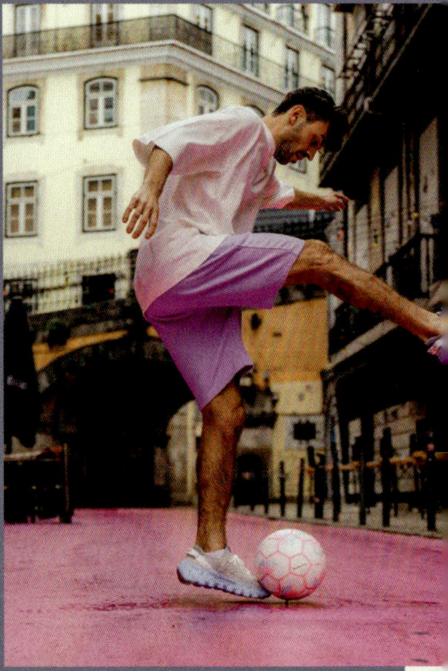

Den Ball mit der linken Fußspitze hochlupfen, das rechte Bein kommt dem linken entgegen.

4

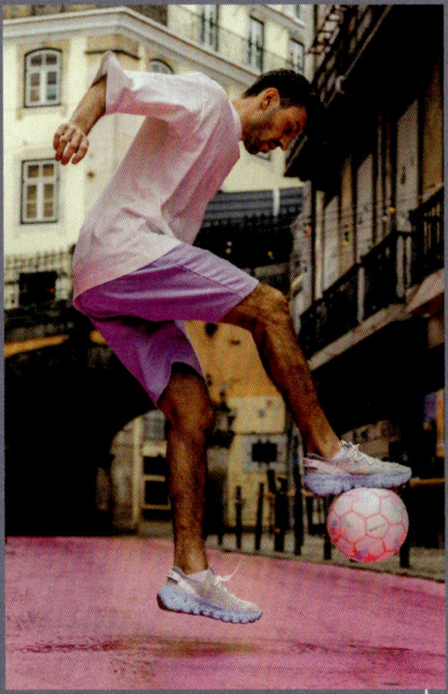

Mit der Sohle des rechten Fußes den Ball auf den Boden »hauen«.

5

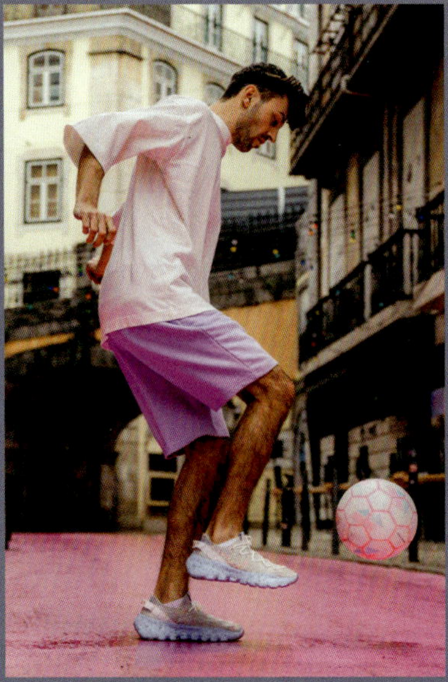

Durch den Aufprall gelangt der Ball wieder in die Luft.

6

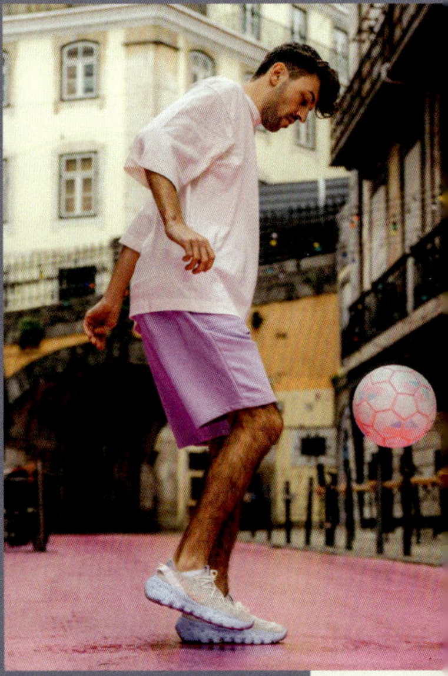

Dann den Ball wieder mit den Füßen jonglieren.

SPIN

1

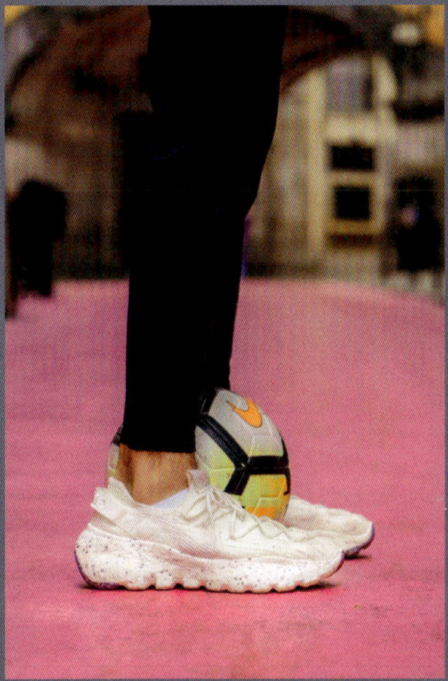

Der Ball liegt zwischen den Füßen.

2

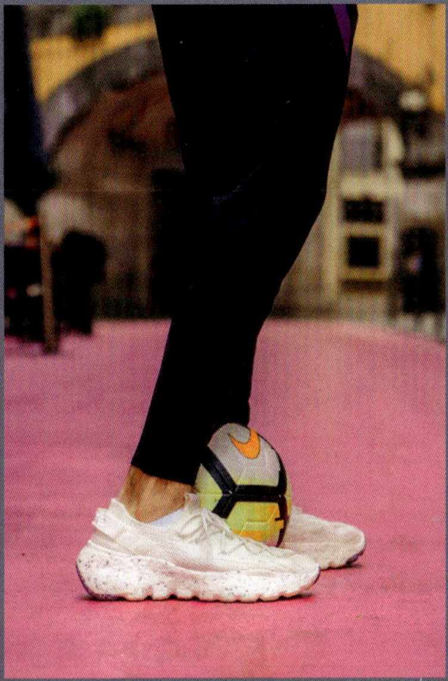

Etwa 90 Grad mit der Hüfte eindrehen, dabei dreht das rechte Bein mit.

3

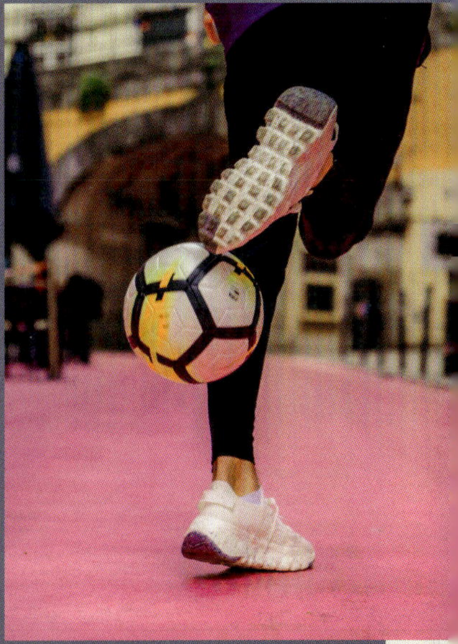

Den Ball mit dem rechten Fuß an der linken Wade hochziehen …

4

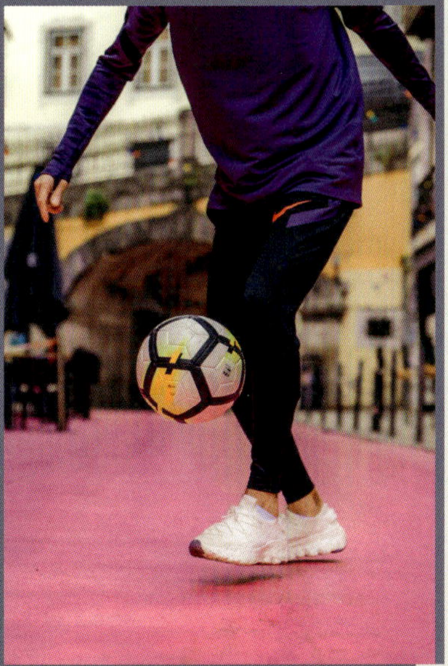

… den Körper um 180 Grad drehen und den Ball jonglieren

SCHWIERIGKEITSGRAD:
★★★★★

R10

1

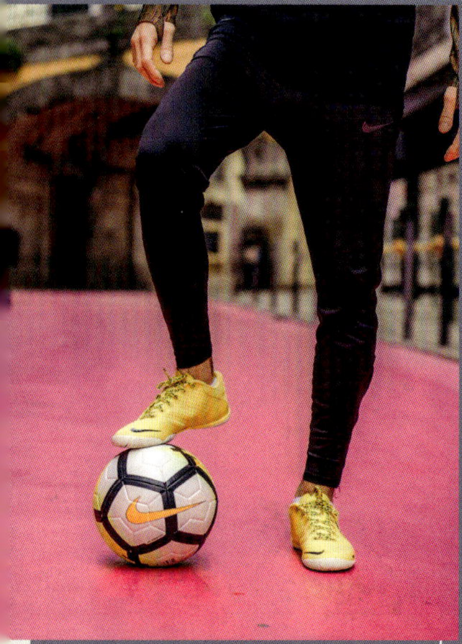

Den Fuß auf dem Ball ablegen.

2

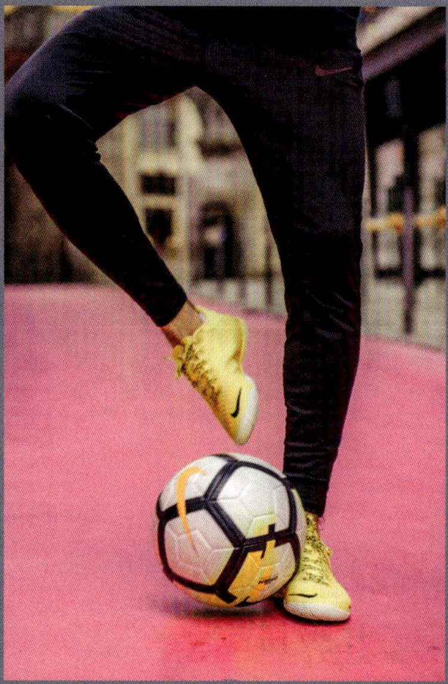

Den Ball schwungvoll gegen den anderen Fuß ziehen.

3

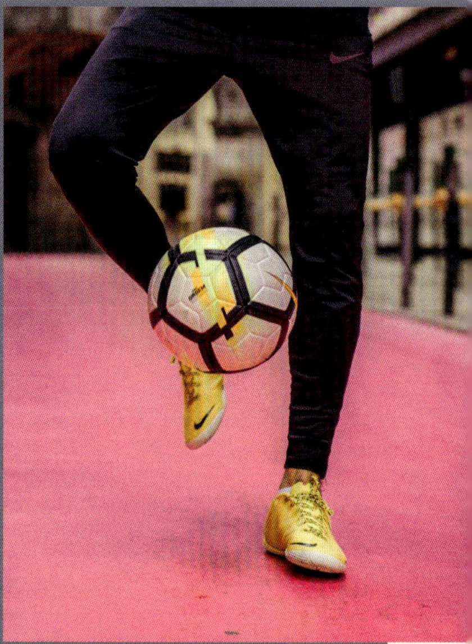

Das Bein, mit dem der Trick ausgeführt wird, locker lassen.

4

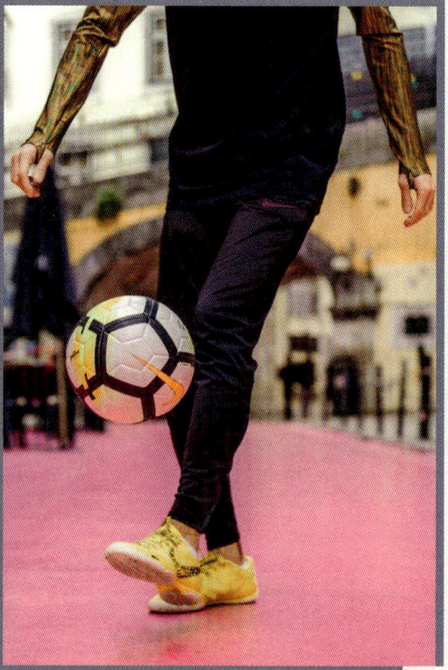

Den Ball danach wieder kontrollieren.

SCHWIERIGKEITSGRAD:
★★★★★

POPCORN

1

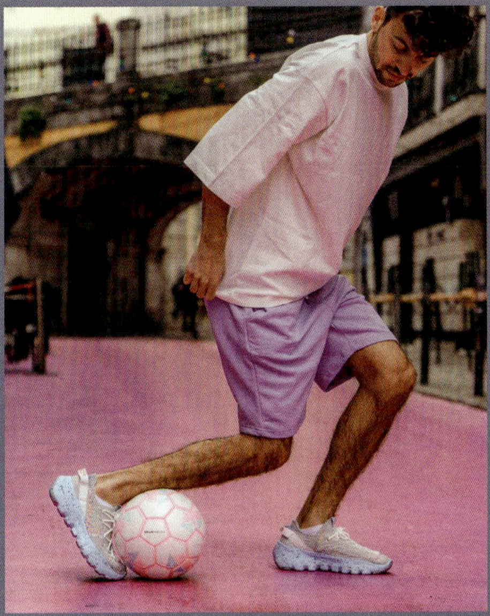

Den Ball mit Druck zwischen Fußspitze und Schienbein einklemmen.

2

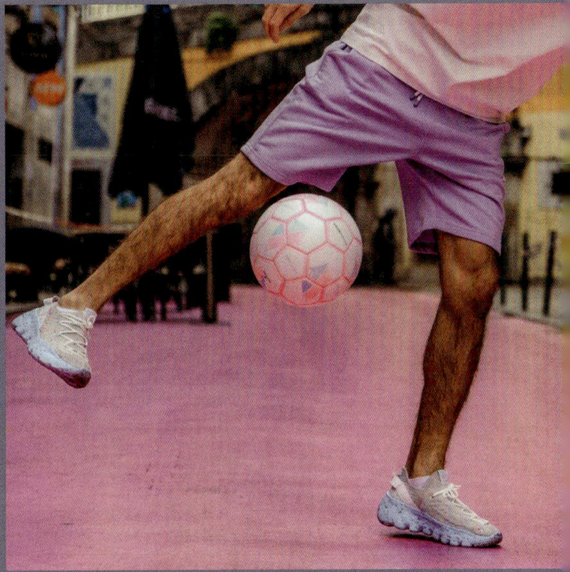

Mit einem Zug – einer Aufwärtsbewegung – wird der Ball in die Luft »gepoppt«, sodass der Ball den Boden verlässt.

3

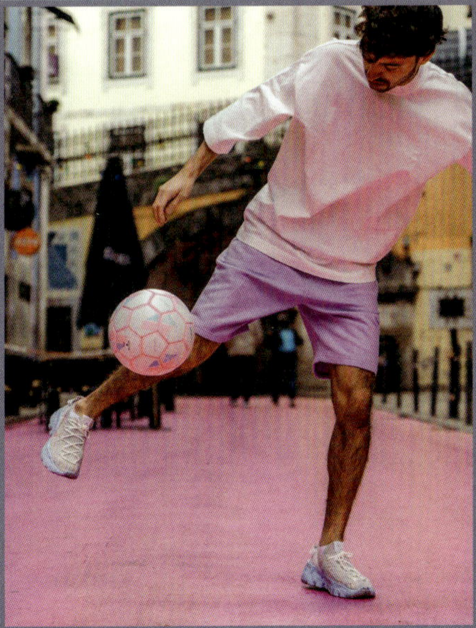

Dabei wird das Bein, mit dem der Trick ausgeführt wird, durchgestreckt.

4

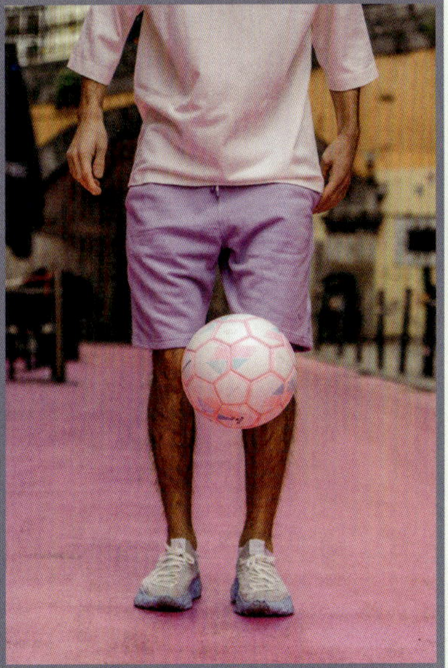

Den Ball weiter hochhalten.

SCHWIERIGKEITSGRAD:
★★★★★

SCHWIERIGKEITSGRAD: ★★★★★

SOMBRERO

1

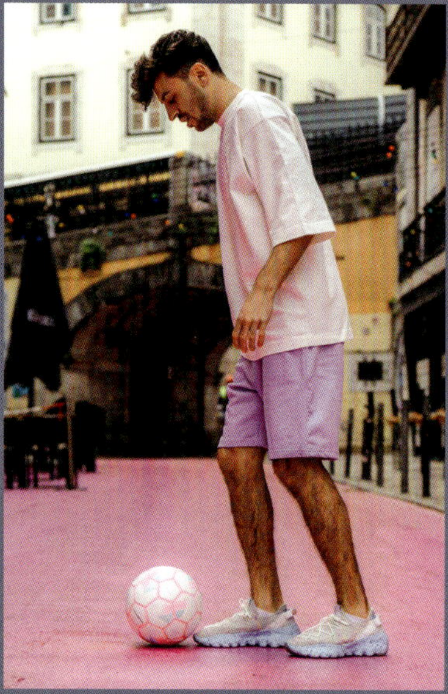

Der Ball liegt vor den Füßen, die Fußspitzen zeigen zum Ball.

2

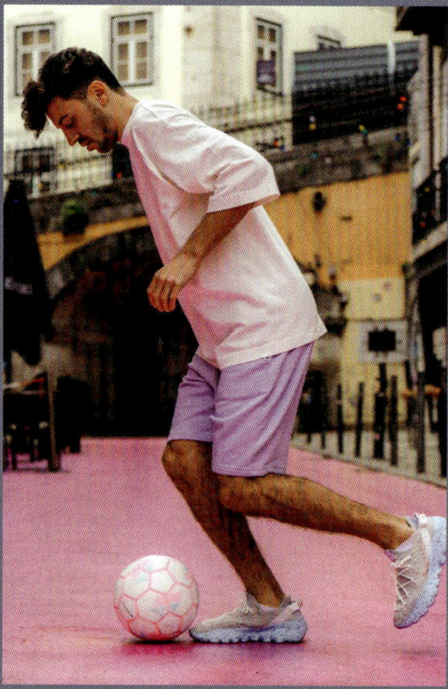

Mit einem Bein ausholen und einen Sprung nach vorn machen.

3

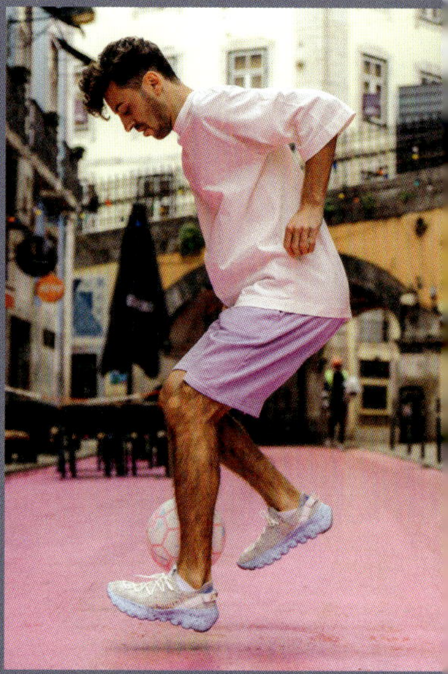

Beim Absprung den Ball mit der Fußspitze des rechten Fußes in die Luft befördern.

4

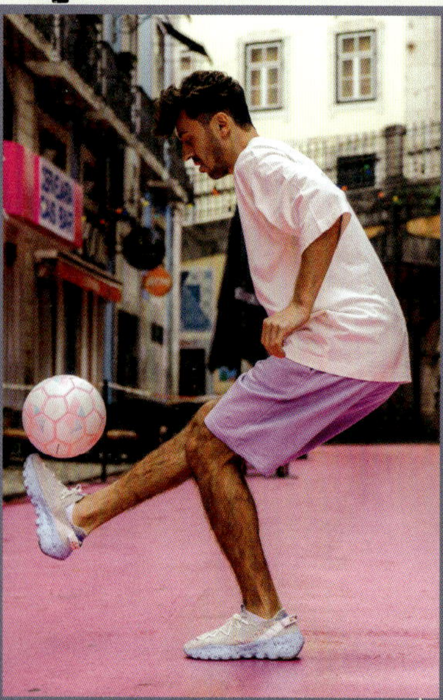

Den Ball mit der Fußspitze zum Körper ziehen.

5

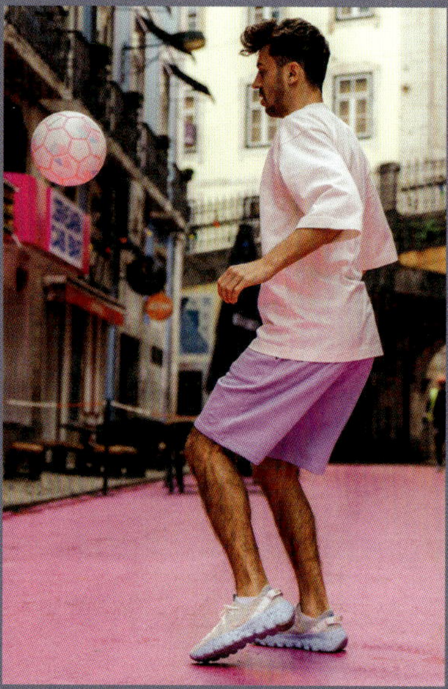

Bei der Rückziehbewegung den Ball in die Luft auf Hüfthöhe spielen.

6

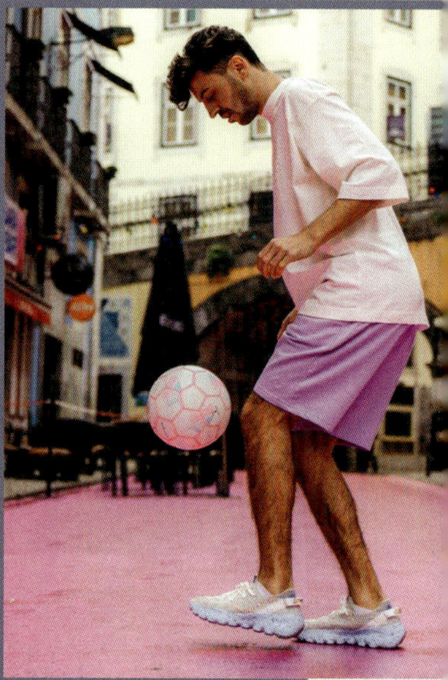

Den Ball kontrollieren.

BANG

1

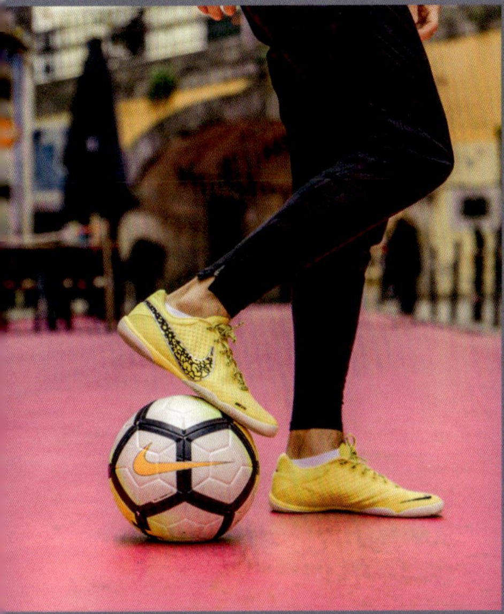

Den rechten Fuß auf den Ball stellen ...

2

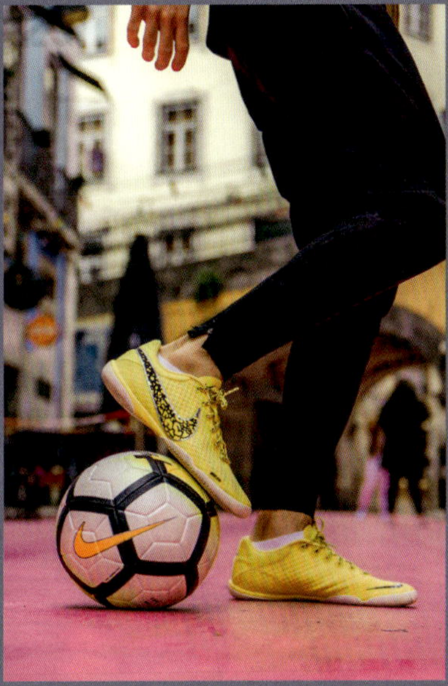

... und den Ball mit der Sohle nach vorn abrollen.

3

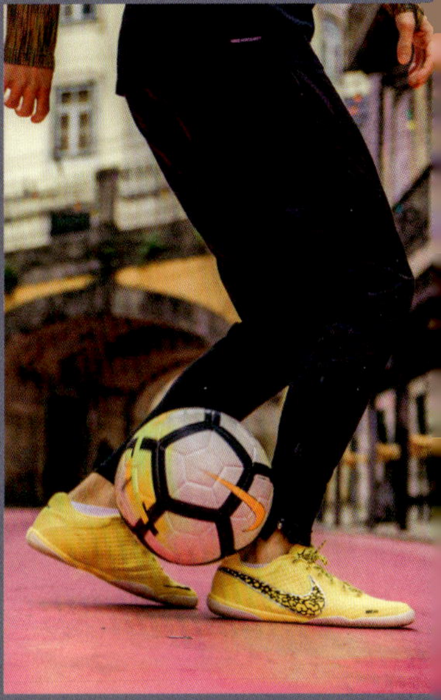

Mit der Hacke abstoppen und den Ball mit Druck hoch befördern.

4

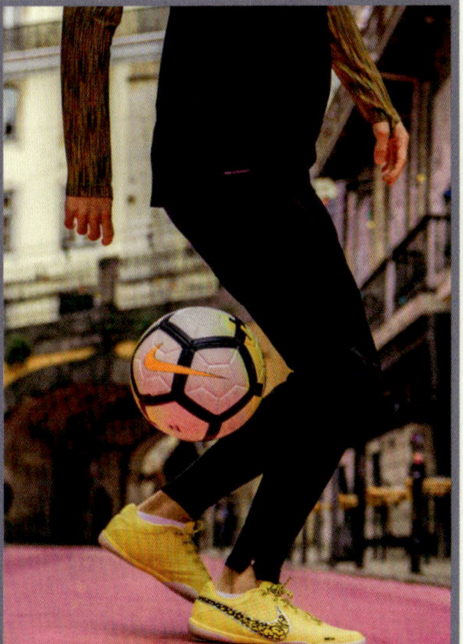

Den Ball wieder hochhalten und kontrollieren.

SCHWIERIGKEITSGRAD:
★★★★★

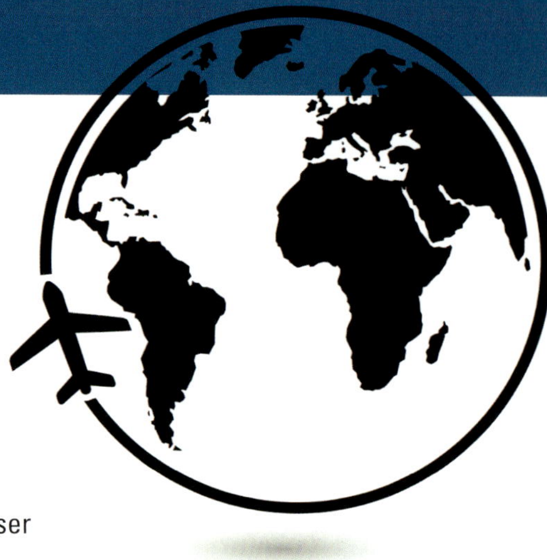

MAGISCHER MOMENT

AUFTRITT BEIM WORLD YOUTH CUP IN SCHWEDEN– IM AUSVERKAUFTEN STADION

Ich hatte schon einige Stadion-Auftritte, doch dieser hat sich deutlich von den anderen unterschieden. Ähnlich wie bei meiner Show in der Halbzeit eines NBA-Spiels in Orlando war von Beginn an eine ganz besondere Stimmung zu spüren. Etwas Magisches lag in der Luft.

Im Rahmen des Gothia Cup, des größten Jugendturniers der Welt, bin ich bei der Abschlussfeier in der Mitte des Spielfelds aufgetreten. Bei dem Turnier war die ganze Welt zu Gast. Das Stadion war bis auf den letzten Platz gefüllt. 15.000 Besucher aus vielen verschiedenen Ländern waren gekommen.

Man hatte das Gefühl, dass man vor der ganzen Welt auftritt. An dem Satz ist auch etwas Wahres dran – denn es waren unterschiedliche Nationalitäten vertreten, die eines verbindet: die Liebe zum Fußball. Ich atmete tief durch und drehte den Ball auf dem Finger. Das Publikum konnte meine Tricks auf riesigen LED-Wänden verfolgen. Die Leute sahen einen Fußball-Freestyler, doch ich sah einen kleinen Jungen, der den Mut hatte, seinen eigenen Weg zu gehen. Einen Jungen, der eine Vision hatte und einen Weg erkannte, der von keinem anderen gesehen wurde. Einen Träumer, der niemals aufgab, seinen Traum zu leben.

Ich drehte meinen Ball auf dem Finger, ging die Treppen der Bühne hoch, schaute um mich herum – alles, was ich sah, war eine bunte Wand an Menschen. Während ich kurz schaute, drehte sich der Ball weiter auf meinem Finger, schließlich auf dem Kopf, wo er sich auf der Stirn drehte, bis er stehen blieb. Ich wurde angetrieben vom Gefühl, Teil von etwas Großem zu sein und davon, dass ich gerade der ganzen Welt meine Tricks präsentieren kann. Solche Auftritte gehören mit Abstand zu meinen Lieblingsauftritten. Es war ein heißer Sommertag, und die Sonne schien ins Stadion – ein Riesenfest, welches mit einem großen Feuerwerk beendet wurde. Da war sie wieder … diese Magie in der Luft und der Zauber des Fußball-Freestyles.

SCHWEDEN

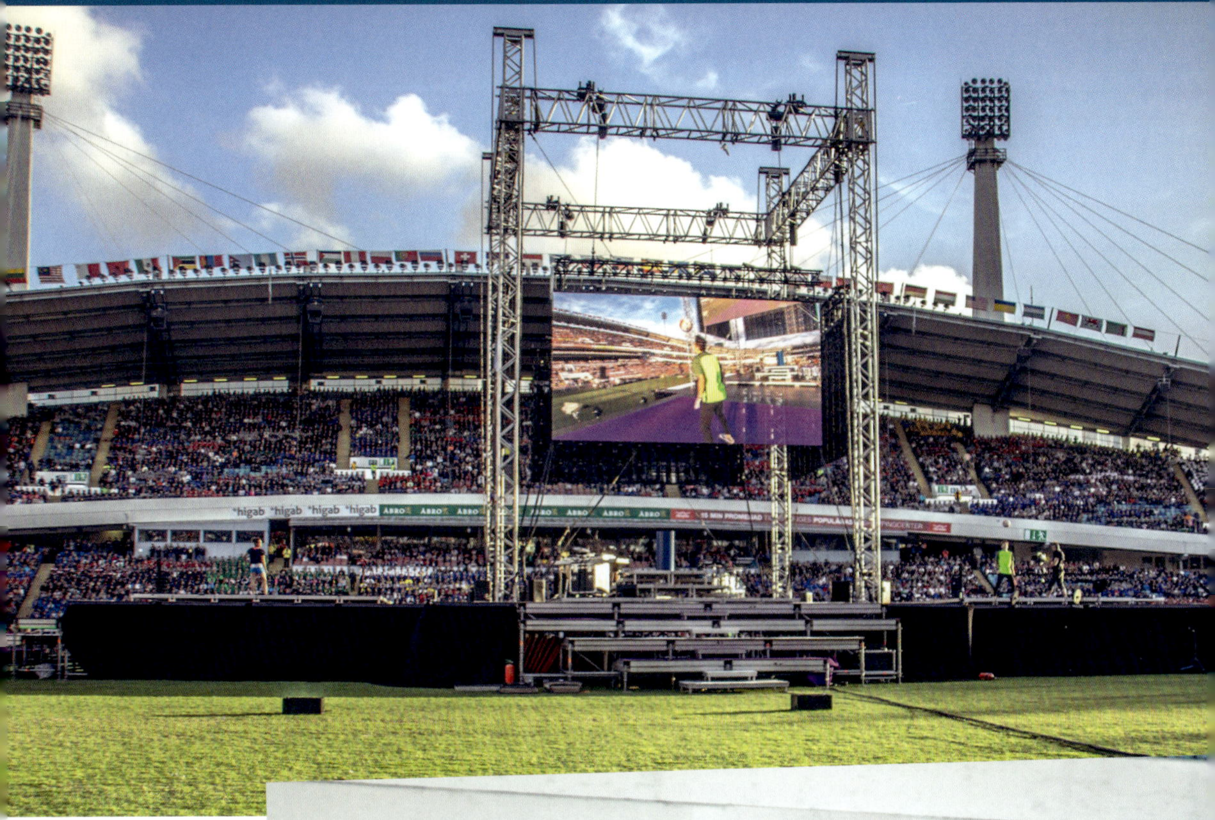

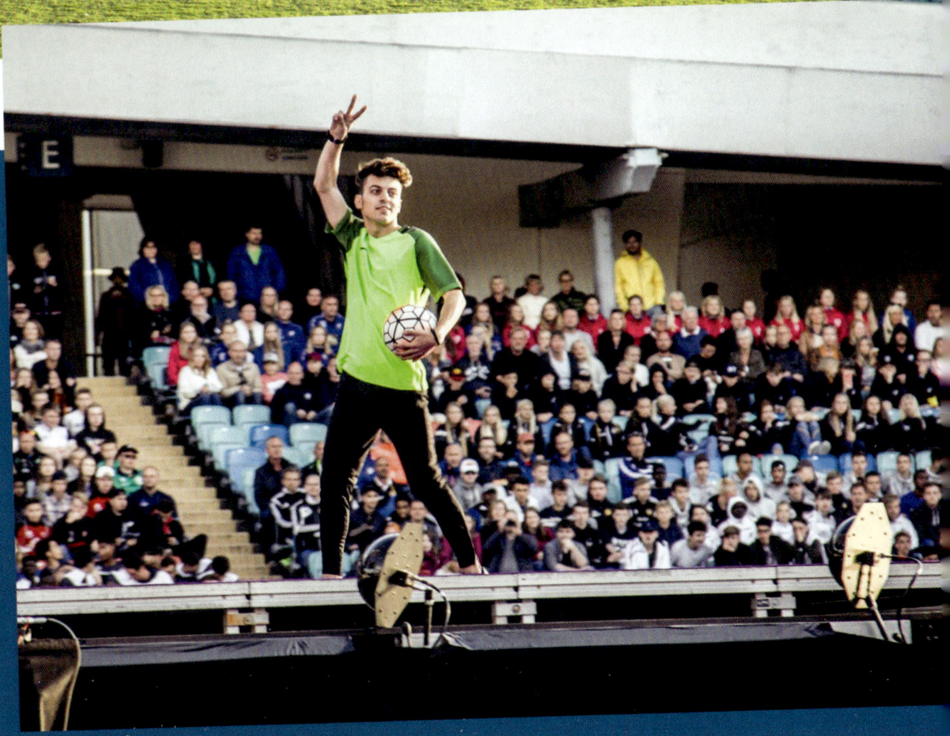

Verabschiedung auf der Bühne vor 15.000 Zuschauern.

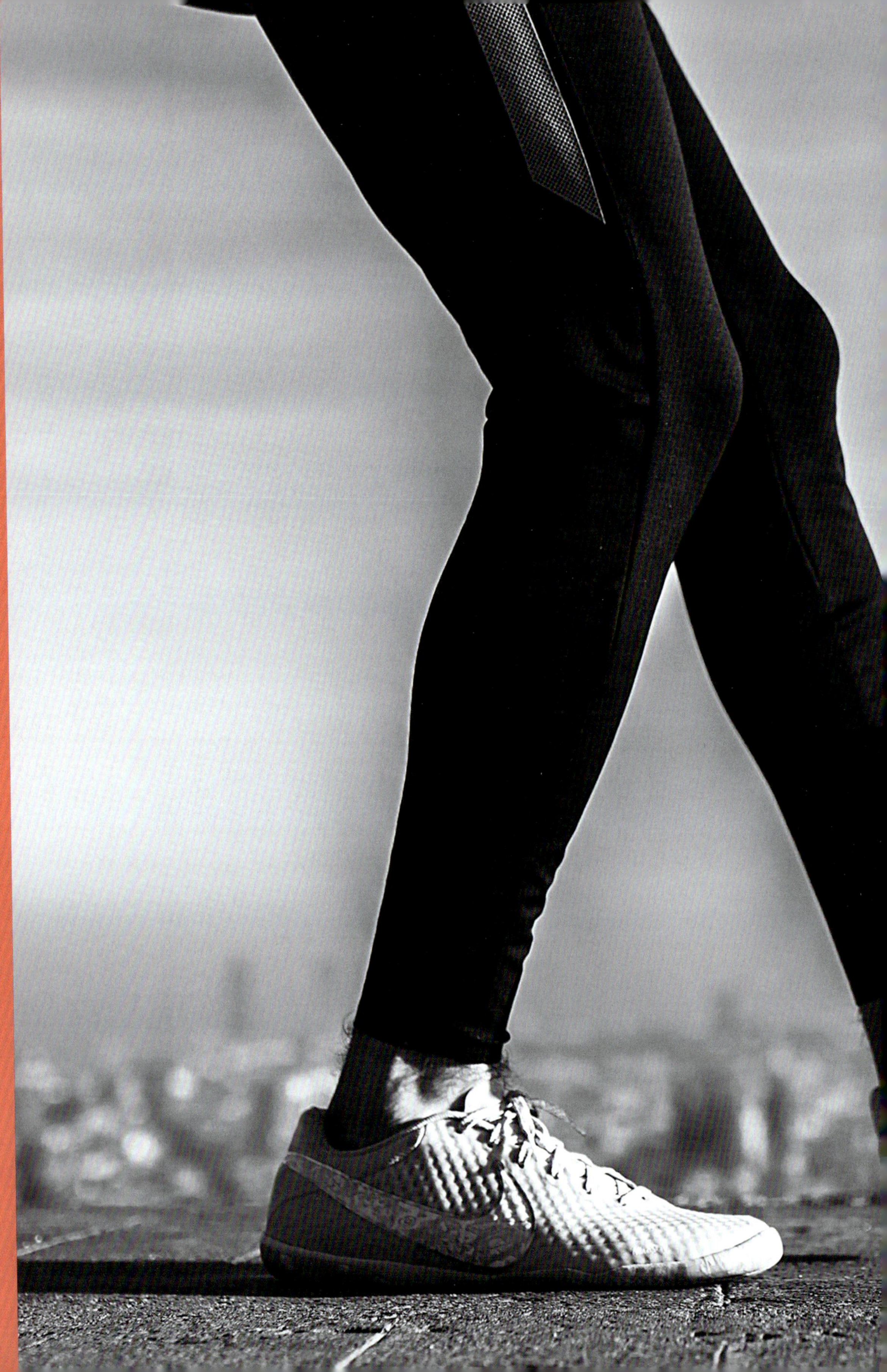

LOWERS

BODENNAH: ENTDECKE UND ERLERNE DIE GROSSE VIELFALT DER LOWERS

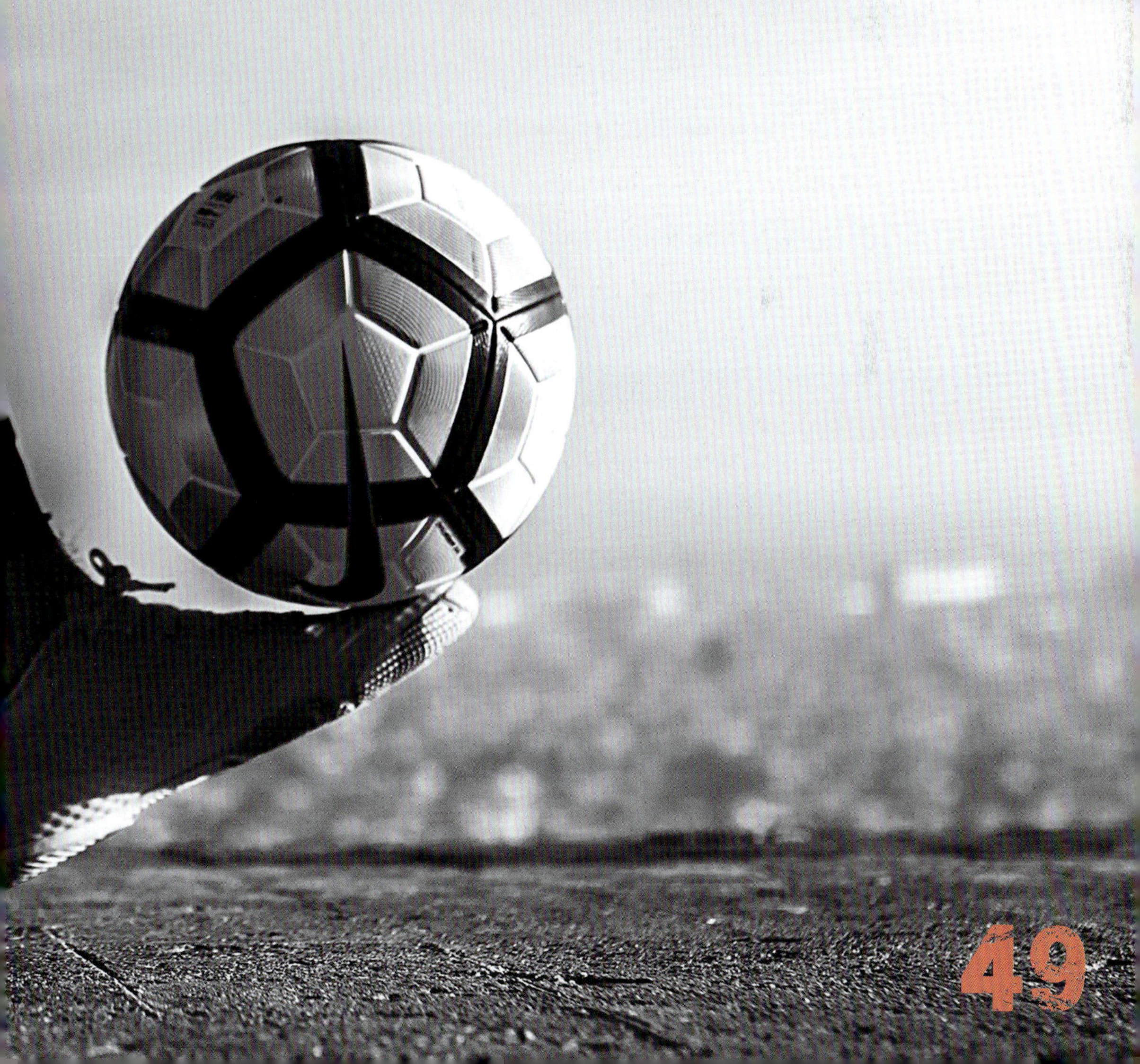

DIE RICHTIGE JONGLAGE

DIE Grundvoraussetzung des Freestylers ist, den Ball jonglieren, also hochhalten zu können. Das muss definitiv sitzen, bevor man überhaupt einen Trick ausführen kann.

WIE JONGLIERT MAN RICHTIG?

Wichtig ist es, ein gutes Gefühl für die Bewegung und den Ball zu entwickeln. Es gibt unzählige Wege, das Jonglieren zu erlernen. Der Schlüssel zum Erfolg ist relativ einfach: das tägliche Training. Übung macht den Meister. Ich habe mit dem Ballhochhalten in jungen Jahren angefangen und versucht, mich täglich zu steigern. Von Tag zu Tag wollte ich besser werden.

Die wichtigsten Tipps: Zehen anheben bzw. anziehen, dann fällt das Jonglieren leichter und man hat den Ball besser unter Kontrolle. Zudem sollte man den Ball nicht zu hoch spielen. Versuche von Anfang an, beidfüßig zu jonglieren. Und: Je weniger man sich beim Hochhalten bewegt, desto besser funktioniert es.

So geht's:

1. **Halte den Ball mit der Hand auf Brusthöhe vor dir.**
2. **Lass den Ball fallen, auf dem Boden auftropfen und schieße den Ball mit dem Fuß wieder in die Luft.**
3. **Das Knie des Schussbeins sollte beim Ballhochhalten leicht gebeugt sein.**
4. **Das andere Bein sollte dabei fest auf dem Boden stehen.**

Das sind die ersten Grundschritte, um sich mit der Bewegung vertraut zu machen. Sobald du dies beherrschst, solltest du versuchen, den Ball aus der Luft direkt zu spielen. Denke unbedingt daran, mit beiden Füßen zu trainieren.

Wer beim Hochhalten bereits fortgeschritten ist, sollte sich unser Video zum Thema Ballhochhalten ansehen, um sich weitere Tipps für die perfekte Jonglage zu holen. Setzt euch Trainingsanreize! Versucht ständig, eigene Rekorde aufzustellen. Das steigert die Motivation. In der Tabelle kannst du deinen Fortschritt schriftlich festhalten und deine Rekorde notieren.

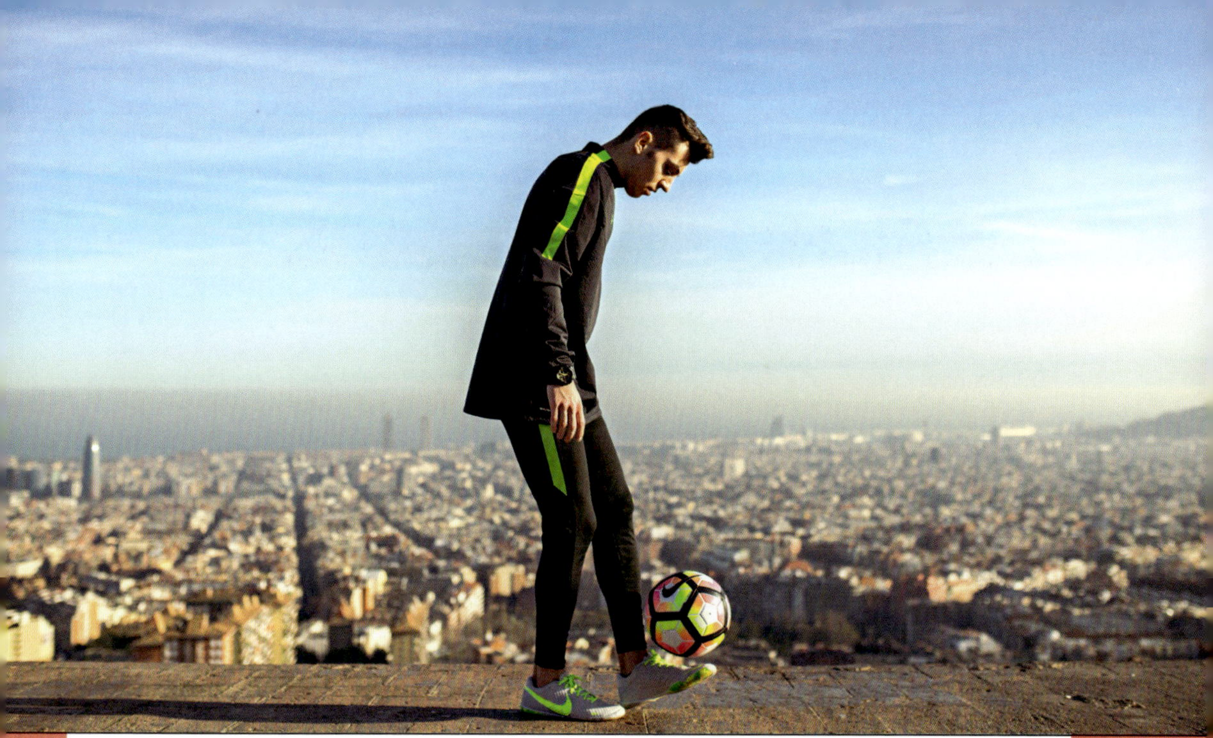

DEINE REKORDLISTE

	Woche 1	Woche 2	Woche 3	Woche 4	Woche 5
Rechter Fuß					
Linker Fuß					
Beide Füße					
	Woche 6	Woche 7	Woche 8	Woche 9	Woche 10
Rechter Fuß					
Linker Fuß					
Beide Füße					

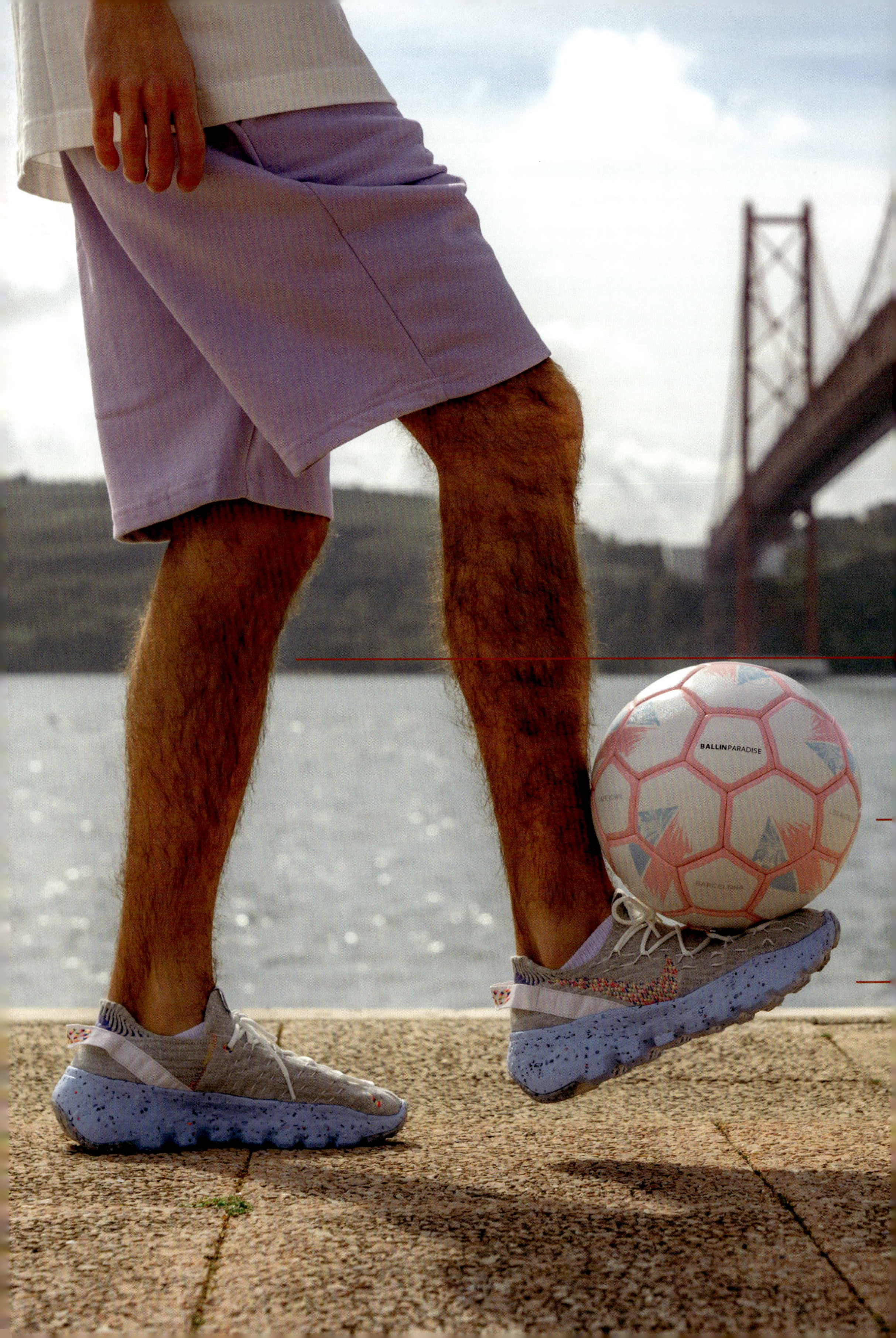
BALLINPARADISE

FOOT STALL

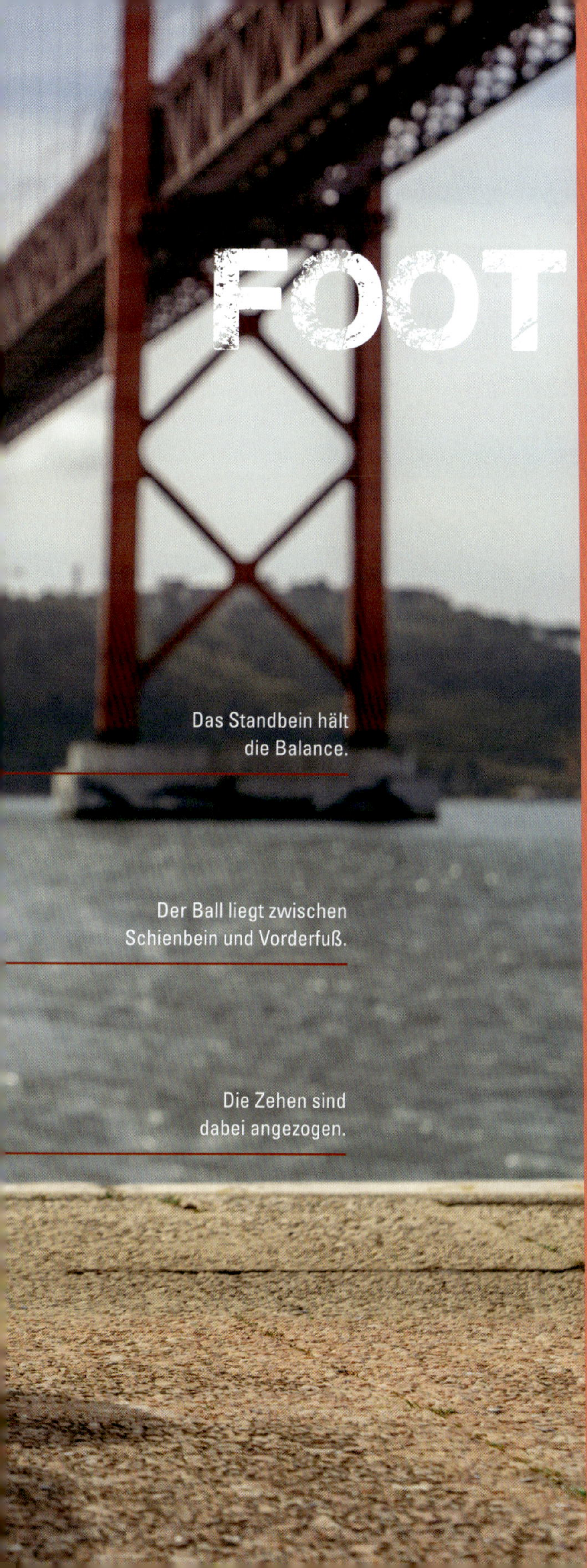

Der Foot Stall gehört zu den einfachsten Tricks im Fußball-Freestyle. Auch ist er die Basis für das Erlernen einiger anderer Tricks. Er darf im Trick-Repertoire auf keinen Fall fehlen.

So geht's:
Lege den Ball zunächst mit der Hand zwischen Schienbein und Vorderfuß. Ziehe deine Zehen leicht an, um den Ball besser halten zu können. Versuche, den Ball so lange wie möglich auf dem Fuß zu behalten. Mit dem anderen Bein hältst du die Balance.

Wenn du das raushast, lass den Ball im nächsten Schritt vom Boden auf den Fuß rollen und halte ihn dann.

Mit diesen Tipps und einige Versuchen erlernst du den Foot Stall im Handumdrehen und bist deinen Freunden einen Schritt voraus.

AROUND THE WORLD

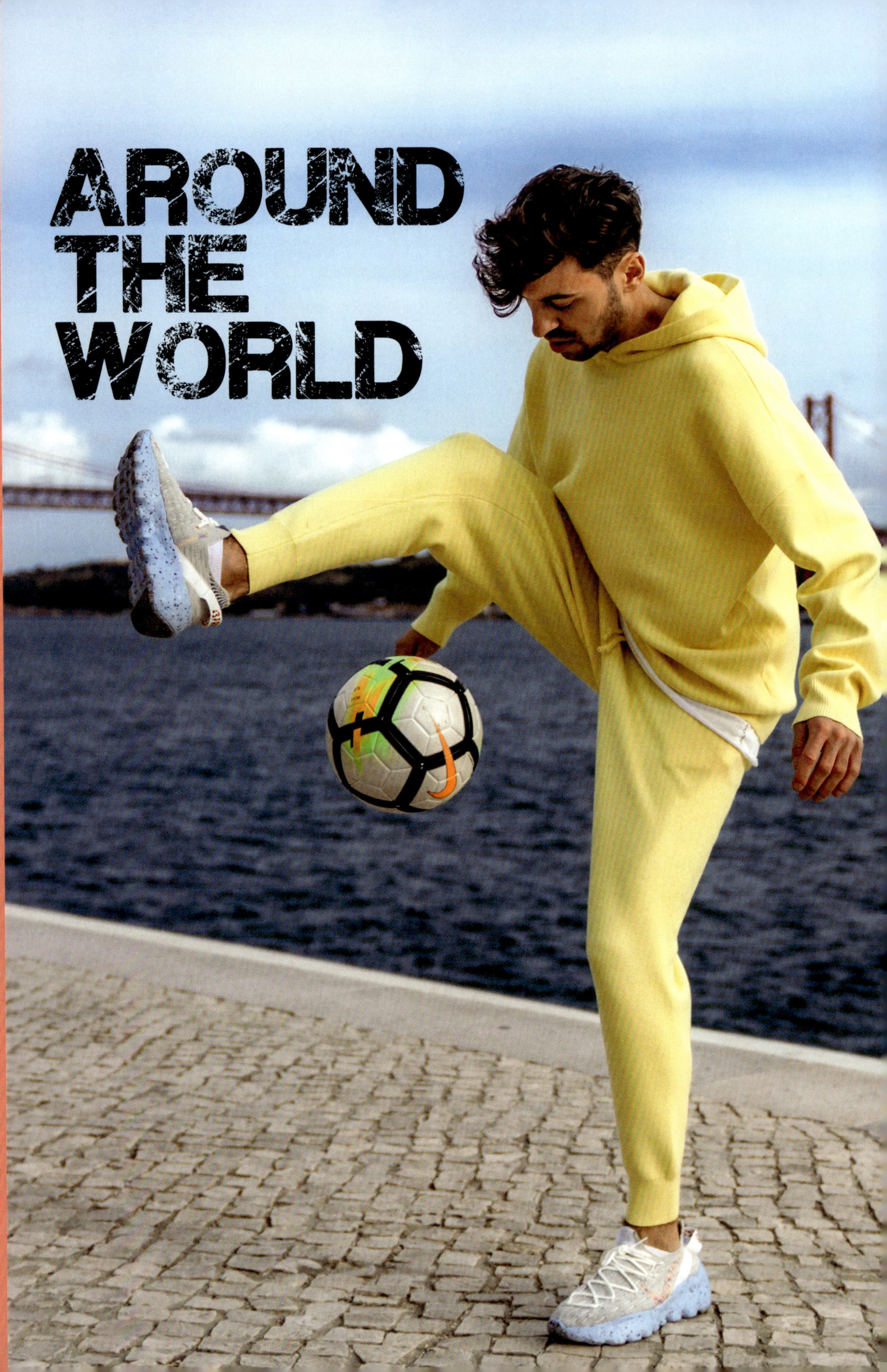

1

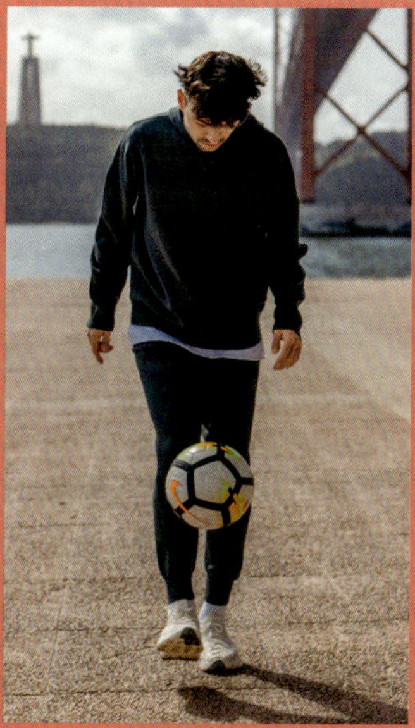

Den Ball hochhalten bzw. auf dem Fuß halten.

2

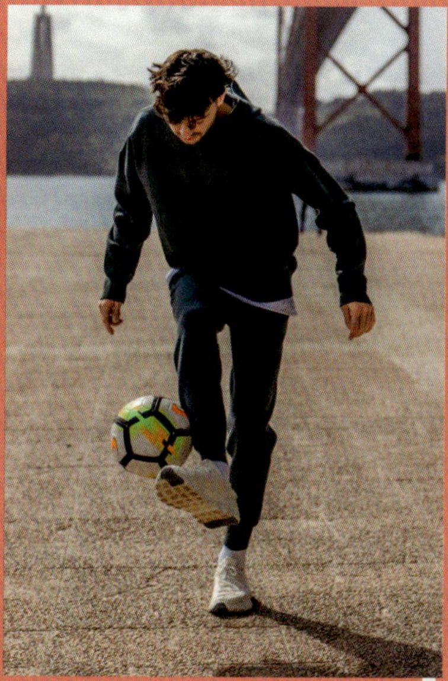

Den Ball mit dem starken Fuß anspielen bzw. anschneiden.

3

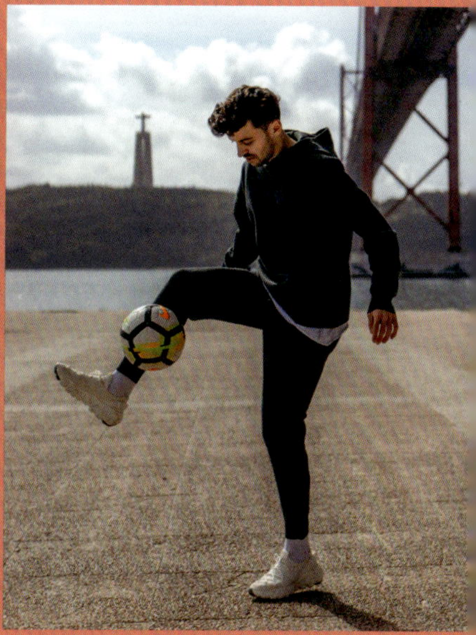

Im gleichen Moment den Ball aus der Hüfte heraus mit dem Fuß bzw. dem Bein umkreisen.

4

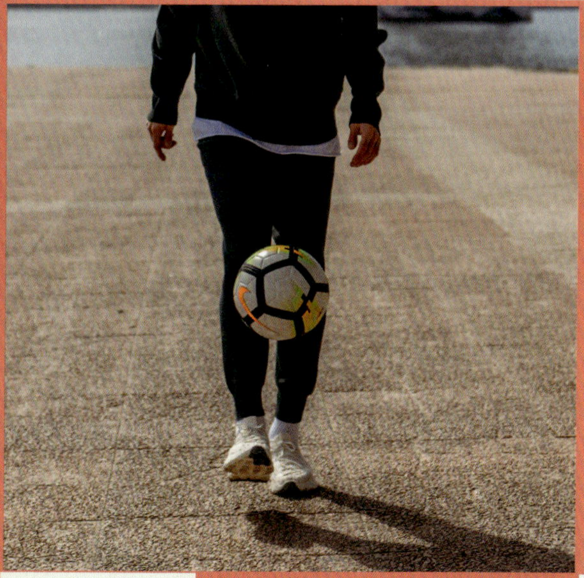

Nach vollendetem Kreis den Ball wieder kontrollieren.

SCHWIERIGKEITSGRAD: ★★☆☆☆

Der Around The World gehört zu den Basic-Tricks im Freestyle. Er ist die Grundvorausetzung für viele weitere Tricks, einige Tricks basieren auf ihm. Es ist der wohl bekannteste Freestyle-Trick.
Den Trick kann man in zwei Varianten ausführen: entweder von innen nach außen oder von außen nach innen (inside/outside). Viele Fußballer und Freestyler haben es vorgemacht – jetzt bist du dran!

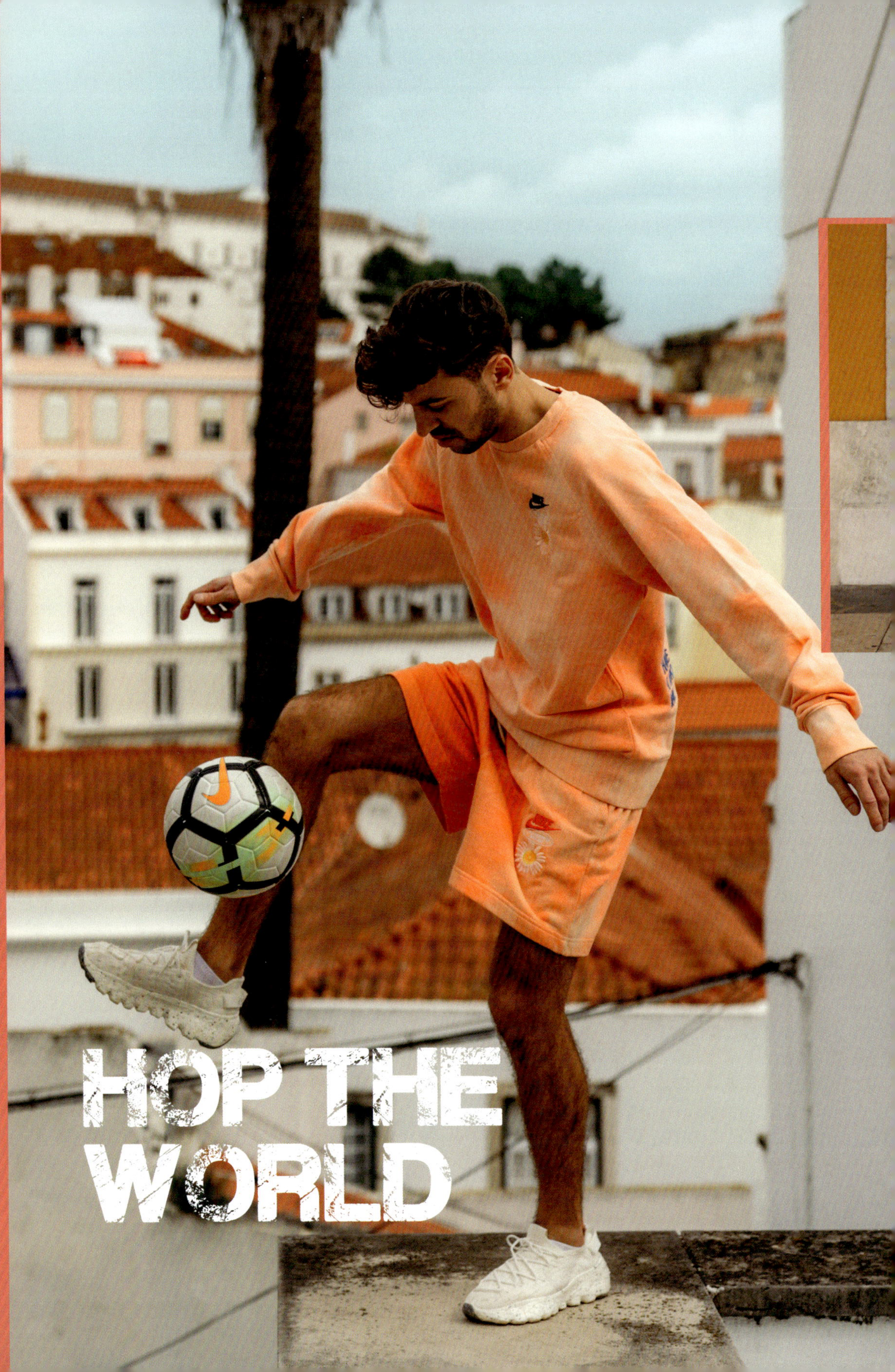

HOP THE WORLD

1

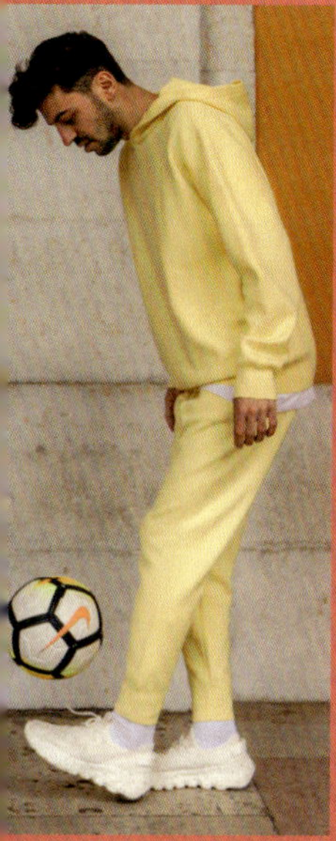

Den Ball hochhalten.

2

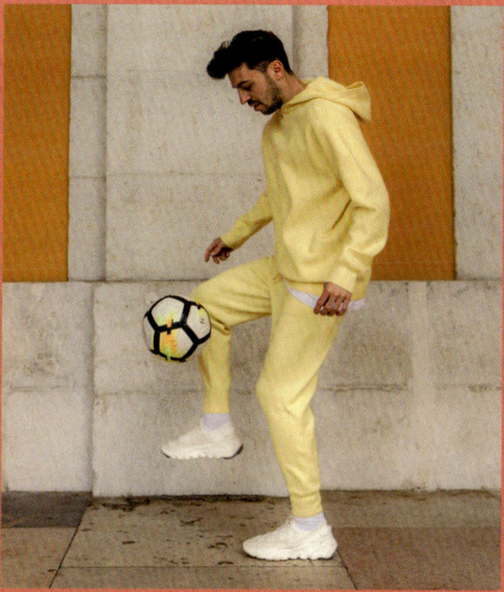

Den Ball auf Hüfthöhe spielen ...

3

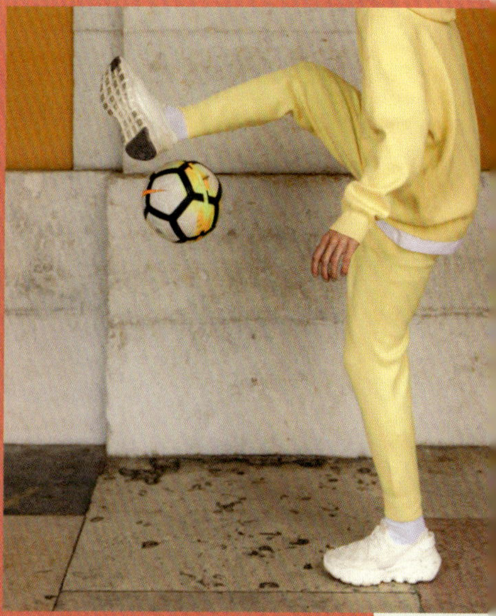

... und im nächsten Moment mit dem anderen Fuß von außen umkreisen.

4

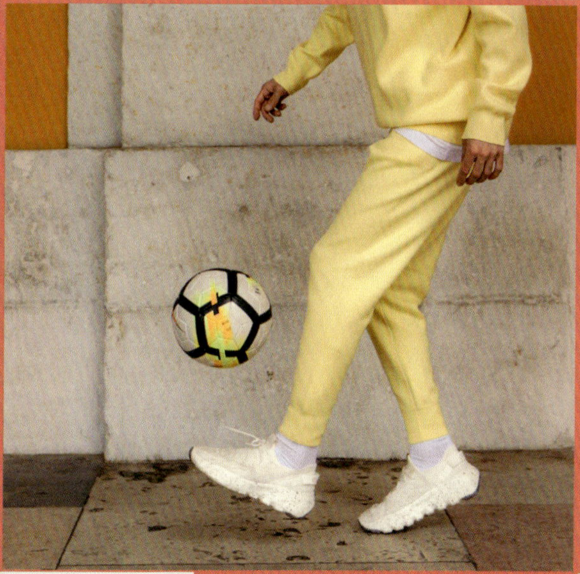

Den Ball nach der Umrundung wieder hochhalten.

SCHWIERIGKEITSGRAD: ★★☆☆☆

Der Hop The World ist eine Abwandlung des Around The World und ebenfalls Basis für weitere anspruchsvolle Tricks. Bei diesem Trick spielt man den Ball erst in die Luft und umkreist ihn dann mit dem Fuß.

CROSS OVER

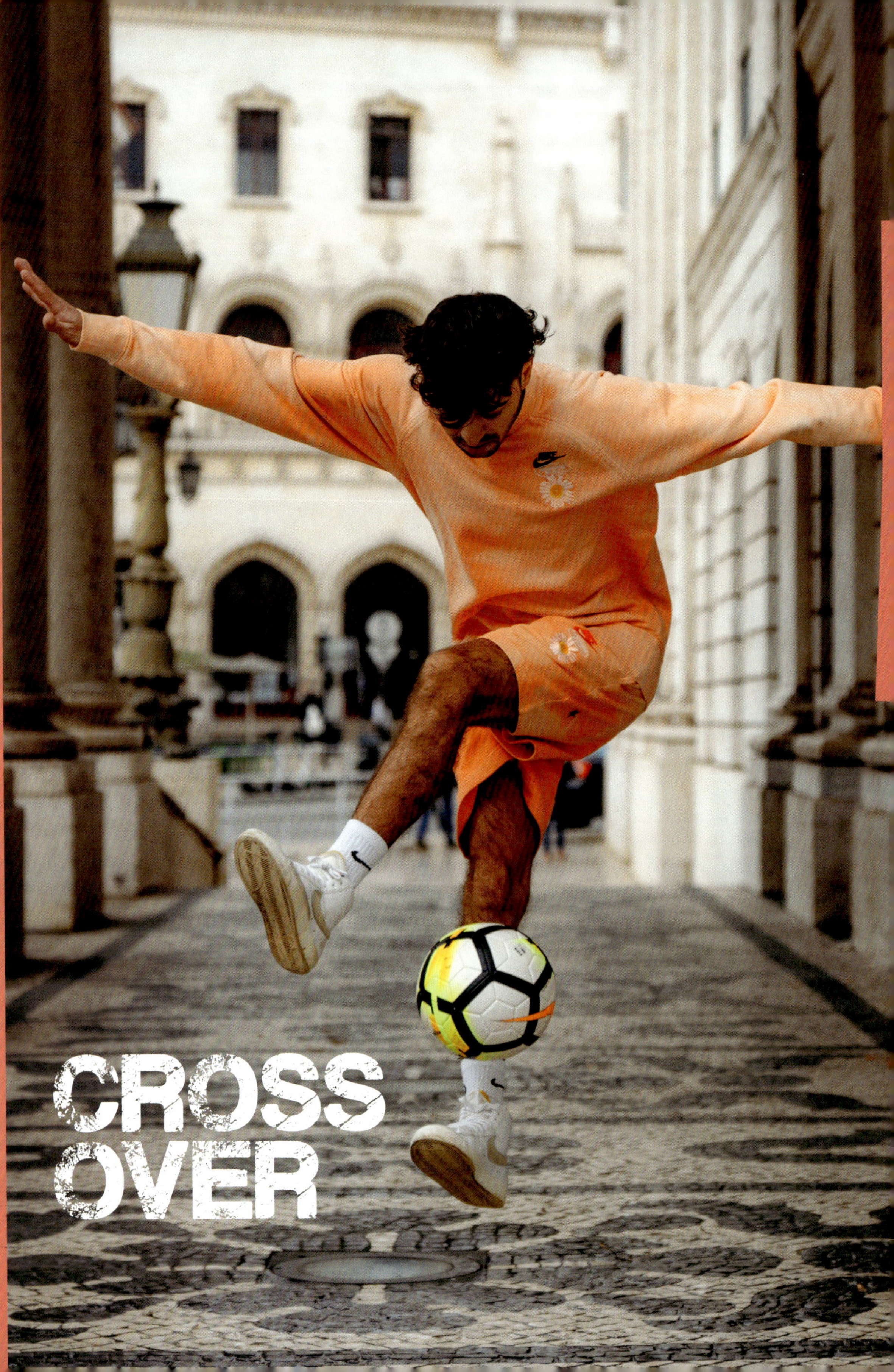

1

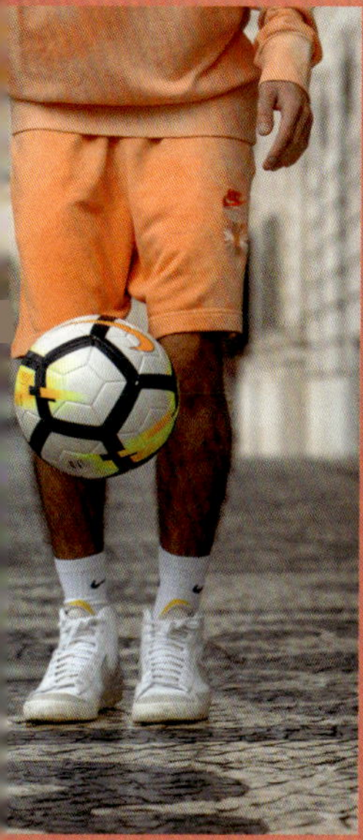

Den Ball hochhalten.

2

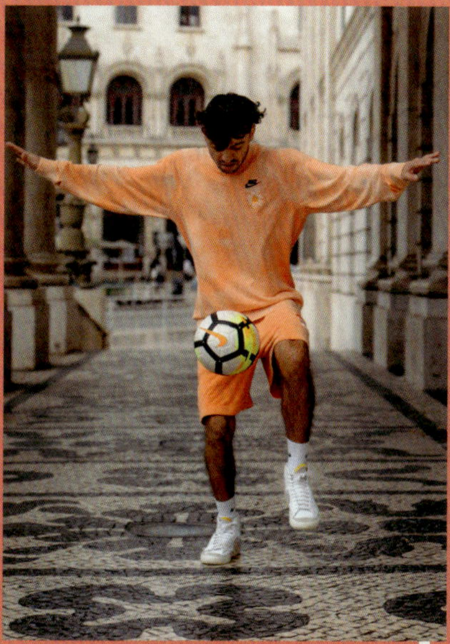

Den Ball auf Hüfthöhe spielen und mit einem Bein abspringen.

3

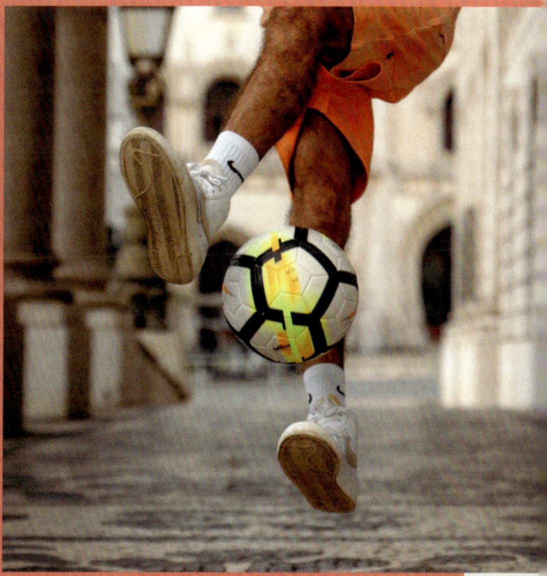

Das andere Bein von außen um den Ball herum, Beine kreuzen und den Ball im Sprung mit dem anderen Fuß treffen.

4

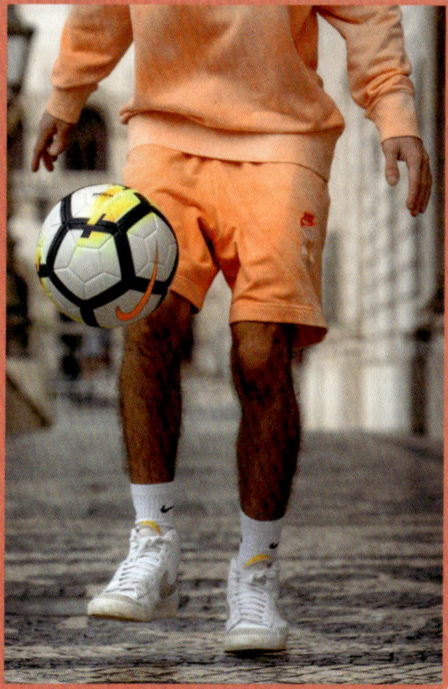

Den Ball wieder hochhalten.

SCHWIERIGKEITSGRAD: ★★☆☆☆

Der Crossover ist ebenfalls ein beliebter Trick.
Wer ihn beherrscht, kann damit richtig Eindruck machen. Das Kreuzen der Beine und das gleichzeitig stattfindende Hochspielen des Balls sieht schon verdammt gut aus.

TOE BOUNCE

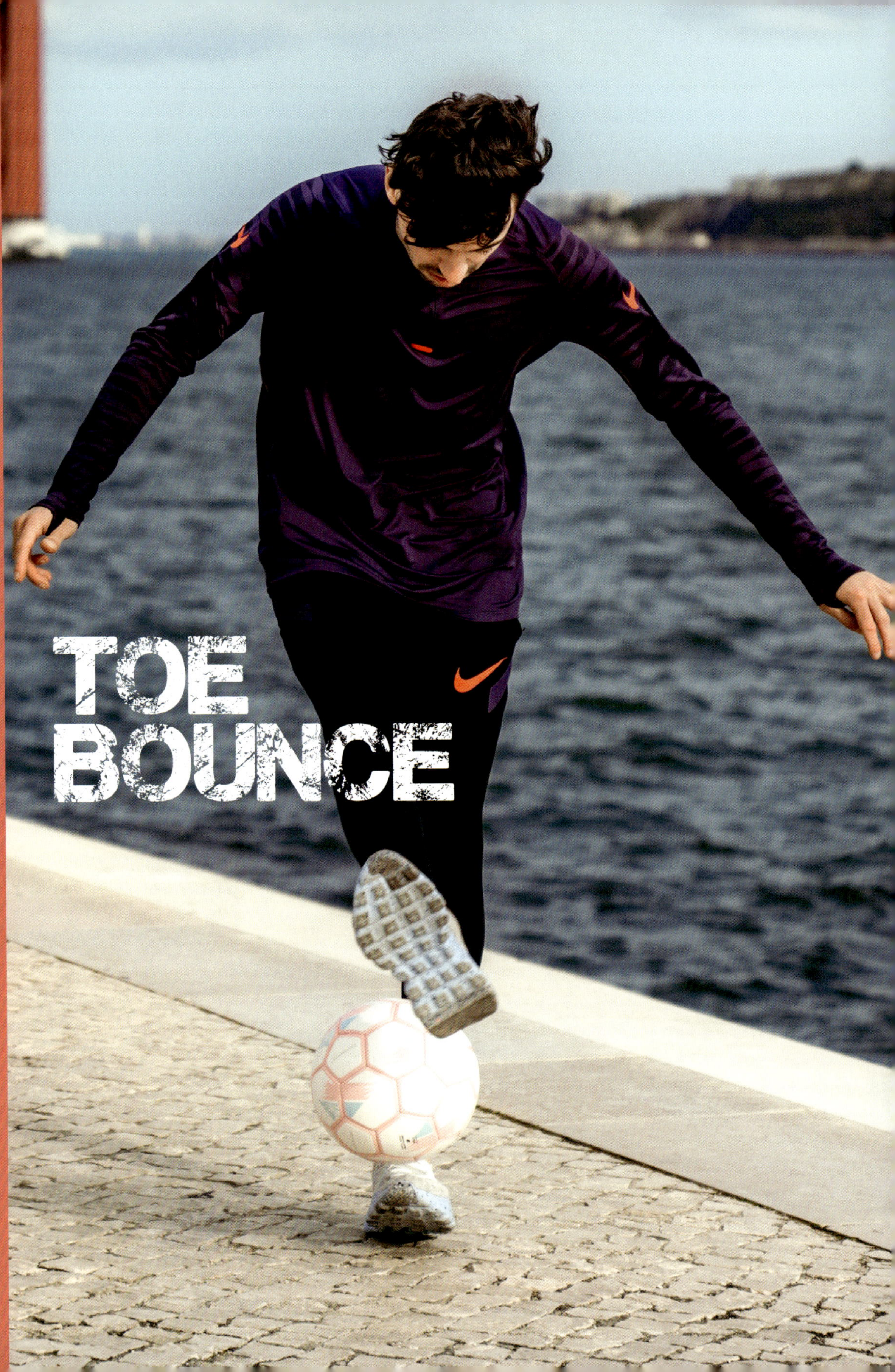

1

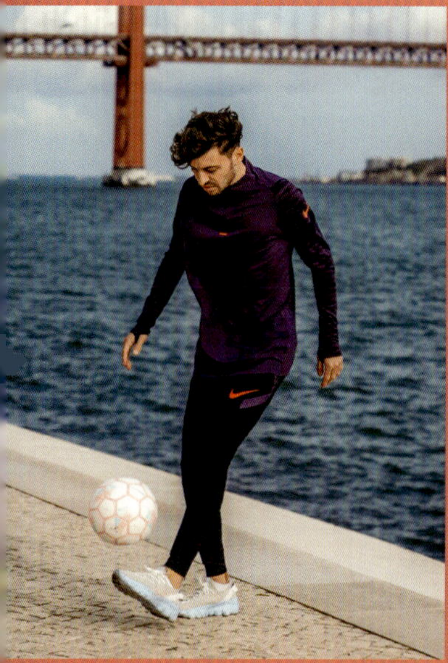

Den Ball jonglieren.

2

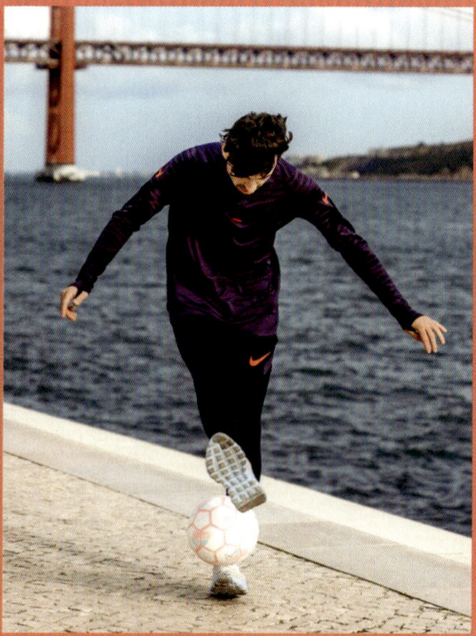

Der rechte Fuß kreist um den Ball herum, mit den Zehen den Ball treffen ...

3

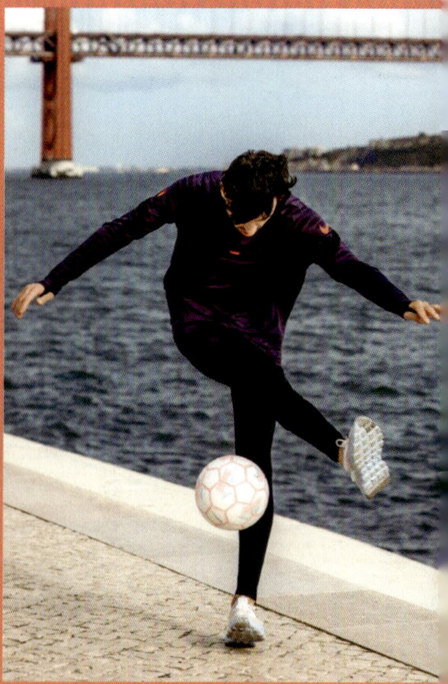

... und mit links den Ball nach oben spielen und die Zehen anheben ...

4

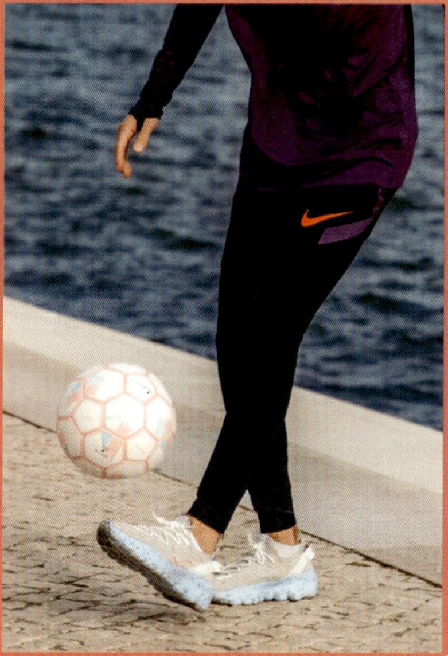

... und den Ball wieder hochhalten und kontrollieren.

SCHWIERIGKEITSGRAD:

★★☆☆☆

Der Toe Bounce ist ein cooler Trick, den auch einige Fußballprofis gern mal präsentieren. Mit ein wenig Übung klappt er sicherlich und du kannst ihn deinen Freunden zeigen.

GURKBROTHERS

Mein Bruder Pascal Gurk ist 22 Jahre alt und ebenfalls aktiv auf TikTok. Dort hat er mittlerweile drei Millionen Abonnenten und gemeinsam bereisen wir die ganze Welt wie zuletzt in Dubai für einen spannenden Werbedreh. Das Bild zeigt uns vor dem Burj Khalifa.

Mein Bruder und ich waren schon immer ein eingespieltes Team. Die Leidenschaft zum Ball und die Mentalität, Großes zu erreichen, verbindet und macht uns stärker. Aus dem Grund sind wir als Team »die Gurk Brothers« unterwegs. Unsere Follower wachsen stetig, von Tag zu Tag. Unsere Videos wurden auf TikTok bereits mehrere Millionen Male angeklickt. Was uns auszeichnet: der große Wille, Dinge eigenständig zu erreichen. Denn erst dann ist es besonders für uns. Wir lieben, uns gegenseitig zu pushen und Dinge eigenständig in Realität umzusetzen.

Zunächst sind es Träume, die wir dann nach ganz viel Arbeit und Ehrgeiz in Realität umwandeln.

Die Tatsache, dass wir Geschwister sind, macht uns uns besonders – es gibt nicht Schöneres, als gemeinsam mit der Familie seine Träume und Ziele zu verfolgen. Wir sind unsere größten Fans und unterstützen uns, wo es nur geht. Wir genießen jeden Moment und hoffen, dass die gemeinsame Reise lange so weitergeht und wir noch vieles erreichen.

Derzeit haben wir gemeinsam 3.8 Millionen Follower in den sozialen Netzwerken:
Instagram: @marcelfreestyle/@pascalgurk
TikTok : @marcelfreestyle/@pascal.gurk

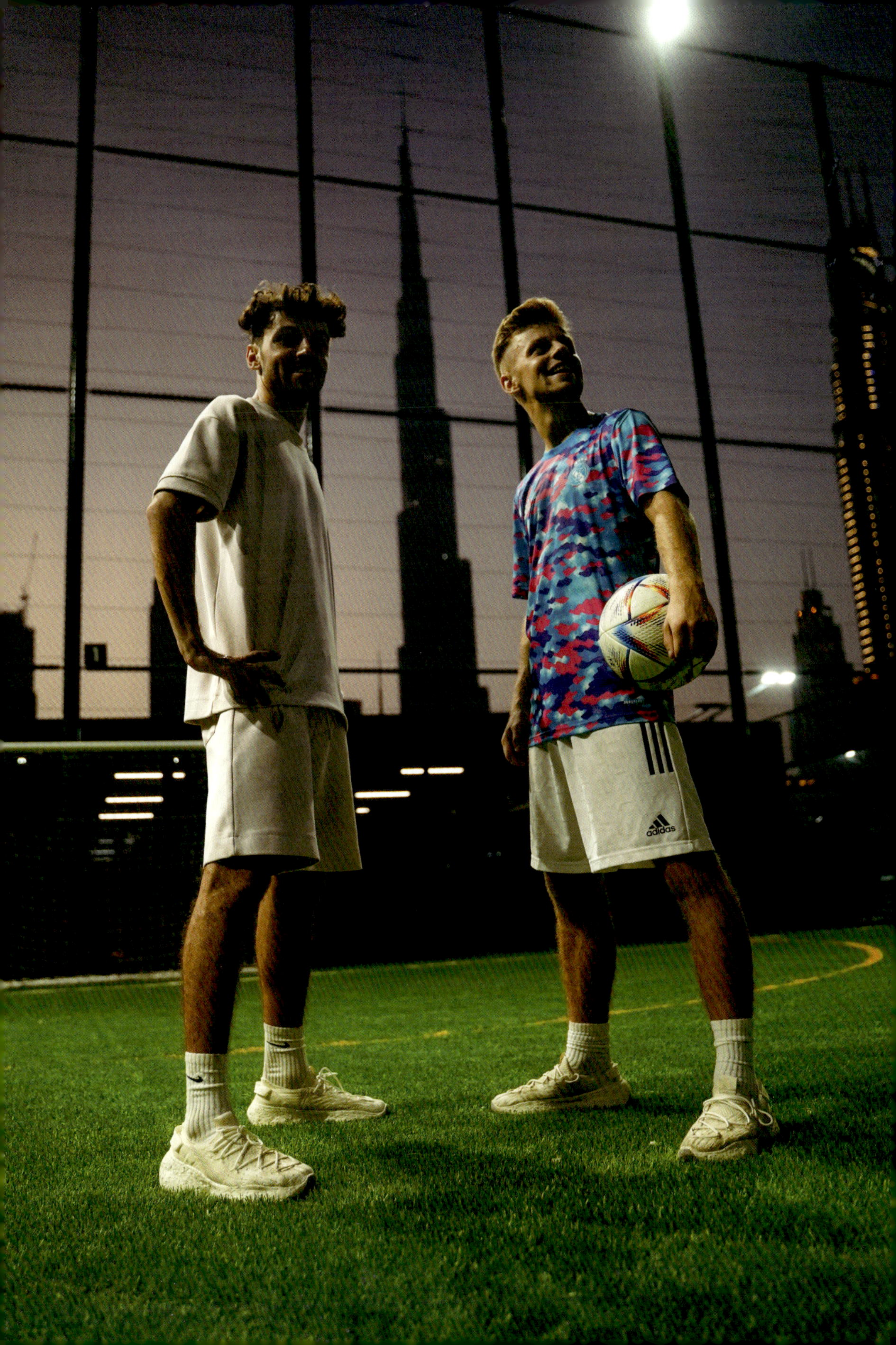
adidas

AROUND THE WORLD

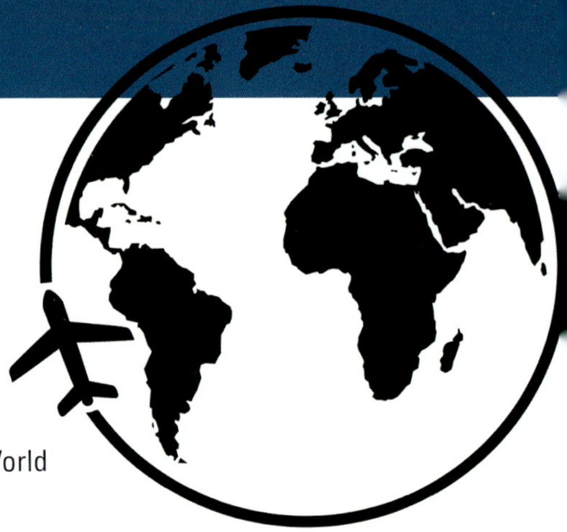

EINMAL UM DIE WELT ...

... mehr als nur ein Trick. Der erste Around The World brachte mich schließlich Around The World.

Als Fußball-Freestyler habe ich schon die verrücktesten Dinge erlebt und war auf der ganzen Welt im Einsatz. Ich kann nicht in Worten beschreiben, wie dankbar ich für all die Erlebnisse bin.

Das Reisen spielt für mich eine wichtige Rolle, und die Erfahrungen rund um den Globus haben mich zu der Person gemacht, die ich heute bin. Es ist viel mehr als ein Sport: Freestyler sein bedeutet für mich eine Einstellung, die ich mit dem Ball repräsentiere, aber genauso im richtigen Leben. Es bedeutet frei sein, eigene Entscheidungen treffen und sich als Person verwirklichen.

Das Tricksen auf der chinesischen Mauer, das Balancieren des Balls auf dem Kopf über den Hollywood Hills, Stadionauftritte in Schweden, in den Wüsten von Doha, Rekorde aufstellen in London. Mit dem Ball tricksen in Kapstadt auf dem Lion's Head, vor dem größten Gebäude in Dubai und auf den schönsten Stränden der Welt auf den Malediven, Mauritius, Phuket und den Seychellen.

Diese Momente werden für immer in meinem Kopf bleiben, und ich hoffe, dass noch viele weitere dieser Momente folgen, in denen ich mich frei fühle und meinen Traum lebe. Fußball spricht eine Sprache. Umso schöner ist es, wenn man mit den verschiedensten Kulturen zusammenkommt, ohne dabei ein Wort gewechselt zu haben.

»ICH LEBE DEN TRAUM IN MEINER EIGENEN WELT«

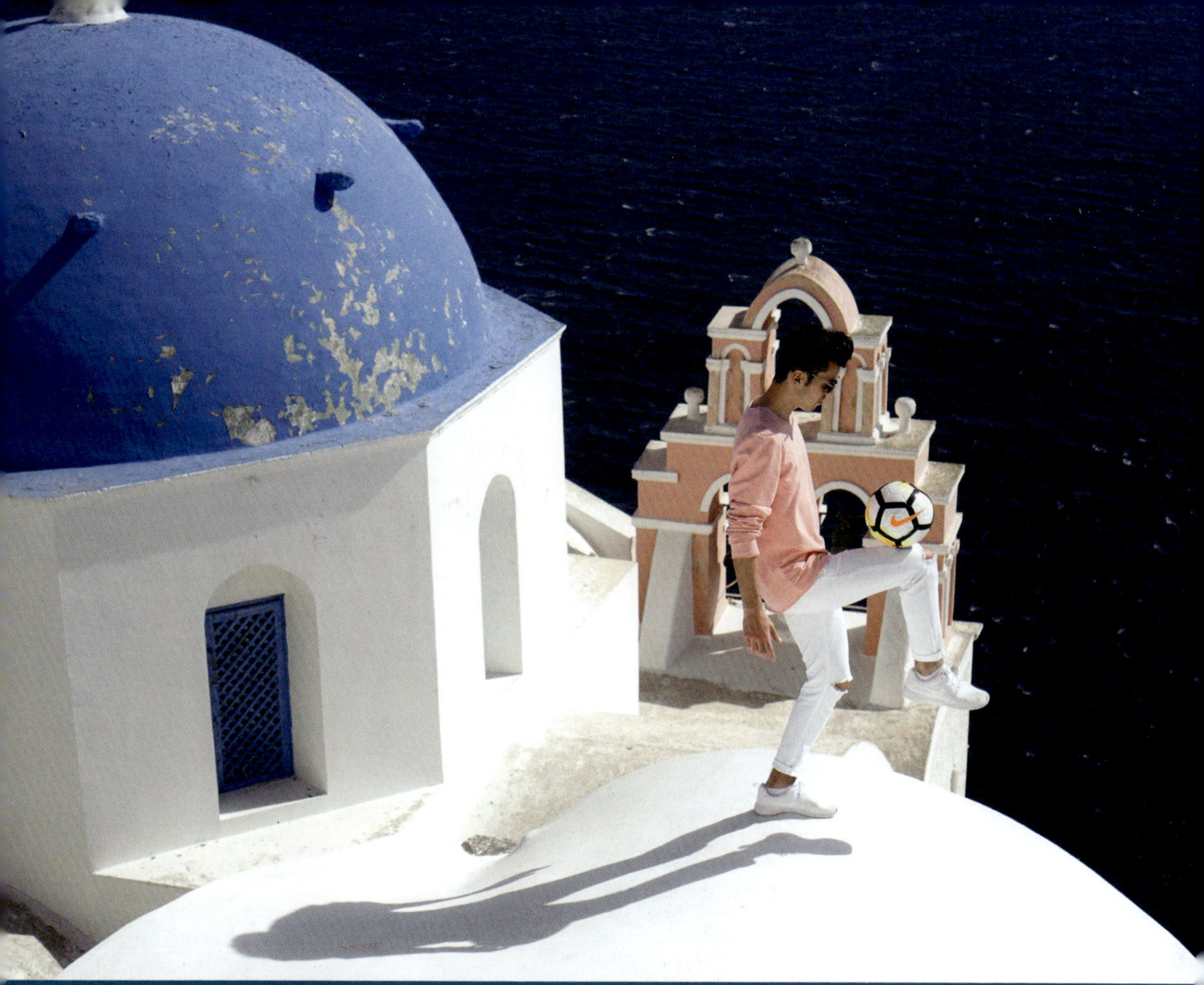

Der Knee Stall auf der malerischen Insel Santorini.

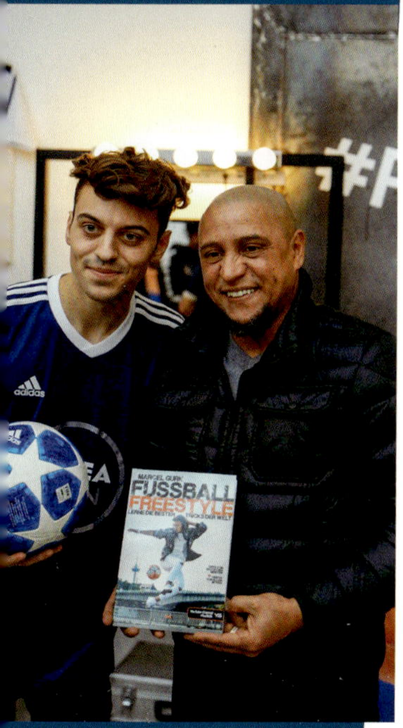

In dem Moment, wo ich diesen Text verfasse, ist mein Koffer schon wieder gepackt, mein Fußball ist sicher verstaut, weil es für einen Dreh nach Dubai geht. Im Anschluss warten Griechenland, die Malediven, Kroatien und schließlich London. Was für ein Abenteuer.

Das alles habe ich dem Ball zu verdanken – verrückt.

Mein erstes Buch in den Händen von Roberto Carlos, Madrid, Spanien.

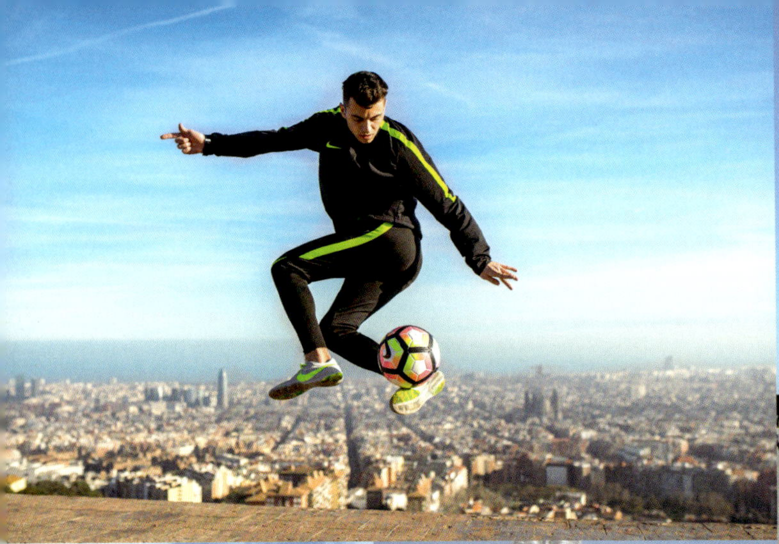

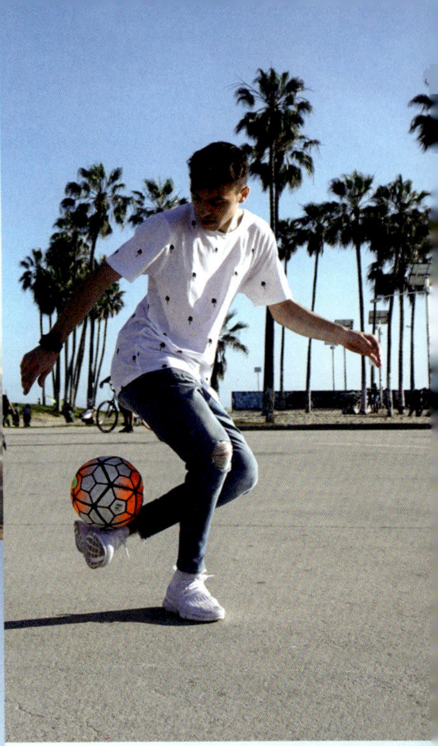

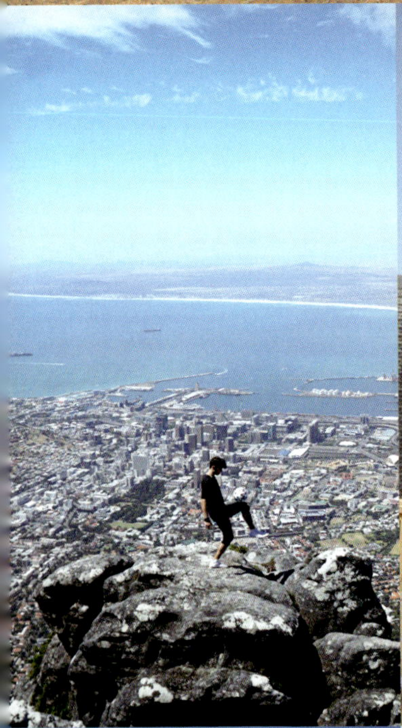

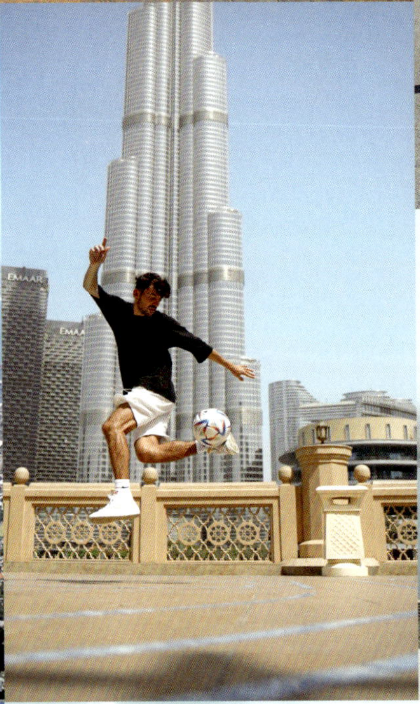
EMAAR

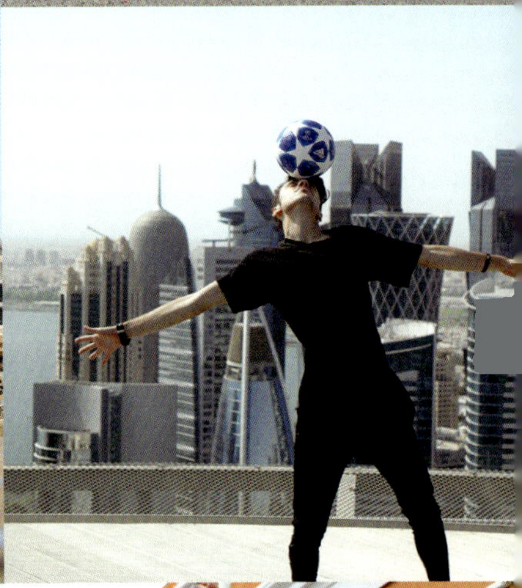

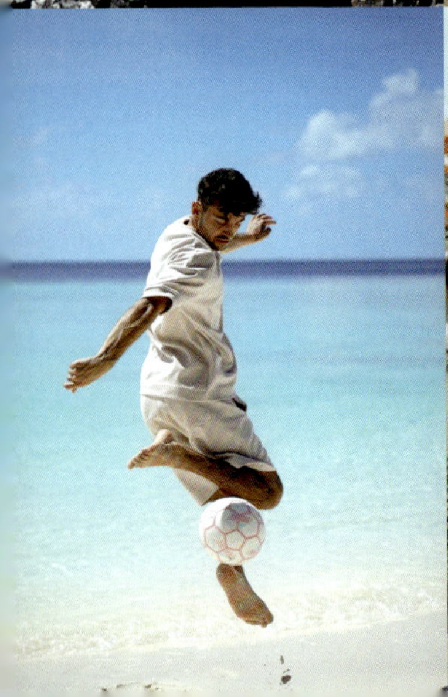

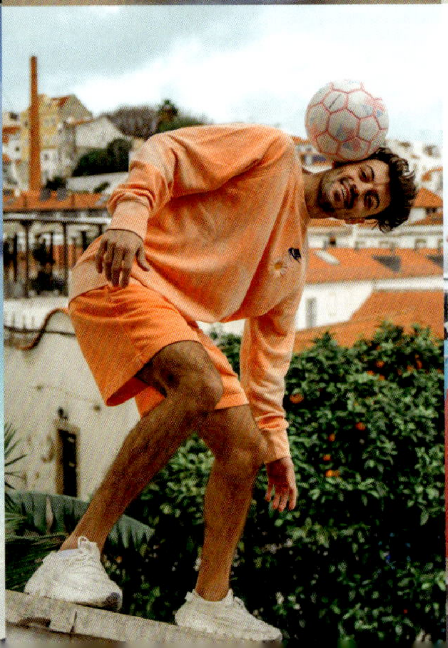

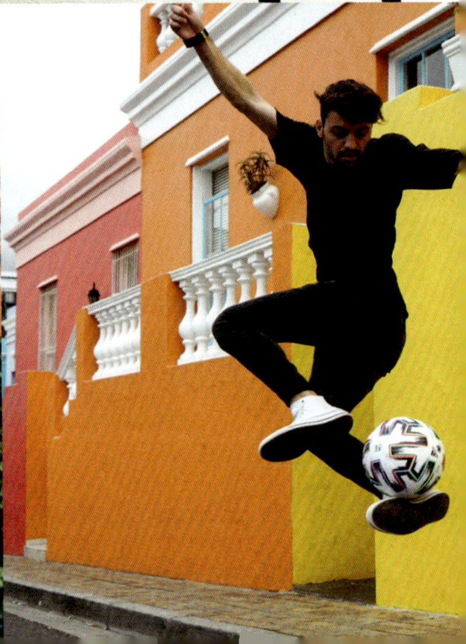

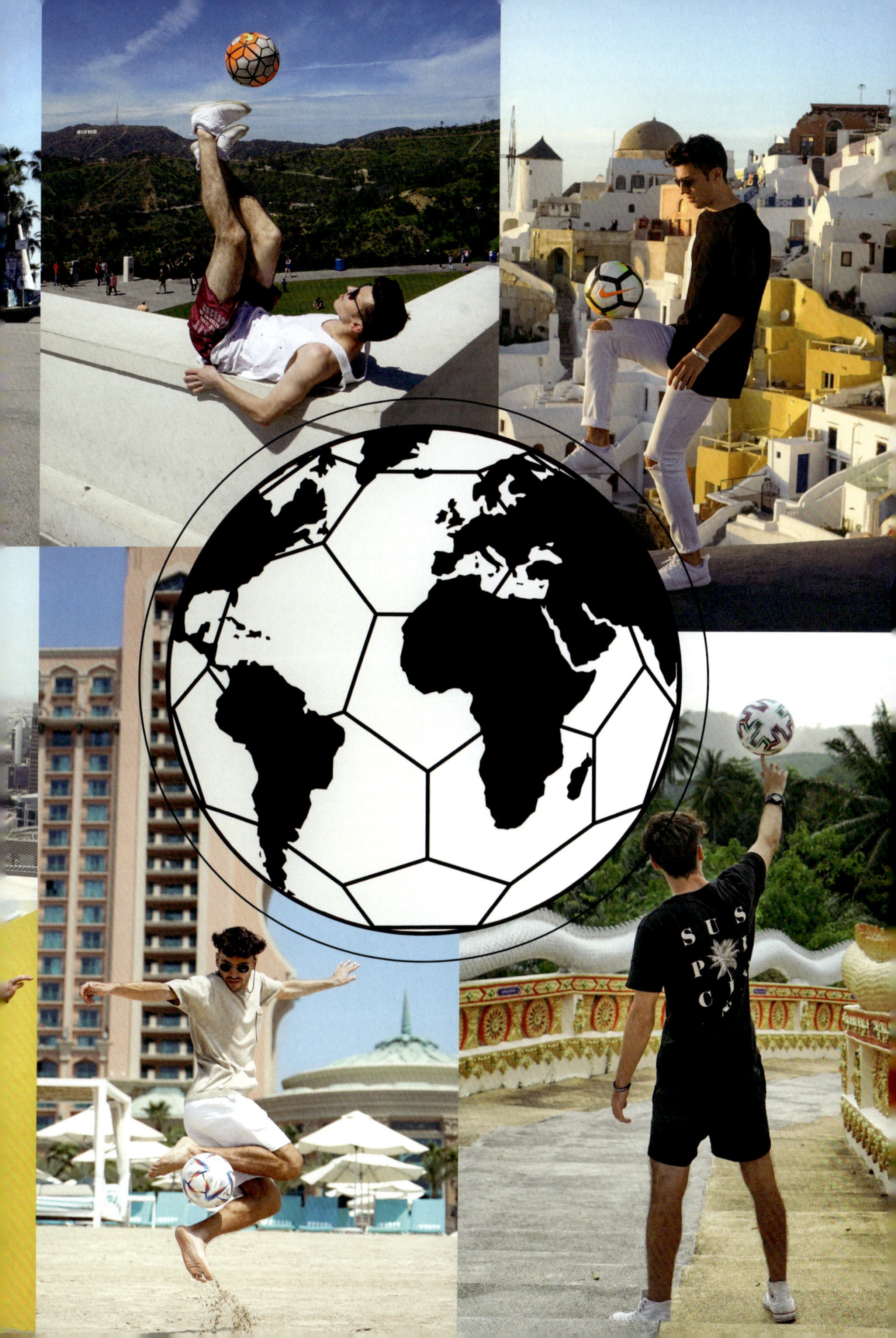

KNEE STALL

Beim Knee Stall geht es darum, den Ball auf einem Knie zu balancieren. Alles eine Frage der Balance. Diese Tipps helfen dir dabei, den perfekten Halt zu bekommen, damit der Ball eine längere Zeit auf dem Knie bleibt.

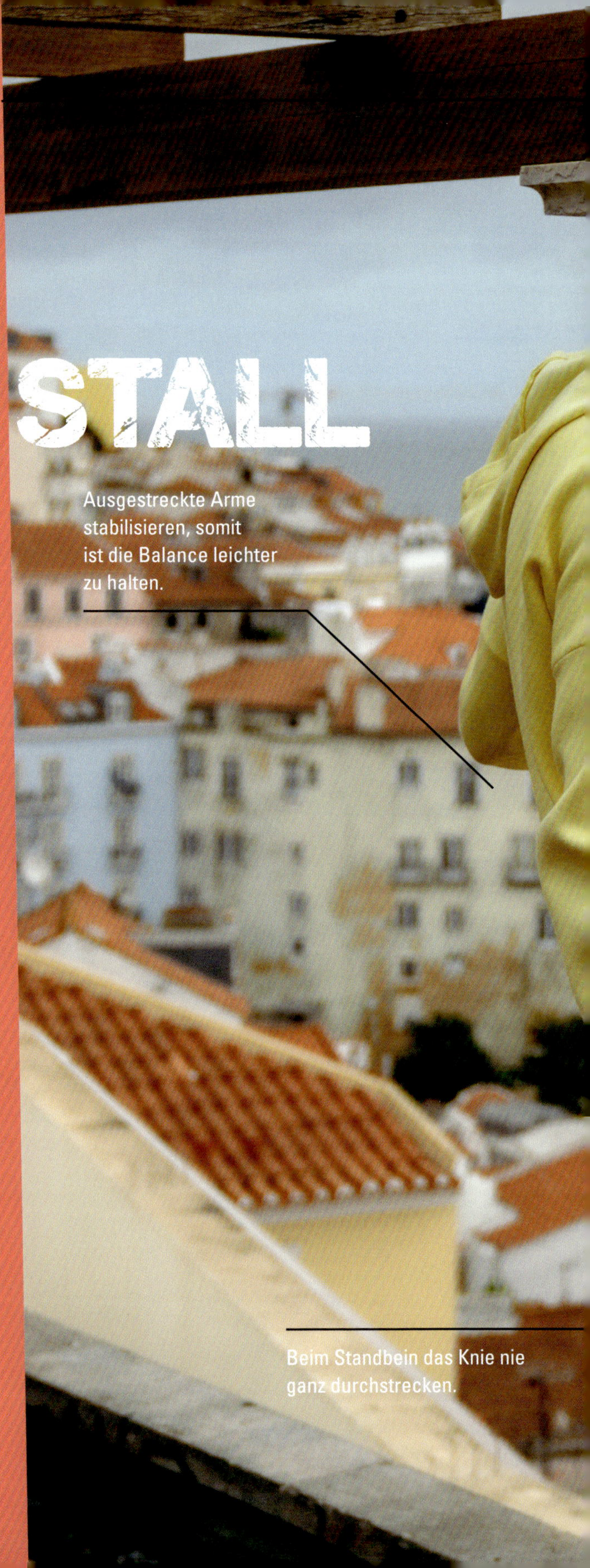

Ausgestreckte Arme stabilisieren, somit ist die Balance leichter zu halten.

Beim Standbein das Knie nie ganz durchstrecken.

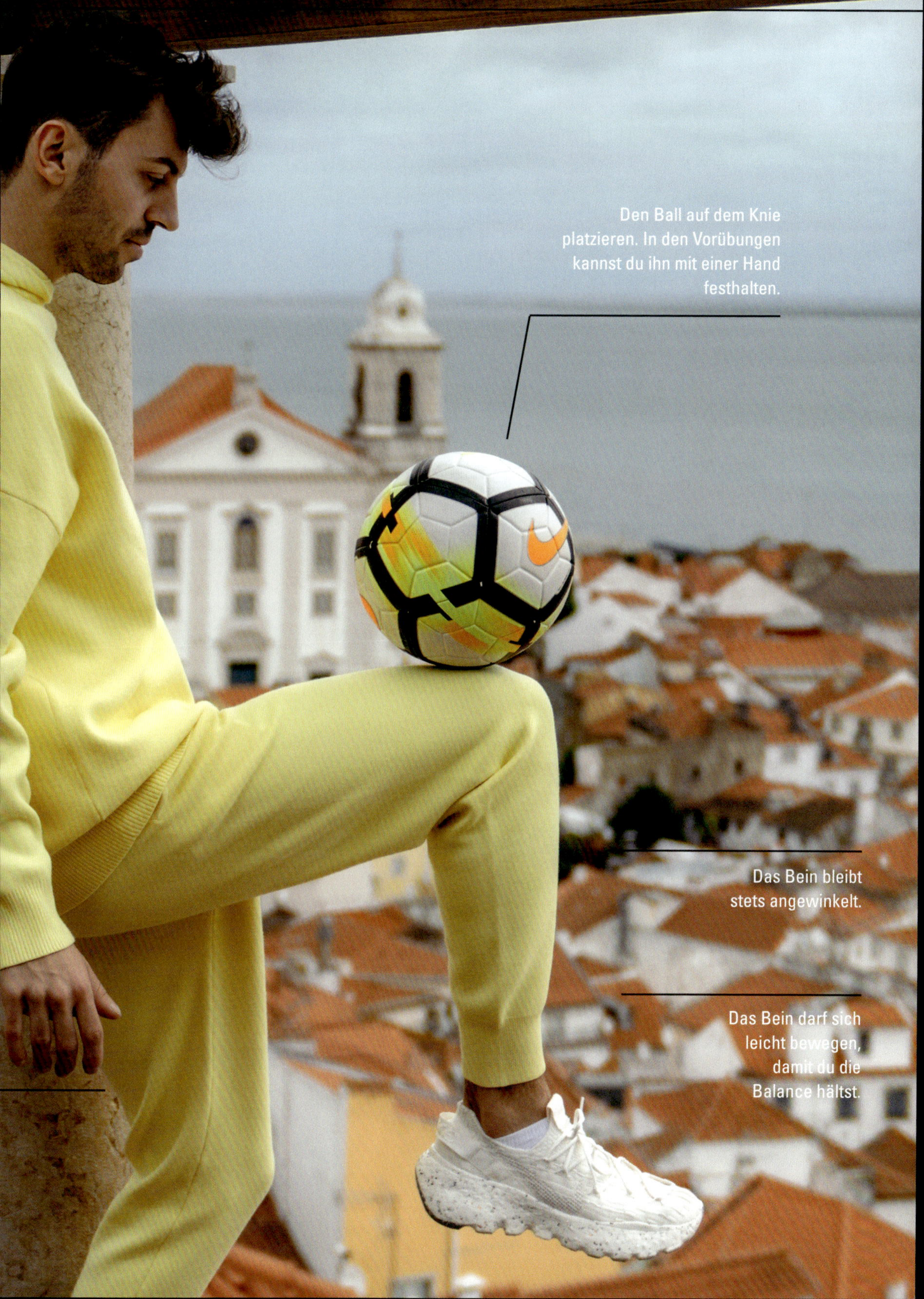

Den Ball auf dem Knie platzieren. In den Vorübungen kannst du ihn mit einer Hand festhalten.

Das Bein bleibt stets angewinkelt.

Das Bein darf sich leicht bewegen, damit du die Balance hältst.

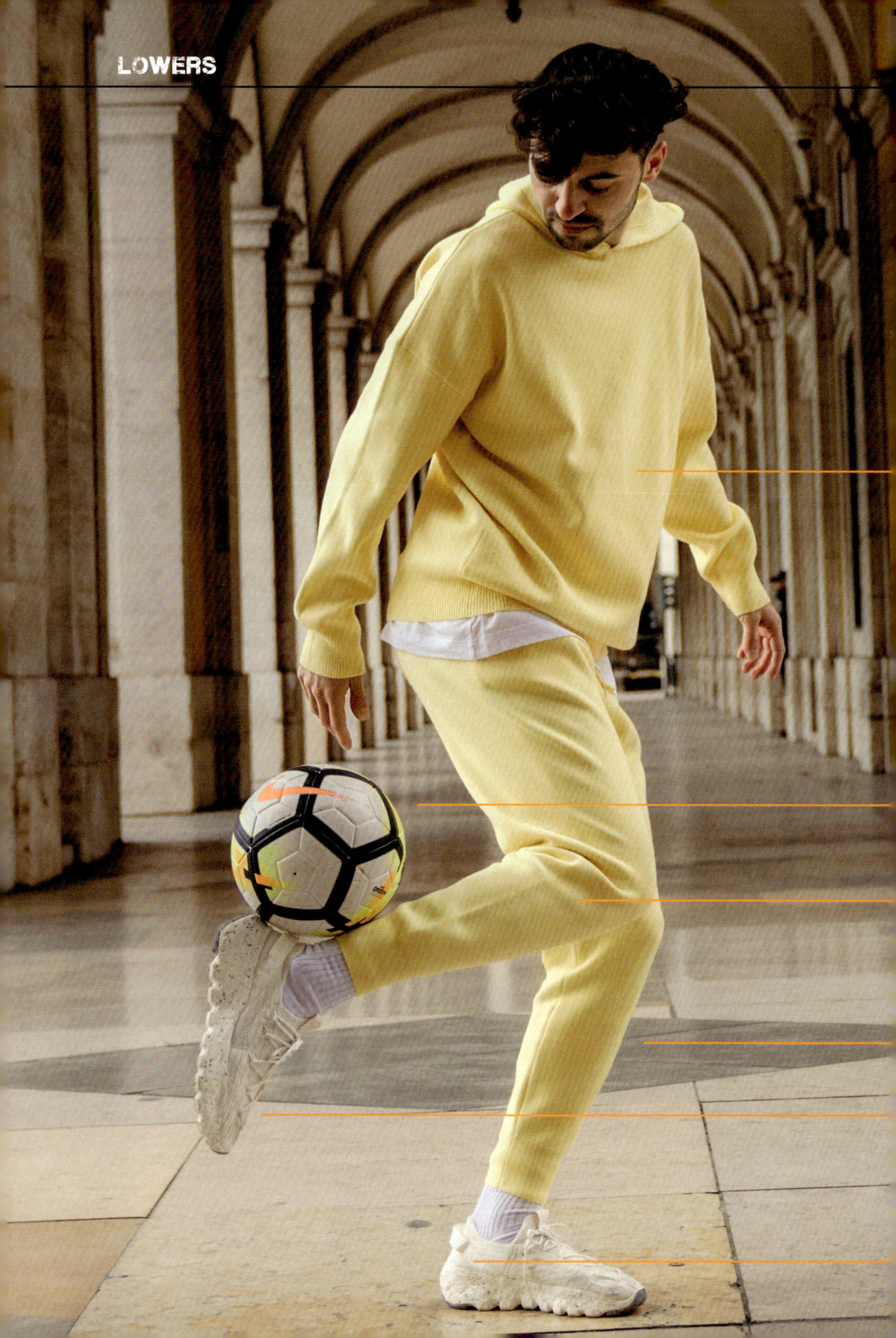

HEEL STALL

Beim Heel Stall balanciert man den Ball stehend auf der Verse.

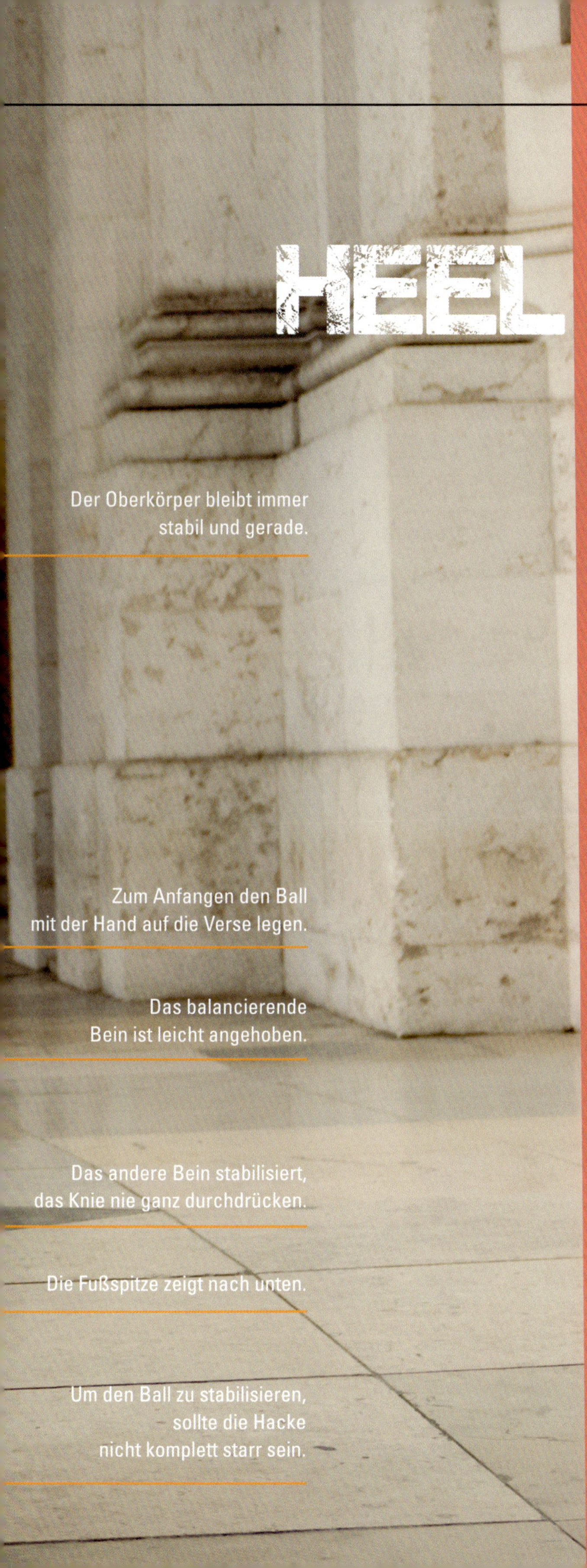

Der Oberkörper bleibt immer stabil und gerade.

Zum Anfangen den Ball mit der Hand auf die Verse legen.

Das balancierende Bein ist leicht angehoben.

Das andere Bein stabilisiert, das Knie nie ganz durchdrücken.

Die Fußspitze zeigt nach unten.

Um den Ball zu stabilisieren, sollte die Hacke nicht komplett starr sein.

TATW

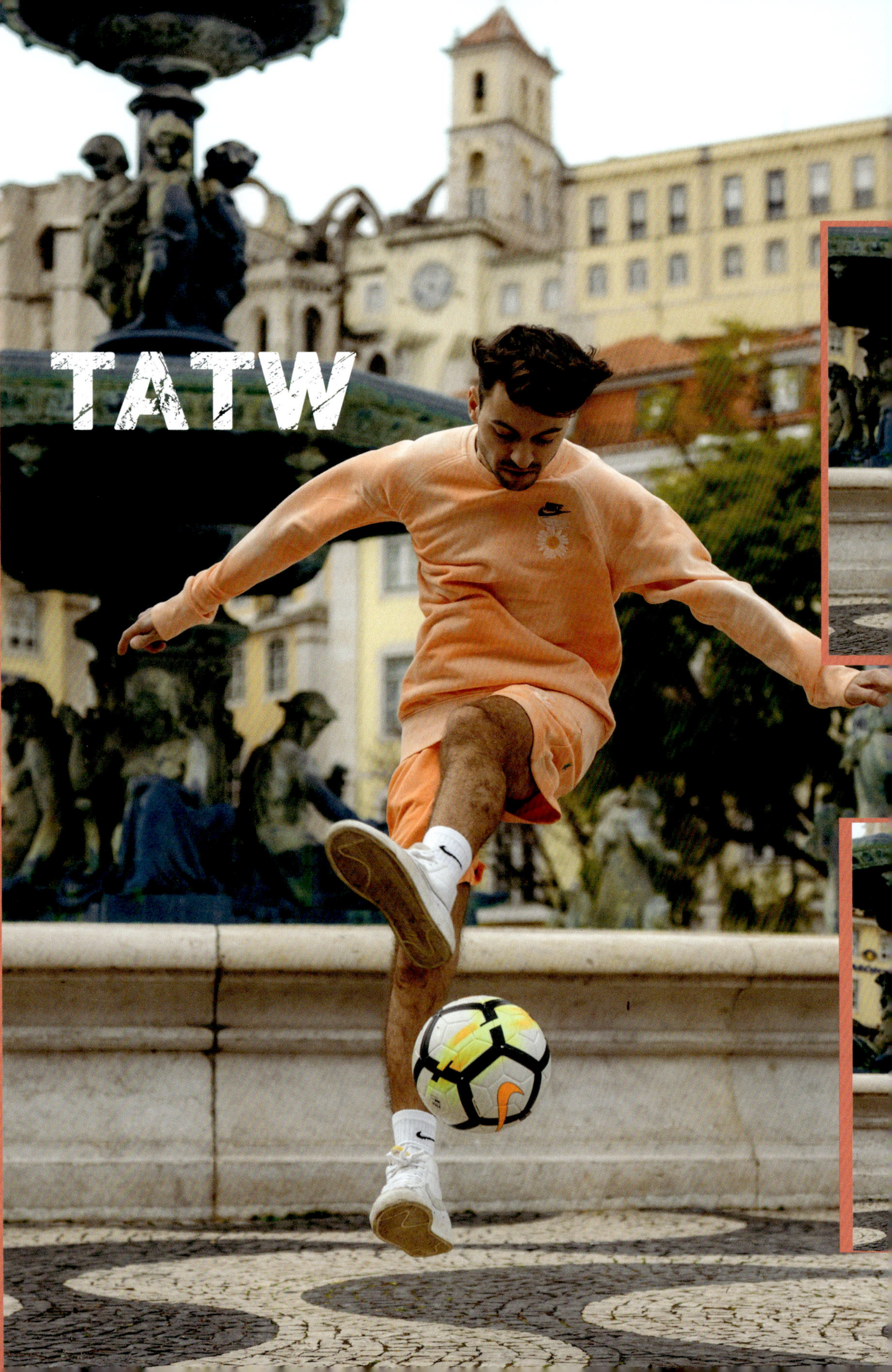

1

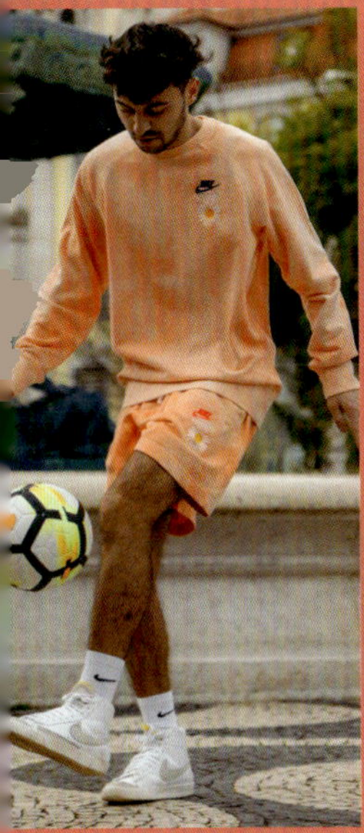

Den Ball hochhalten.

2

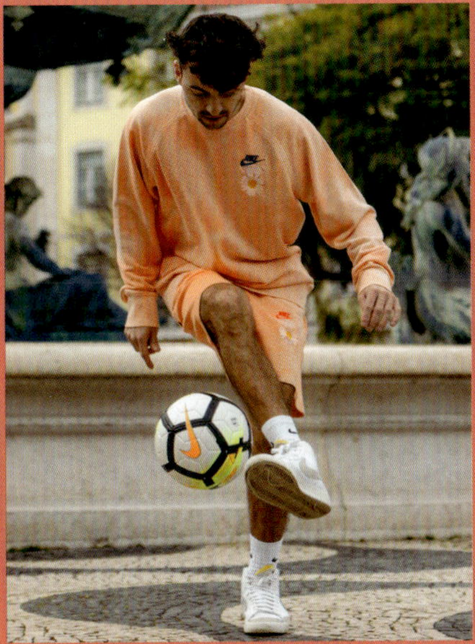

Aus der Bewegung die Beine kreuzen.

3

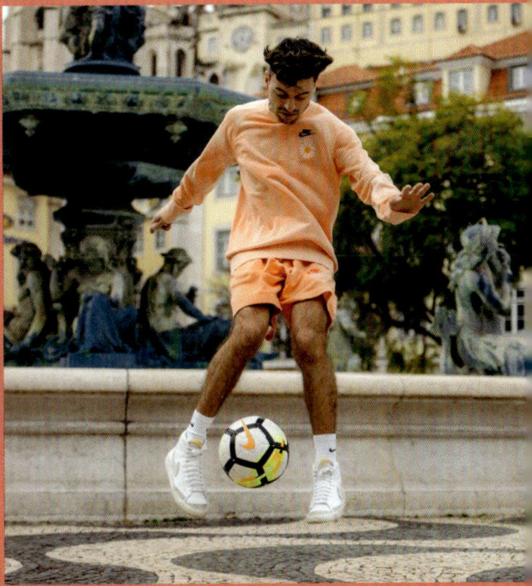

Im Anschluss den Crossover Trick ausführen (Seite 58/59).

4

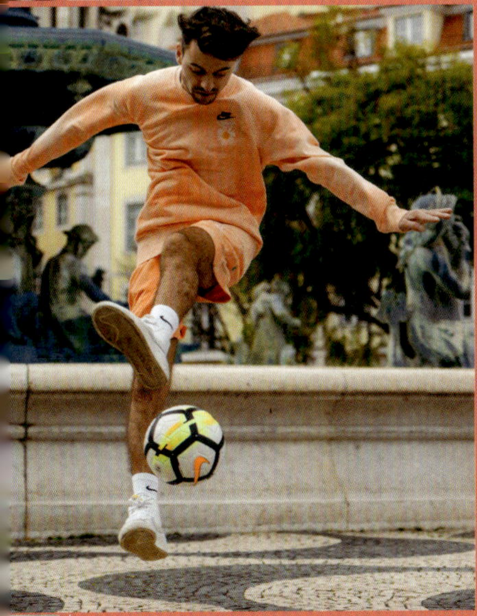

Den Ball wieder mit dem starken Fuß treffen …

5

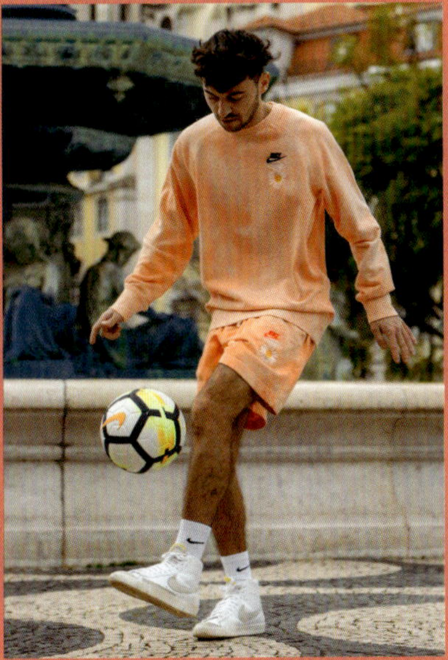

… und im Anschluss wieder kontrollieren.

SCHWIERIGKEITSGRAD:

★★★☆☆

Der Touzani Around The World (TATW) ist ein technisch anspruchsvoller Trick, der sich aus dem Around The World und dem Crossover zusammensetzt. Deswegen solltest du diese beiden Tricks beherrschen, bevor du dich am TATW probierst.

HEEL JUGGLES

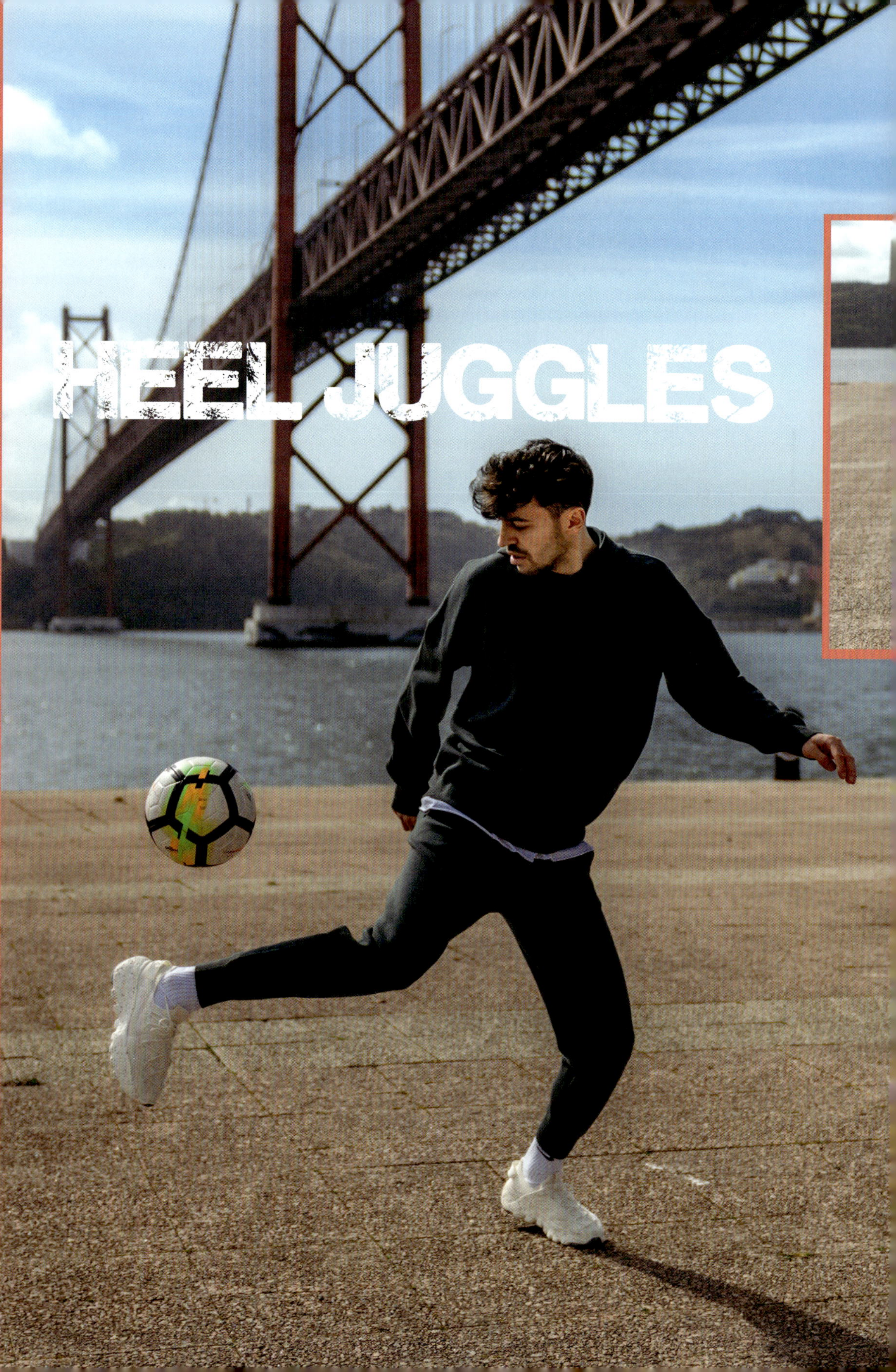

1

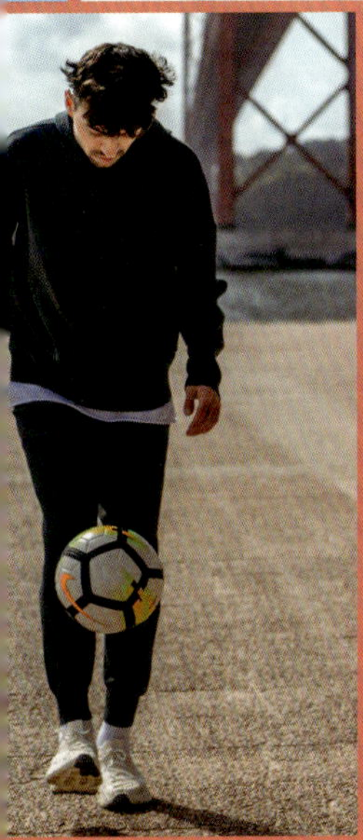

Den Ball hochhalten.

2

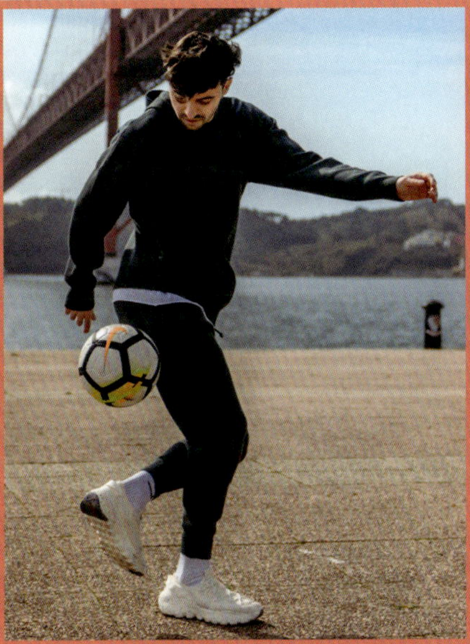

Den Ball hochspielen und Körper leicht eindrehen.

3

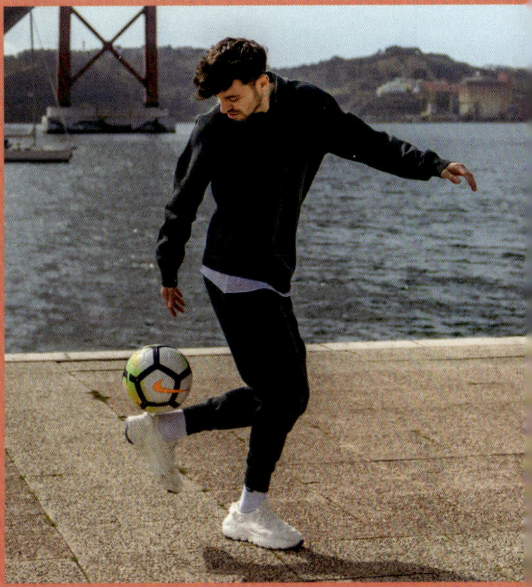

Den Ball mit der linken Hacke berühren …

4

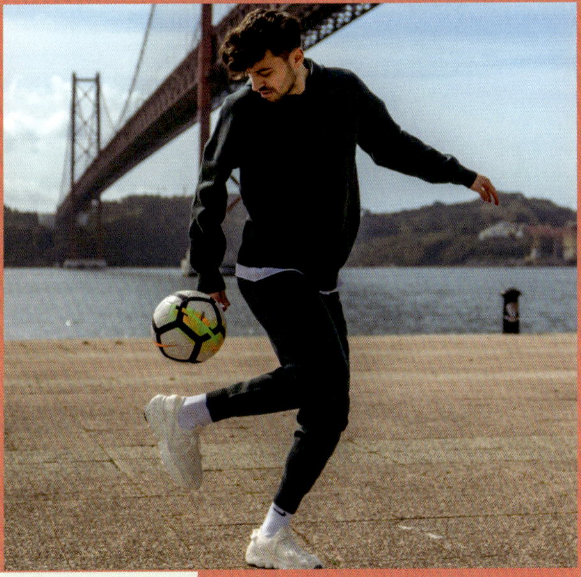

… und im Anschluss auf die rechte Hacke spielen und kontrollieren.

SCHWIERIGKEITSGRAD: ★★★☆☆

Bei den Heel Juggles ist die Kontrolle oberste Priorität. Man jongliert den Ball lediglich mit den Hacken und das erfordert höchste Konzentration. Das Ziel ist es, ihn mehrfach in der Position zu jonglieren.

AATW

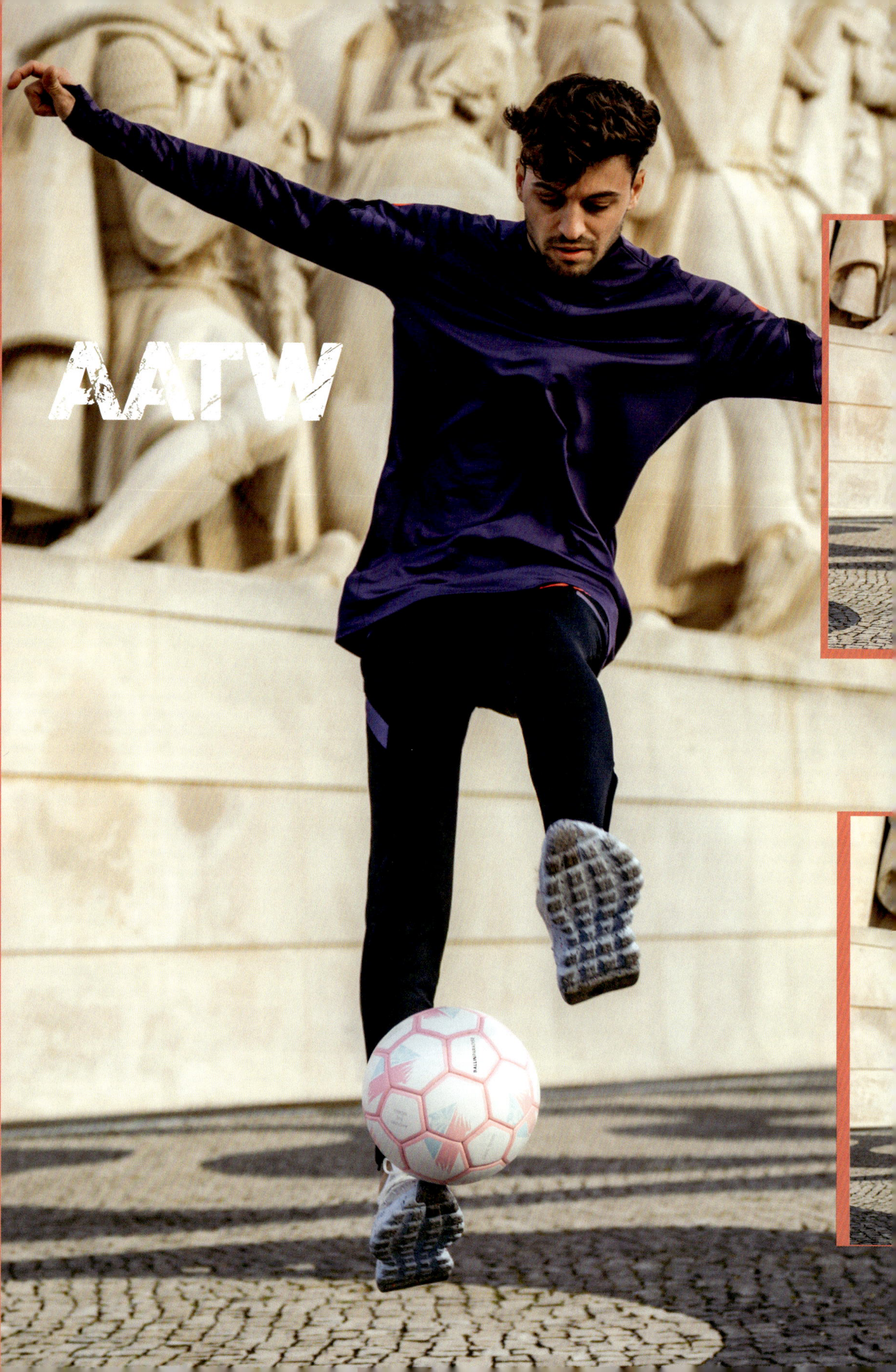

1

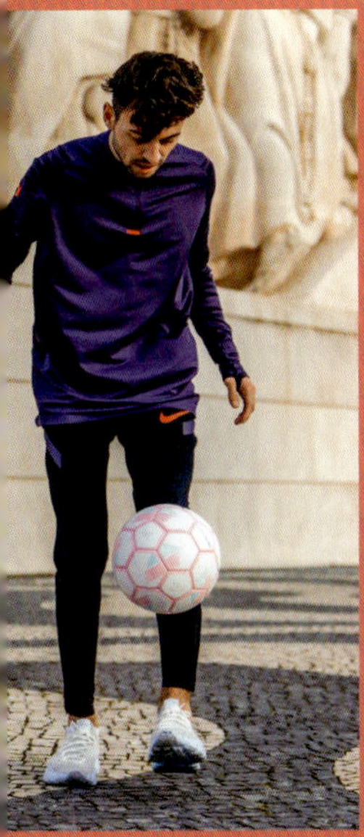

Den Ball hochhalten.

2

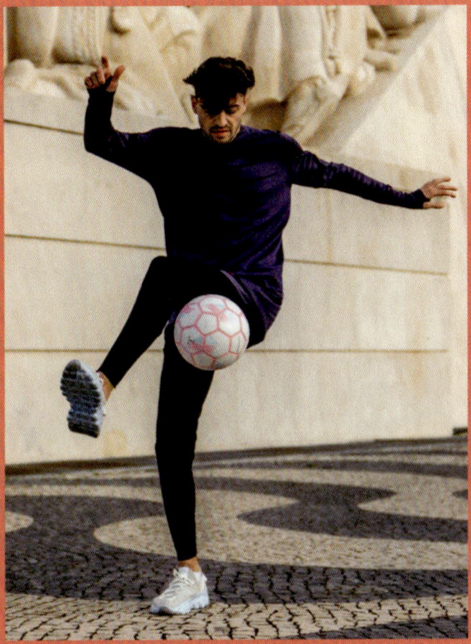

Den Ball hochspielen, das Spielbein geht dann von innen nach außen um den Ball herum.

3

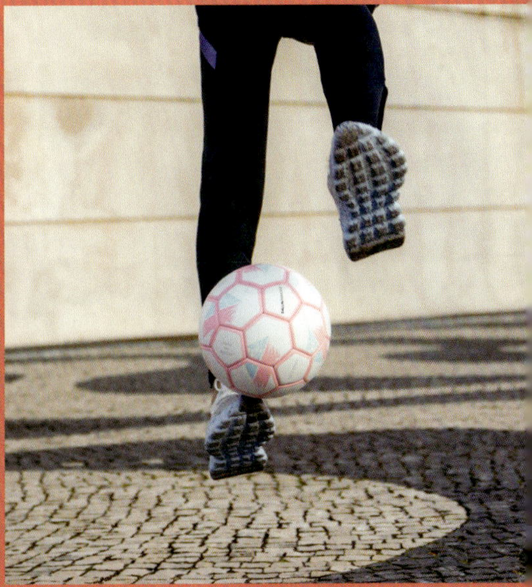

Den Ball mit dem rechten Fuß anschneiden …

4

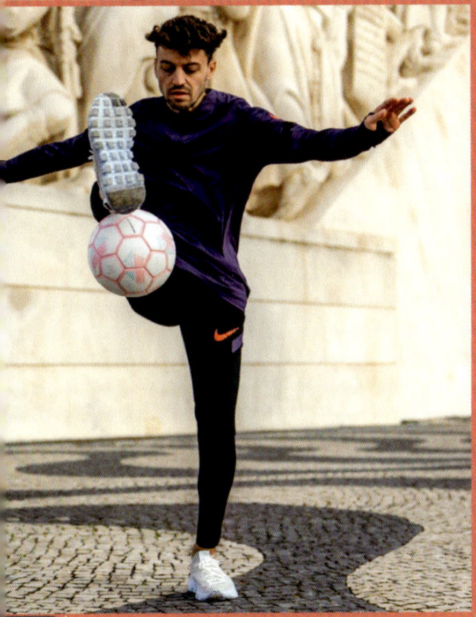

… und einen Around The World ausführen.

5

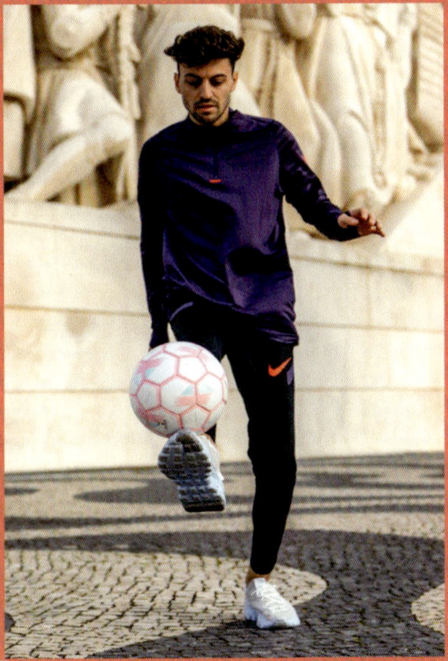

Den Ball wieder hochhalten.

SCHWIERIGKEITSGRAD:

★★★☆☆

Der Abbas Around The World (AATW) ist eine Kombination aus dem Reverse Crossover und dem Around The World. Mit ein wenig Übung wirst du auch diese Herausforderung meistern.

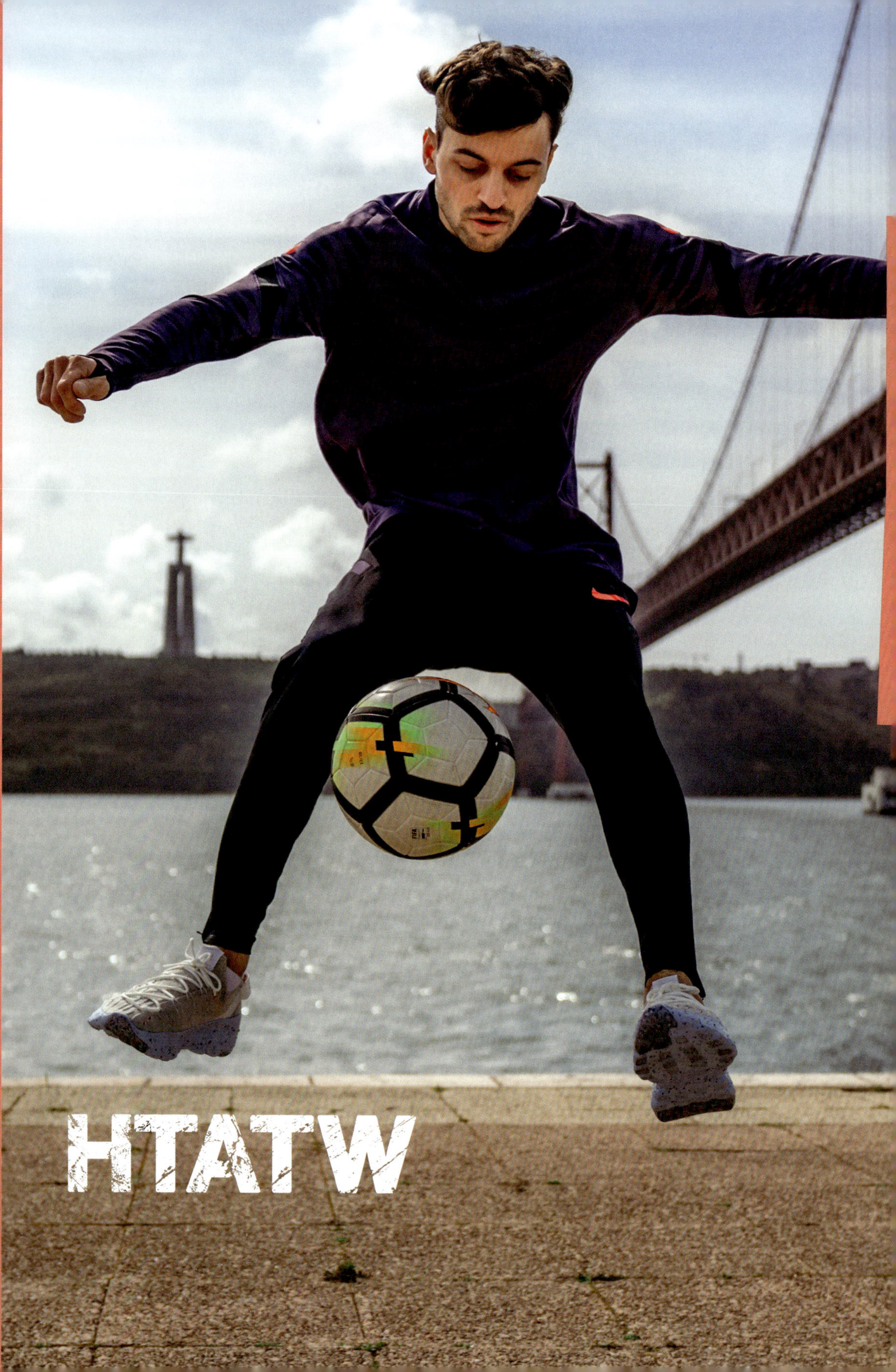
HTATW

1

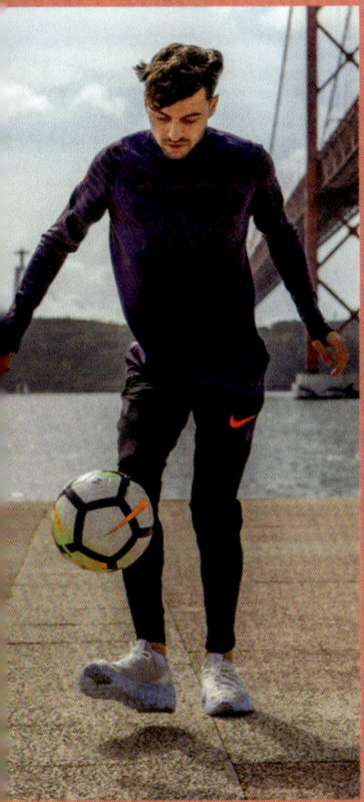

Den Ball hochhalten.

2

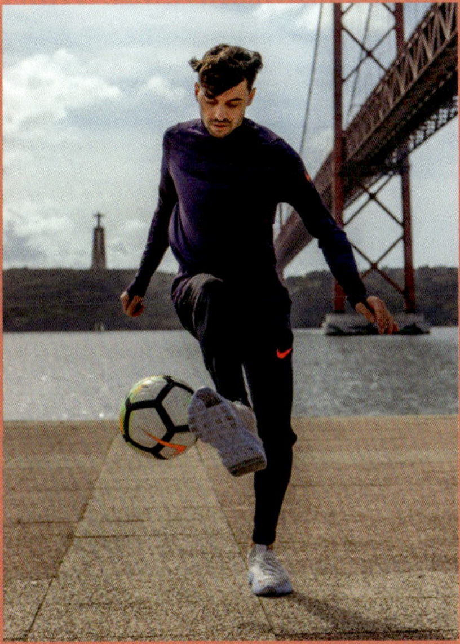

Mit dem rechten Fuß einmal von innen nach außen um den Ball kreisen.

3

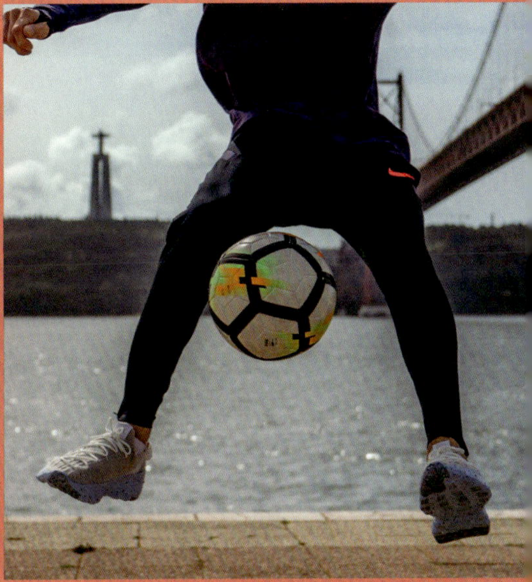

Dann mit dem linken Fuß abspringen …

4

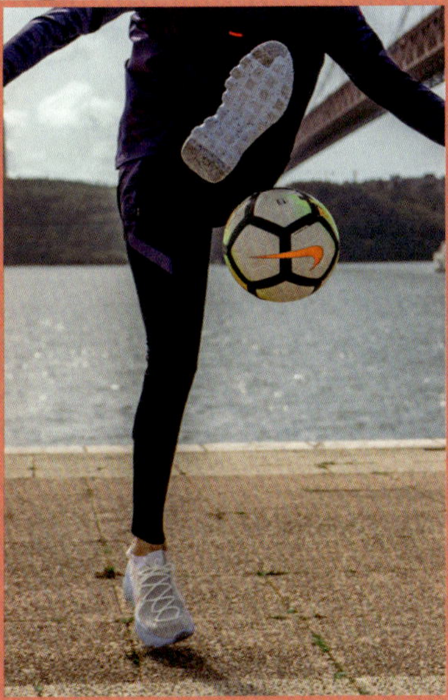

… und mit dem Bein von außen um den Ball herum.

5

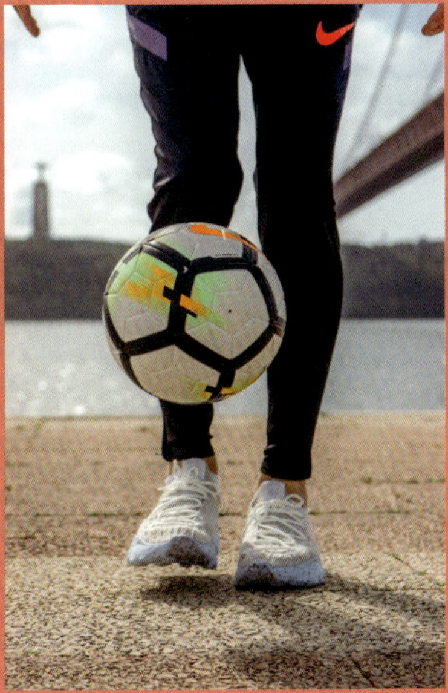

Am Ende den Ball wieder kontrolliert jonglieren.

SCHWIERIGKEITSGRAD: ★★★☆☆

Der Hop Touzani Around The World (HTATW) ist ein anspruchsvoller Trick, auch er ist bei einigen Fußballprofis sehr beliebt. Er setzt sich aus dem Around The World und dem Hop The World zusammen. Schnapp dir einen Ball und bring dich auf ein neues Freestyle-Level!

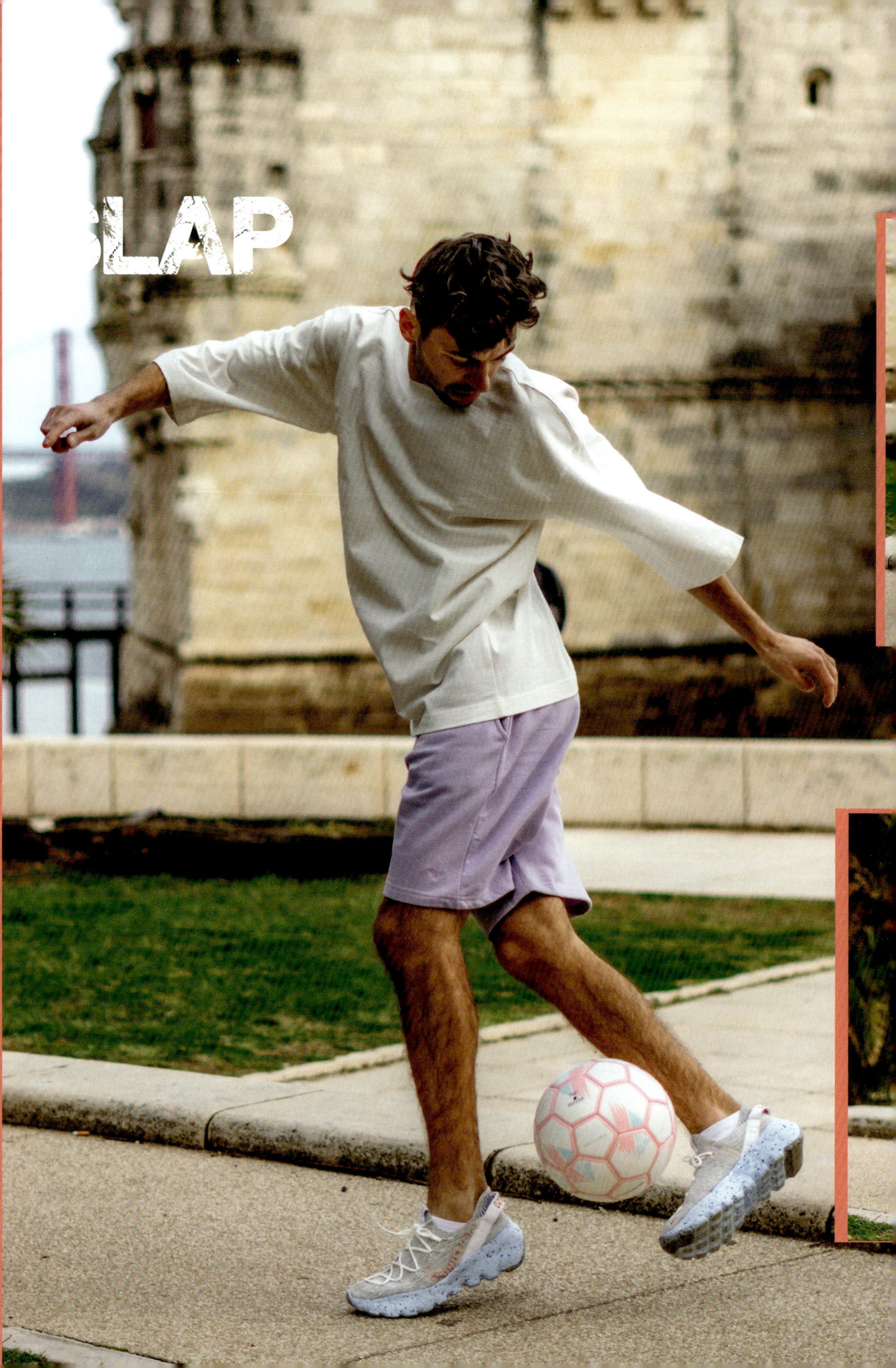
SLAP

1

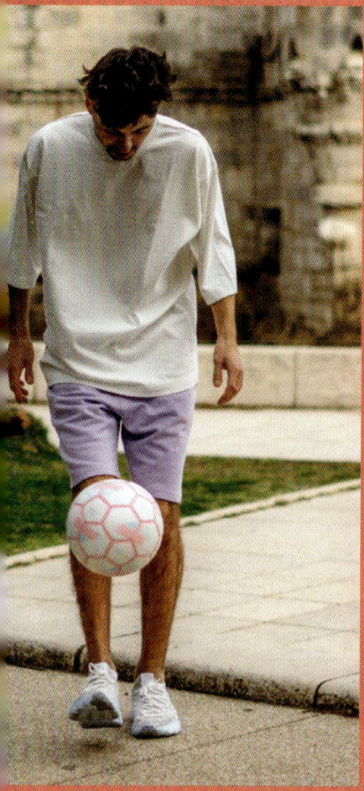

Den Ball hochhalten.

2

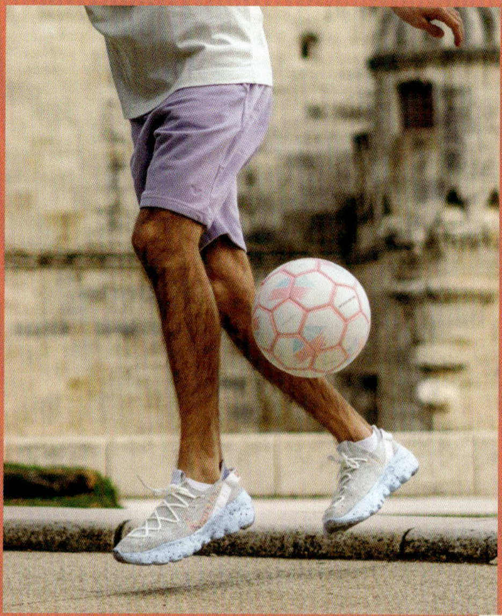

Den Ball seitlich hochspielen.

3

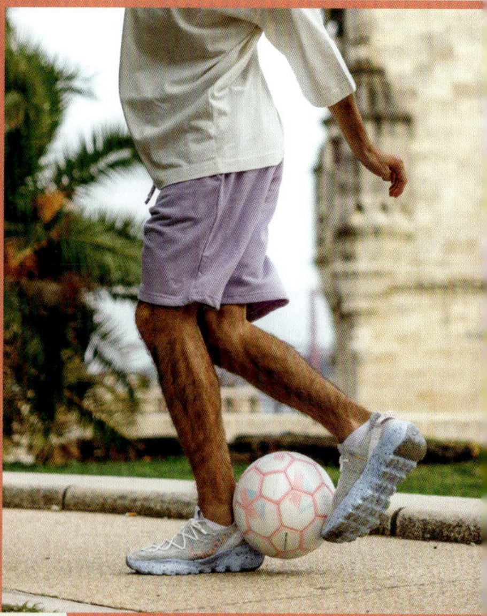

Den Ball mit dem Fußspann an der Seite des Standbeins hochziehen, bevor er den Boden berührt.

4

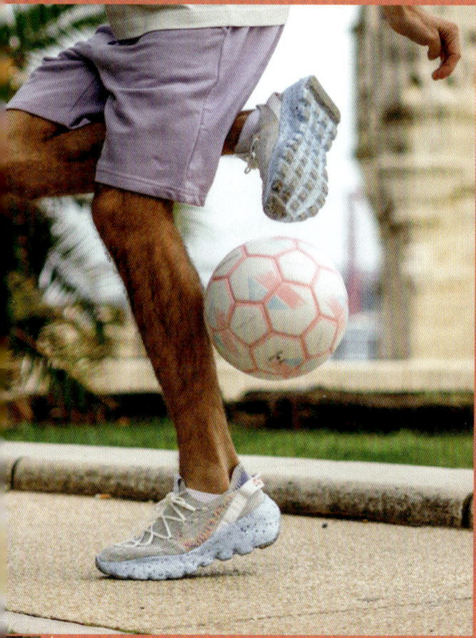

Den Ball nach oben befördern und den Fuß lösen.

5

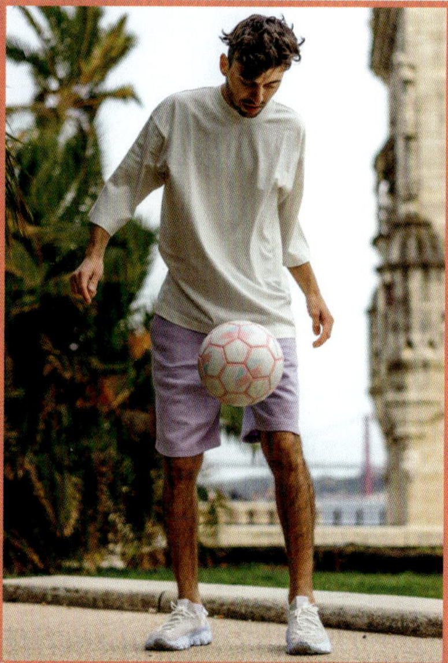

Danach den Ball wieder kontrolliert hochhalten.

SCHWIERIGKEITSGRAD:

★★★☆☆

Der Slap ist ein extrem lässig wirkender Trick. Kommt besonders gut, wenn man ihn richtig draufhat und ihn mehrmals hintereinander ausführt.

SPIN MAGIC

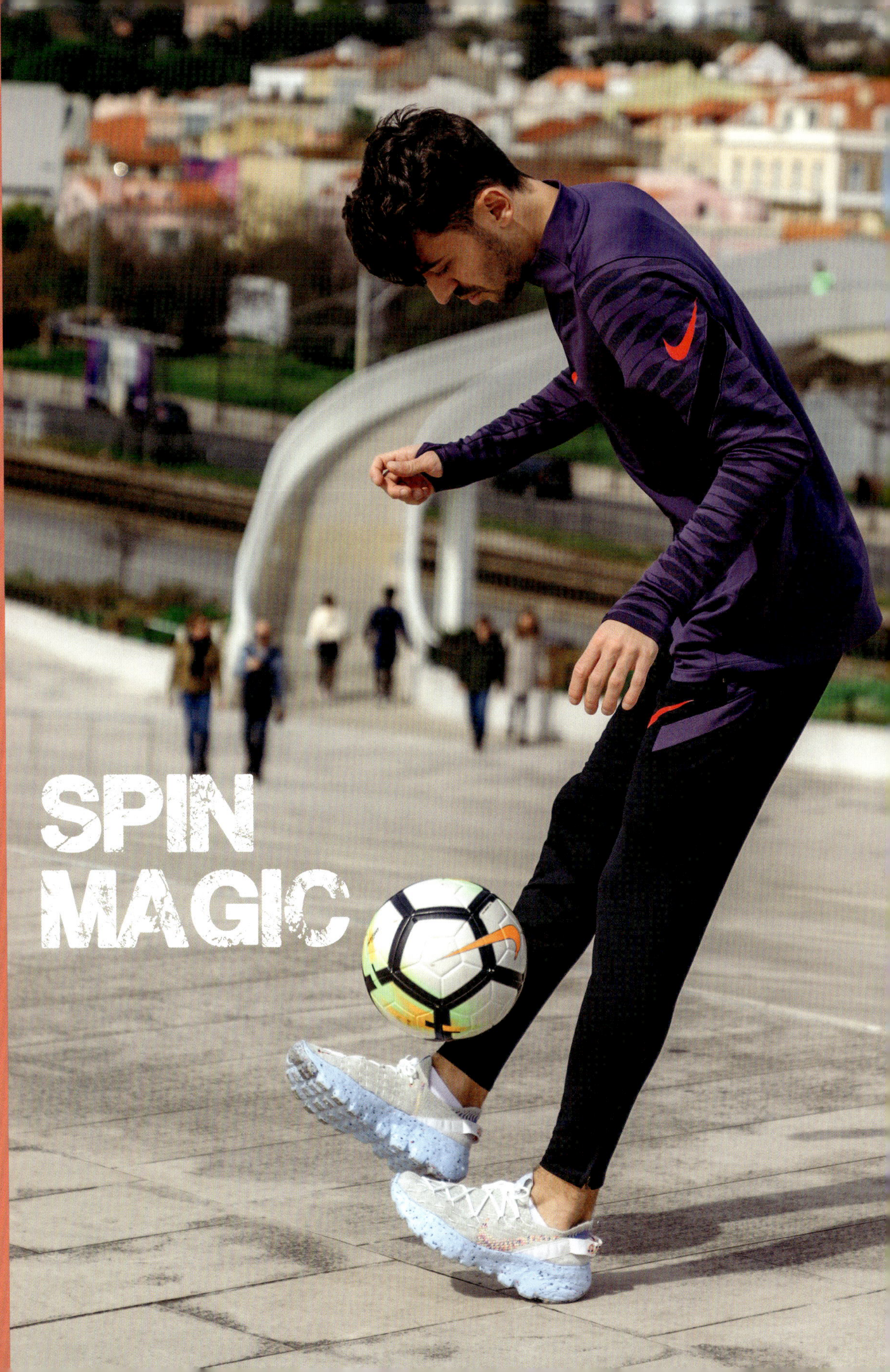

1

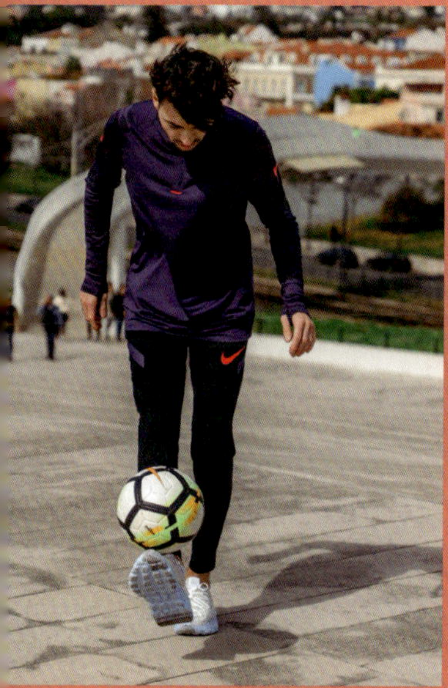

Den Ball hochhalten, ...

2

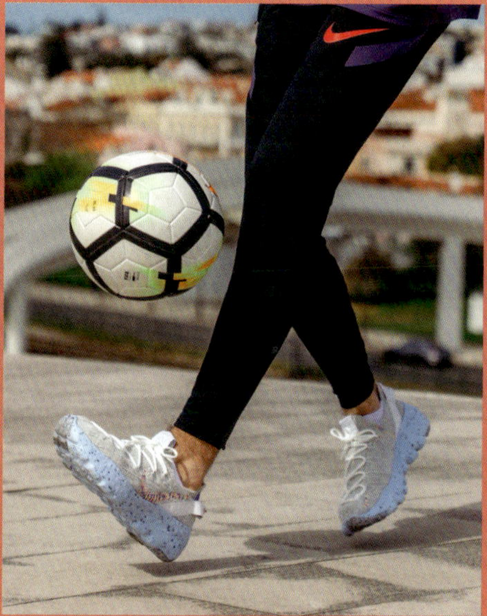

... den Fuß auf die Verse ablegen ...

3

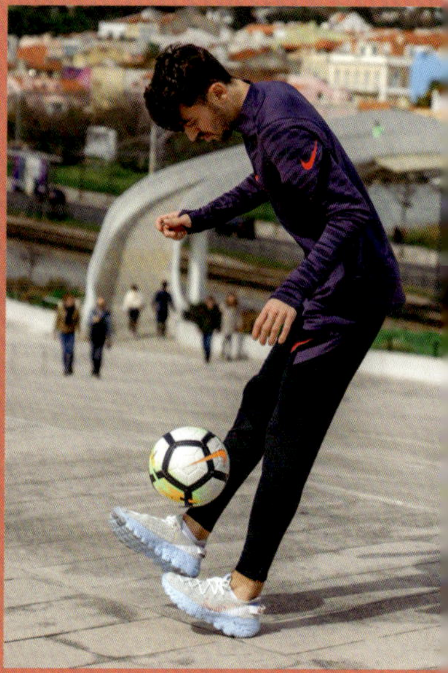

... und den Ball an die Fußspitze spielen.

4

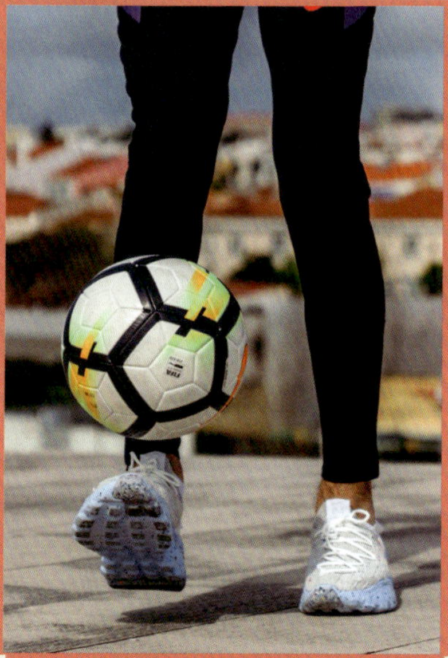

Den Ball im Anschluss wieder jonglieren.

SCHWIERIGKEITSGRAD:

★★★★★

Der Spin Magic ist, wie der Name schon sagt, magisch. Ein Trick, der definitiv die Köpfe verdreht und zum Staunen bringt. Hat man ihn einmal raus, kann man ihn mehrmals hintereinander ausführen und mit weiteren Tricks kombinieren.

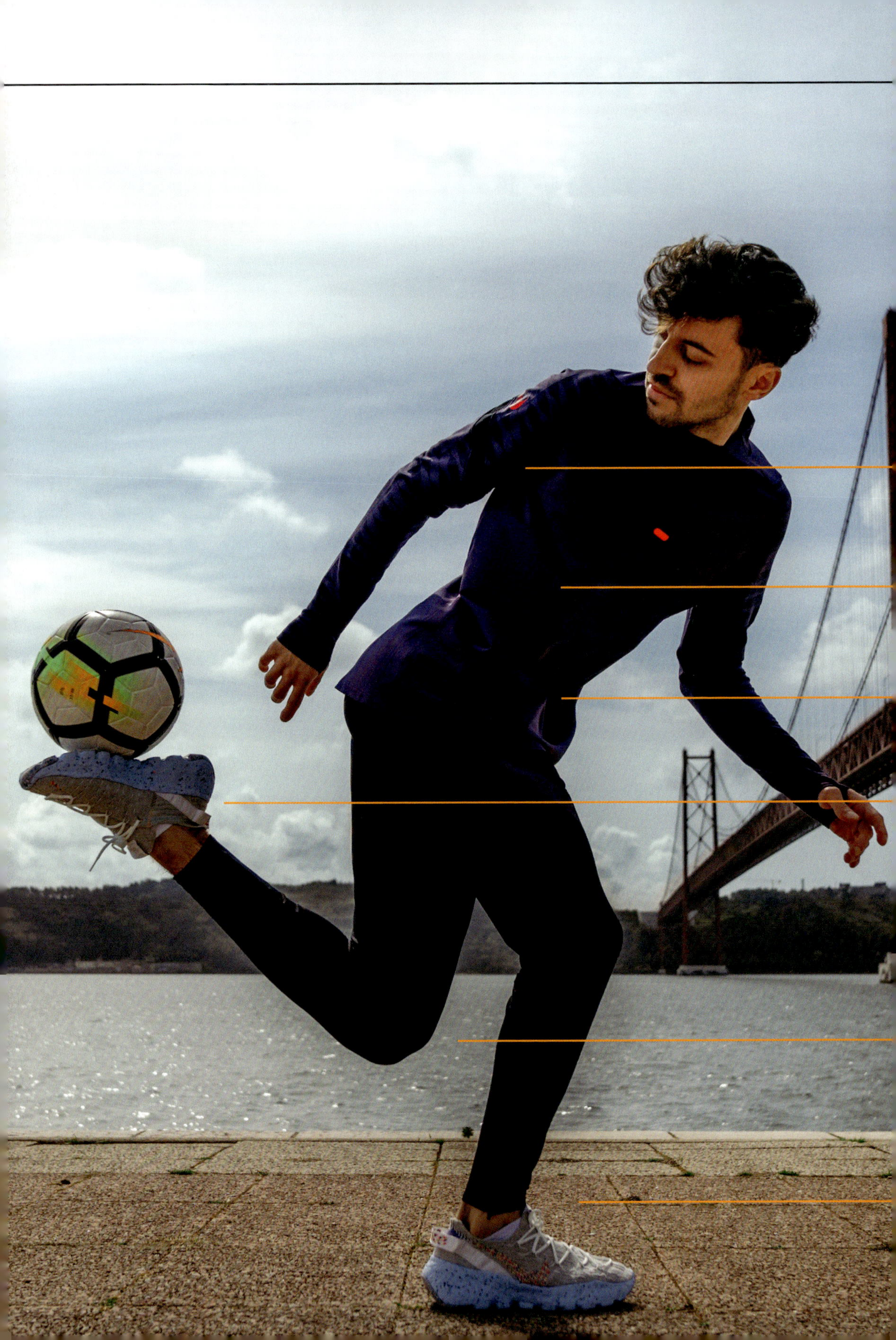

DRAGON STALL

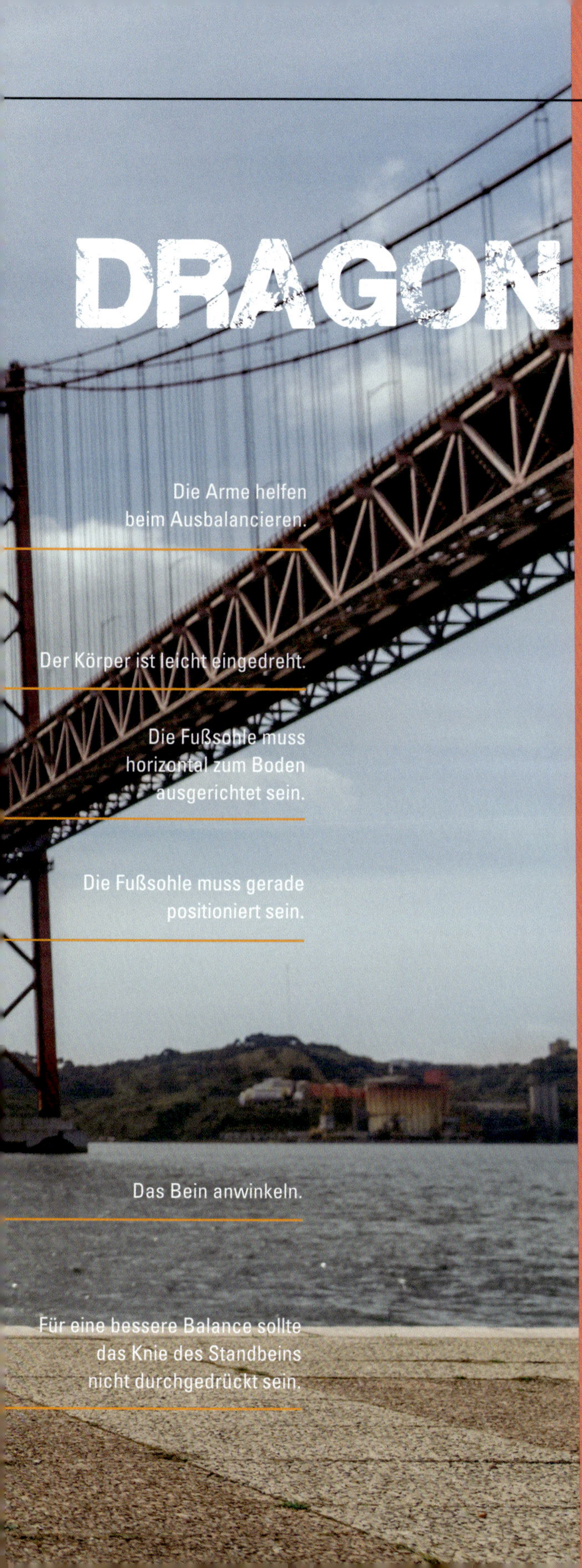

Die Arme helfen beim Ausbalancieren.

Der Körper ist leicht eingedreht.

Die Fußsohle muss horizontal zum Boden ausgerichtet sein.

Die Fußsohle muss gerade positioniert sein.

Das Bein anwinkeln.

Für eine bessere Balance sollte das Knie des Standbeins nicht durchgedrückt sein.

Beim Dragon Stall wird der Ball auf der Sohle balanciert. Das Besondere: Man steht bei der Ausführung des Tricks. Balance und Kontrolle sind extrem wichtig, auch eine gewisse Beweglichkeit ist Grundvoraussetzung, da das ausführende Bein extrem angewinkelt werden muss.

SCHWIERIGKEITSGRAD: ★★★★☆

AMATW

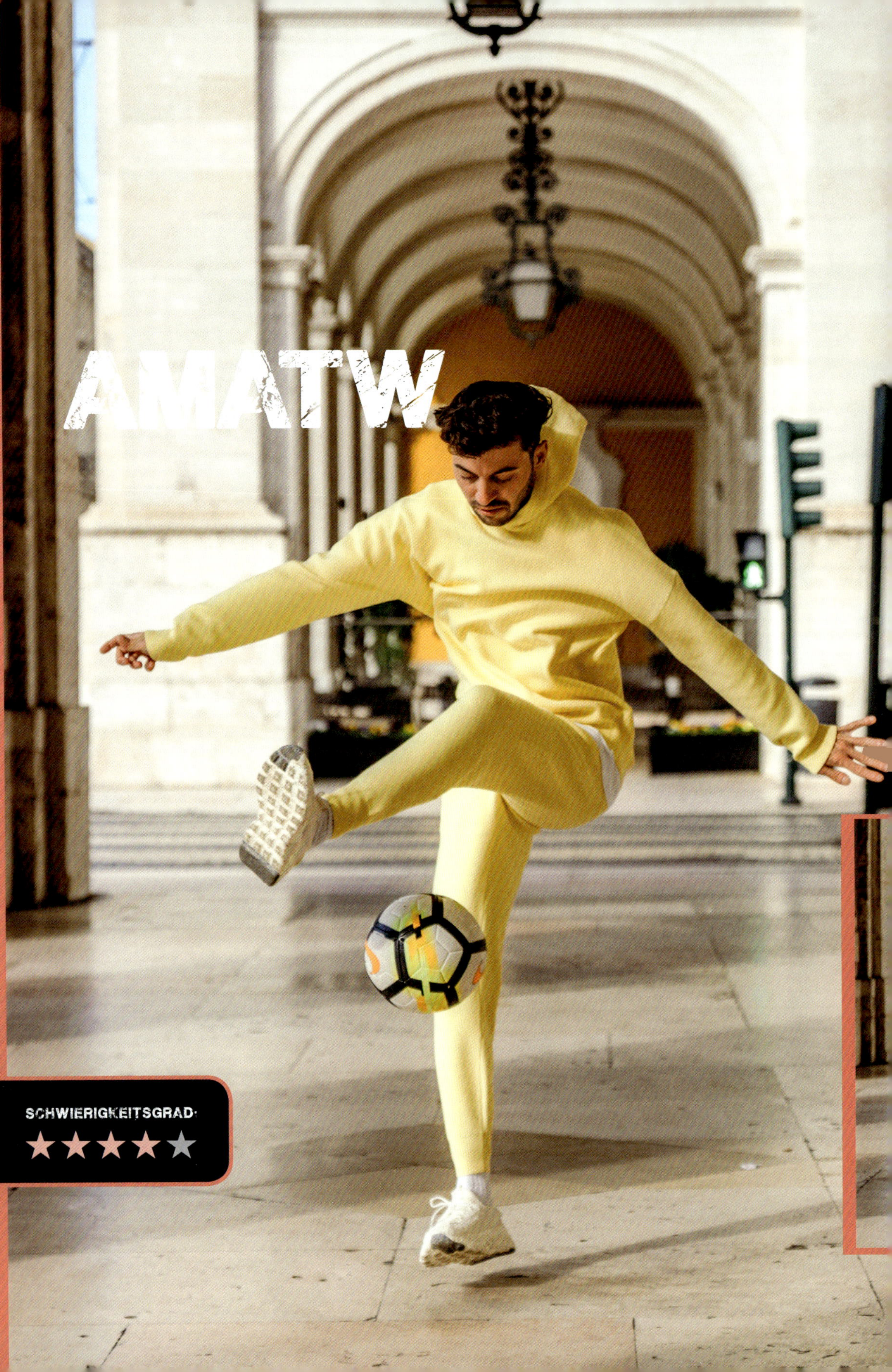

SCHWIERIGKEITSGRAD:
★★★★☆

1

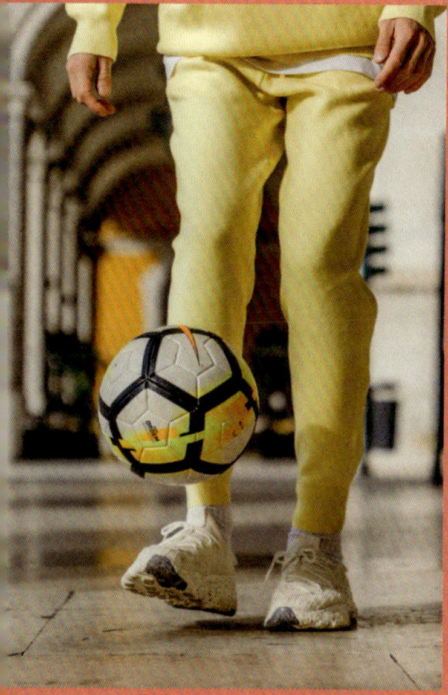

Den Ball hochhalten und auf Hüfthöhe spielen.

2

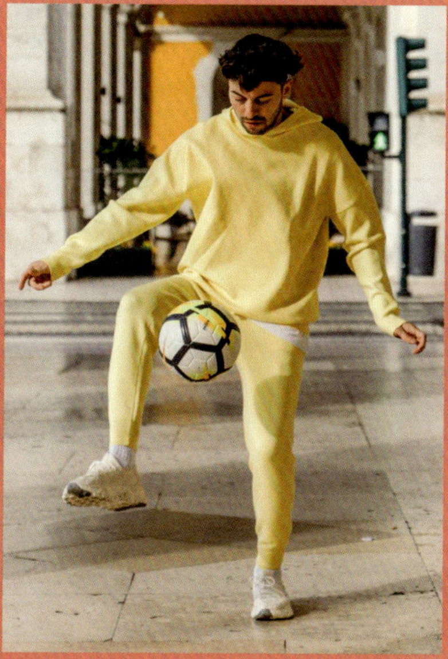

Den rechten Fuß außen um den Ball herumführen.

3

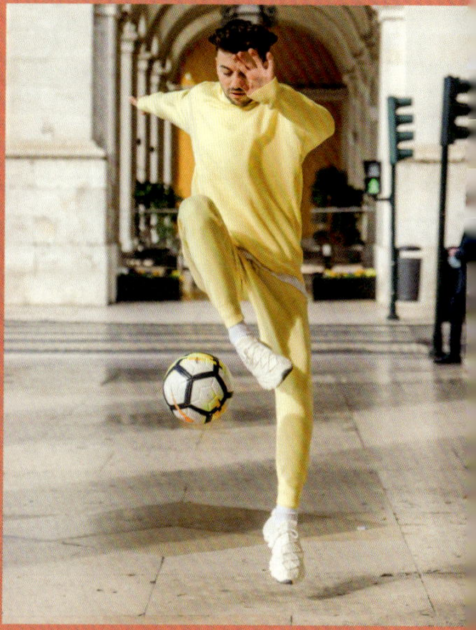

Das rechte Bein nach dem Umkreisen nach innen ziehen ...

4

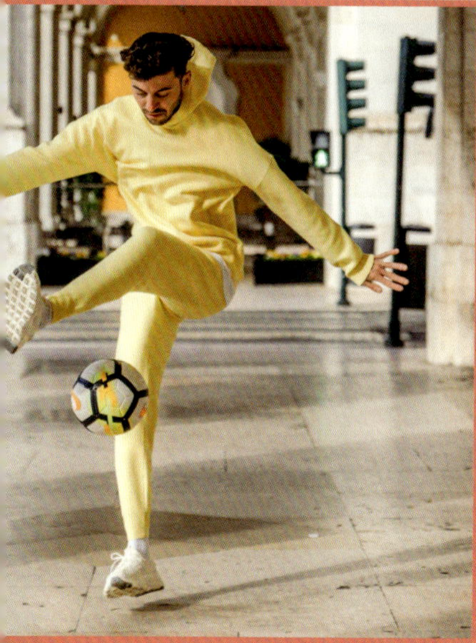

... und mit dem linken gleichzeitig kreuzen.

5

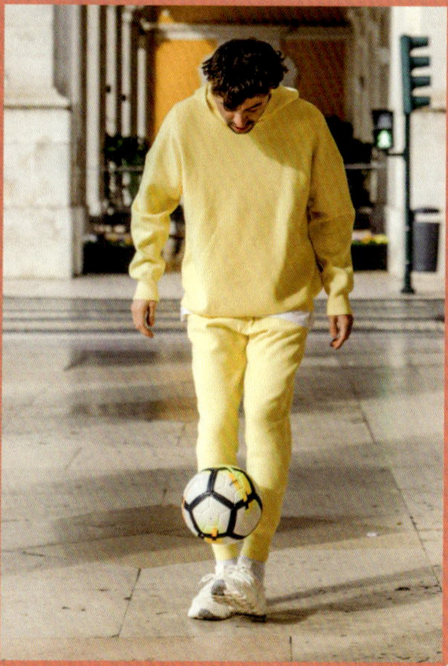

Den Ball mit dem linken Fuß aufnehmen und kontrollieren.

Der Alternative Mitchy Around The World (AMATW) ist eine Kombination aus dem Hop The World und dem Crossover. Man geht erst mit dem Fuß um den Ball herum und beendet den Trick mit einem Crossover. Es ist ein technisch anspruchsvoller Trick, bei dem es besonders auf ein gutes Timing ankommt. Durchhalten beim Training!

ATATW

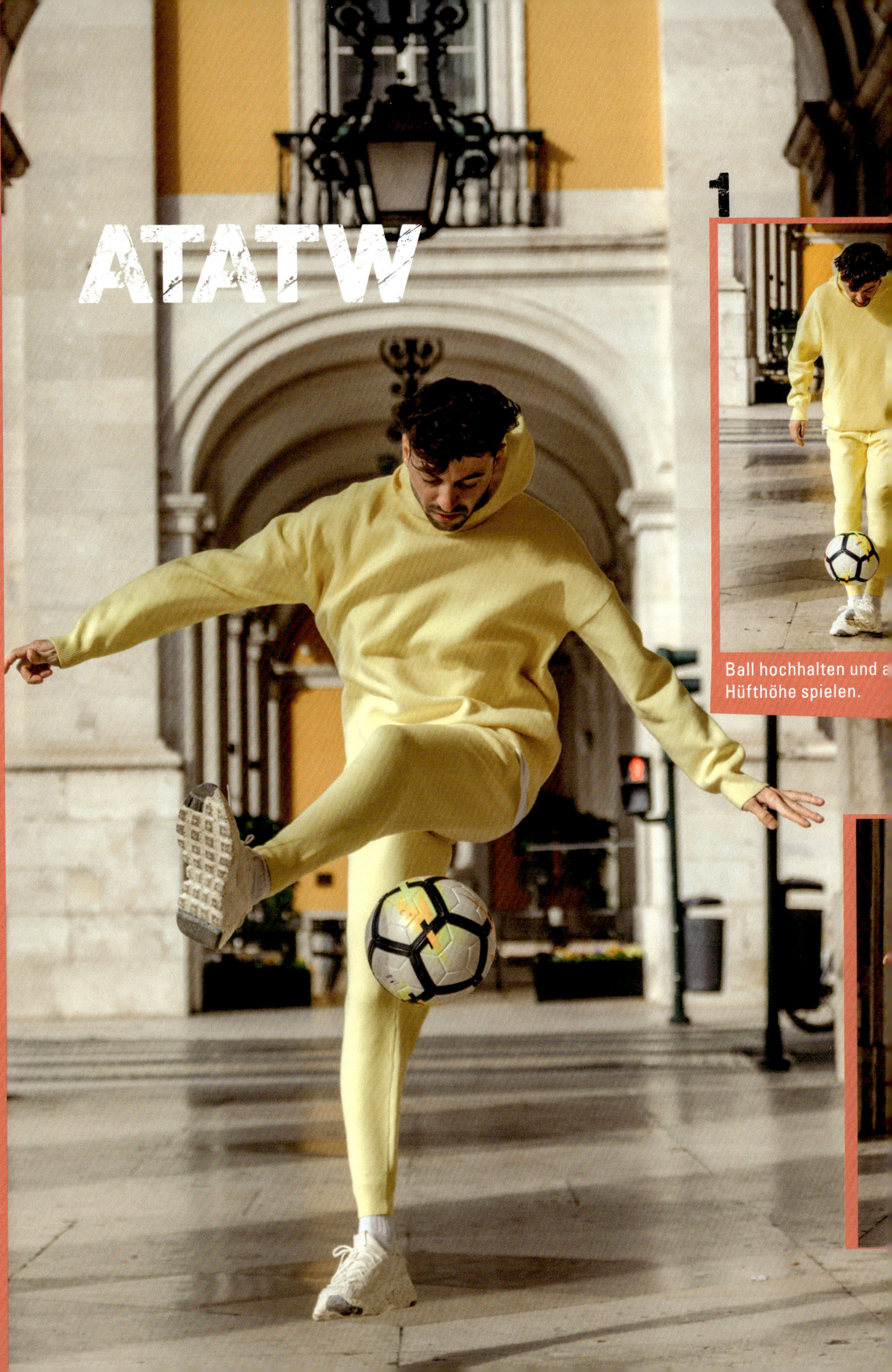

1

Ball hochhalten und a
Hüfthöhe spielen.

2

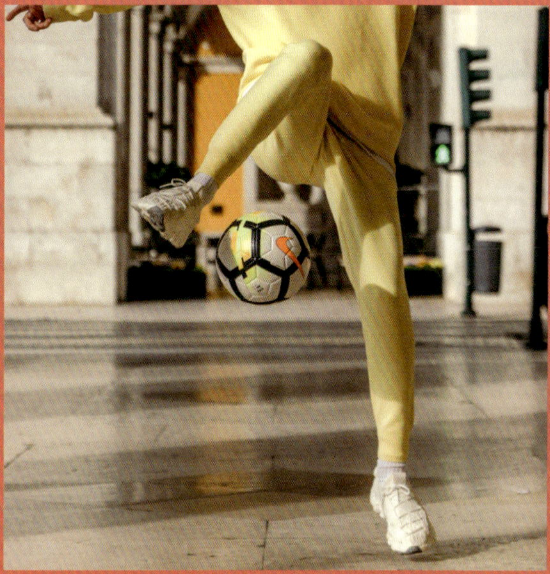

Den Ball von innen nach außen umkreisen.

3

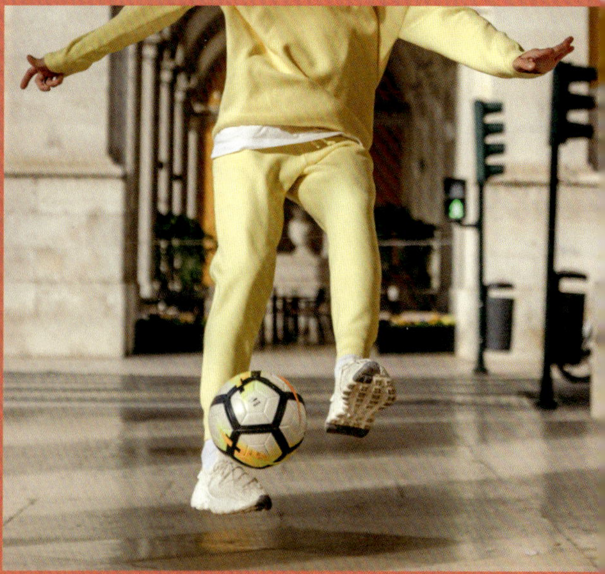

Dann das linke Standbein heben, nach der Umdrehung die Beine kreuzen und den Ball mit dem rechten Fuß treffen.

4

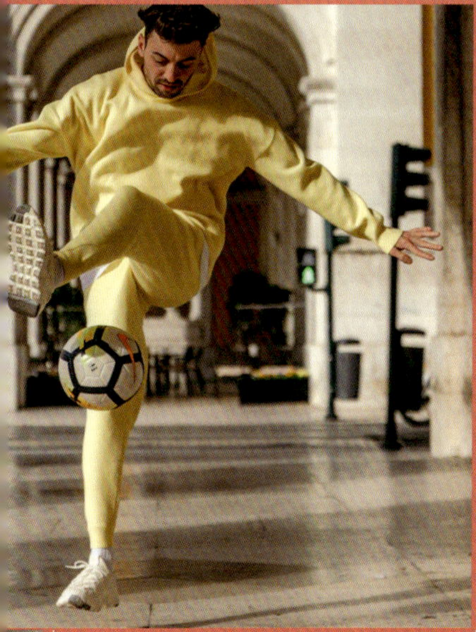

Das linke Bein durchstrecken und den rechten Fuß nach Durchführung des Tricks wieder auf dem Boden absetzen.

5

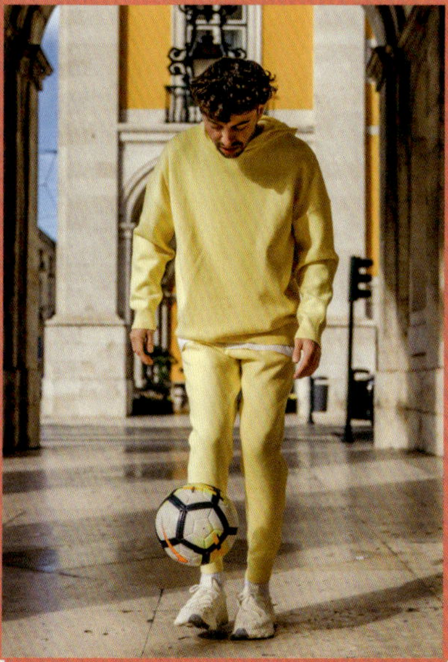

Den Ball wieder kontrollieren und hochhalten.

SCHWIERIGKEITSGRAD:
★★★★☆

Der Alternative Touzani Around The World (ATATW) ist fast identisch mit dem AMATW (vorangegangene Doppelseite) – mit dem Unterschied, dass der Ball von innen nach außen umkreist wird. Beendet werden beide mit einem Crossover.

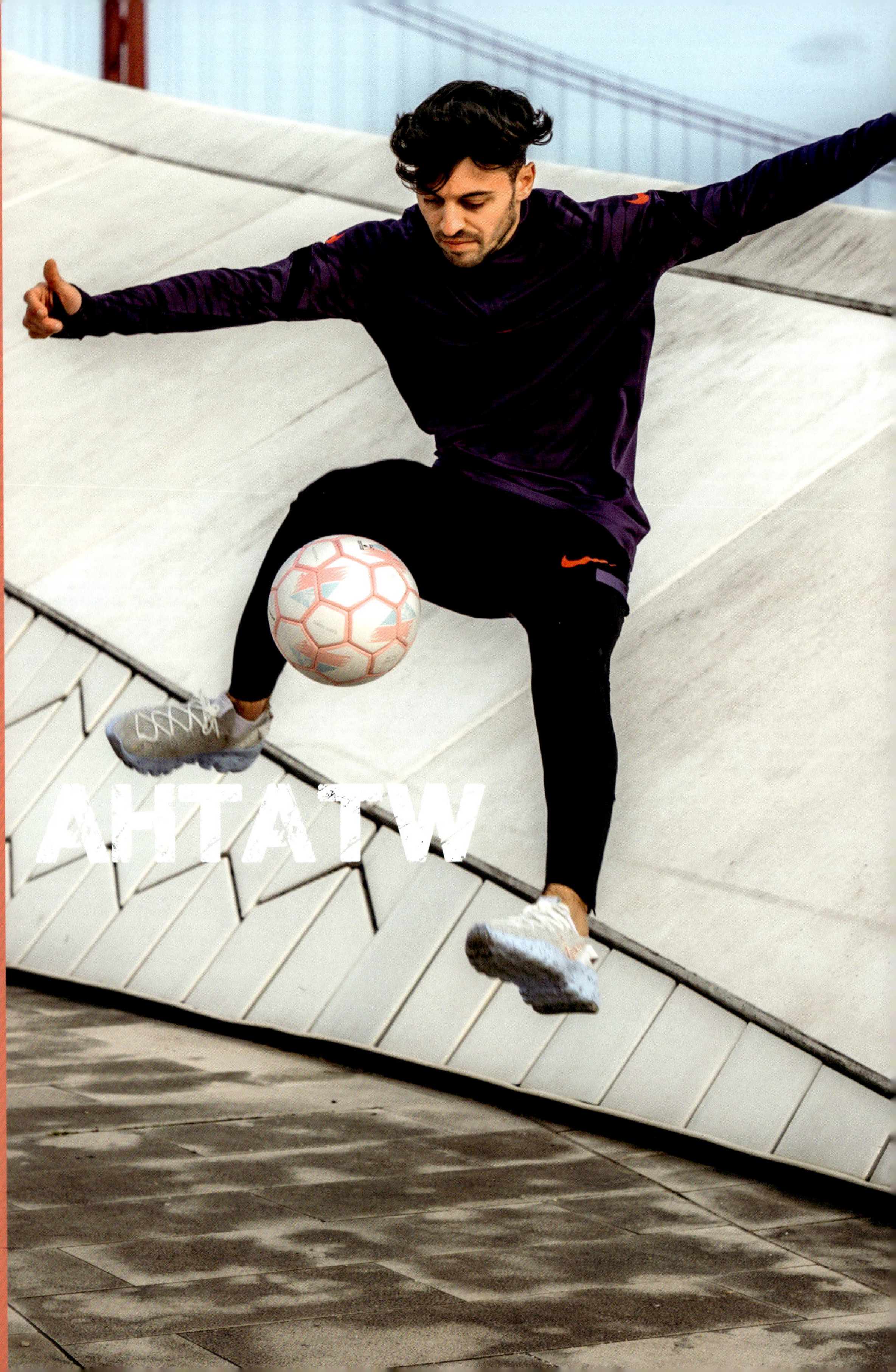
AHTATW

1

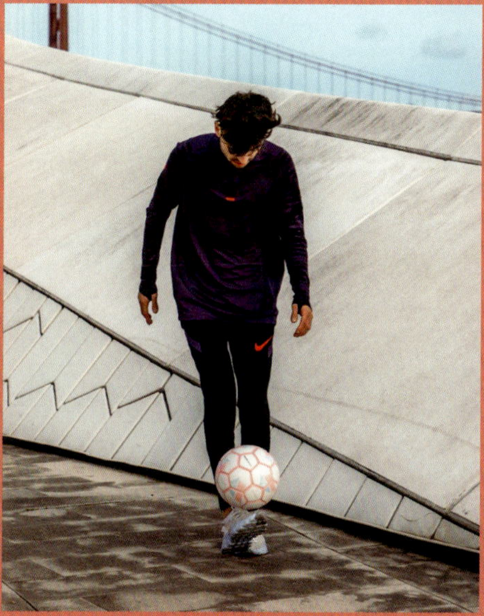

Den Ball hochhalten.

2

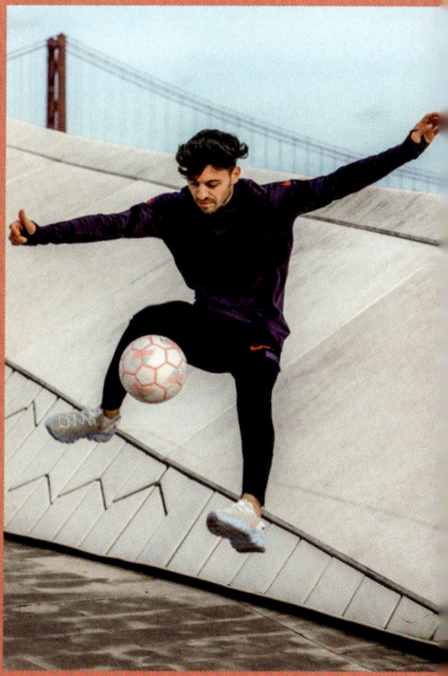

Den Ball auf Hüfthöhe spielen.

3

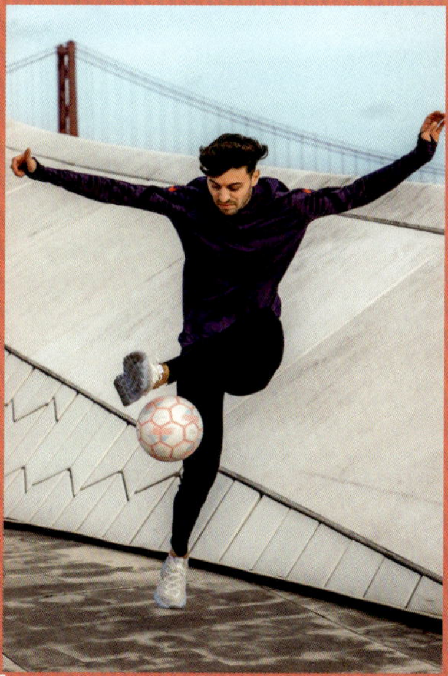

Mit dem linken und rechten Bein direkt über den Ball springen.

4

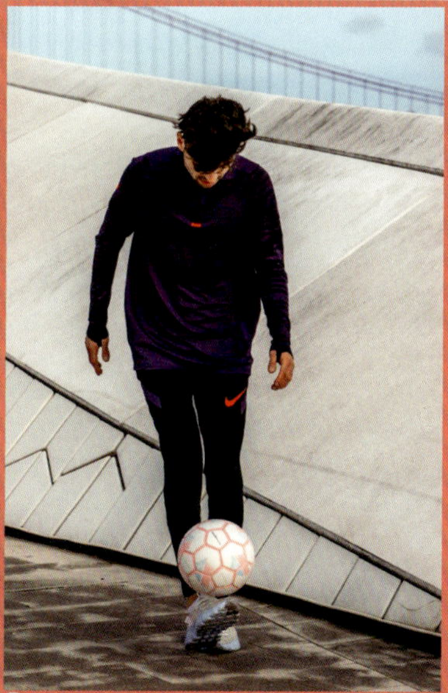

Den Ball im Anschluss wieder jonglieren.

SCHWIERIGKEITSGRAD:

★★★★☆

Der AHTATW (Alternative Homie Touzani Around The World) ist ein anspruchsvoller und intensiver Trick, bei dem man mit beiden Beinen den Ball umkreist und so für einen absoluten Wow-Moment sorgt.

CLIPPER

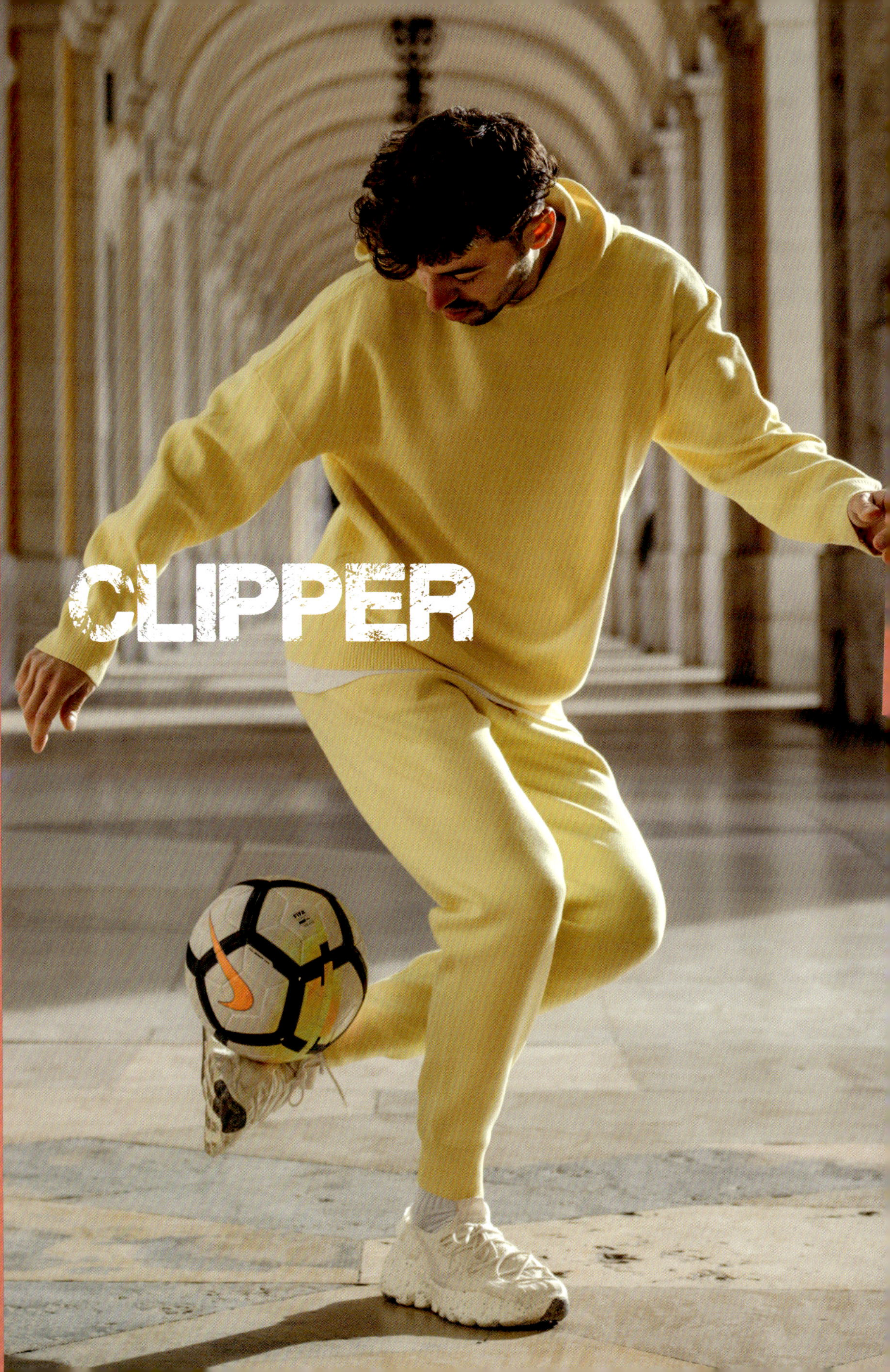

1

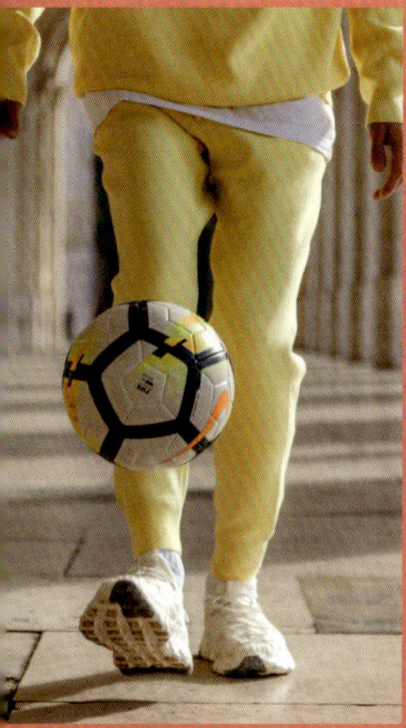

Ball hochhalten und auf Hüfthöhe spielen.

2

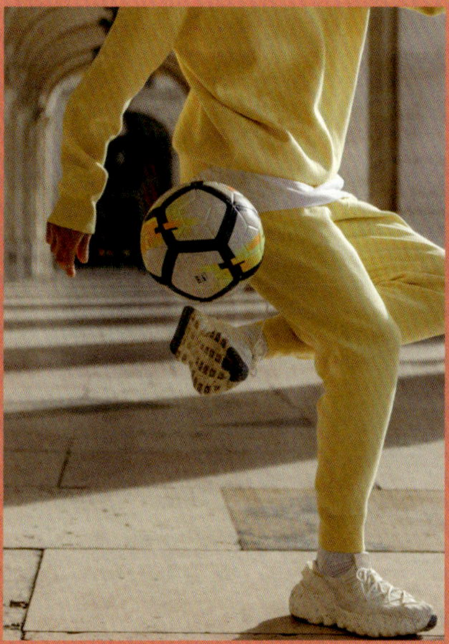

Leicht in die Hocke gehen und den Ball mit der Fußinnenseite annehmen.

3

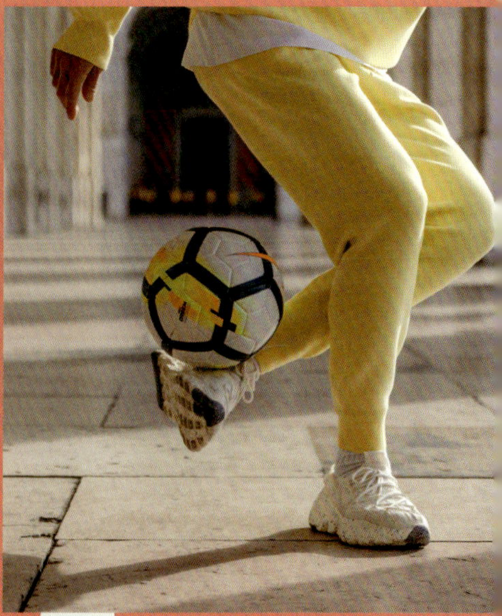

Den Ball fangen und kurz balancieren.

4

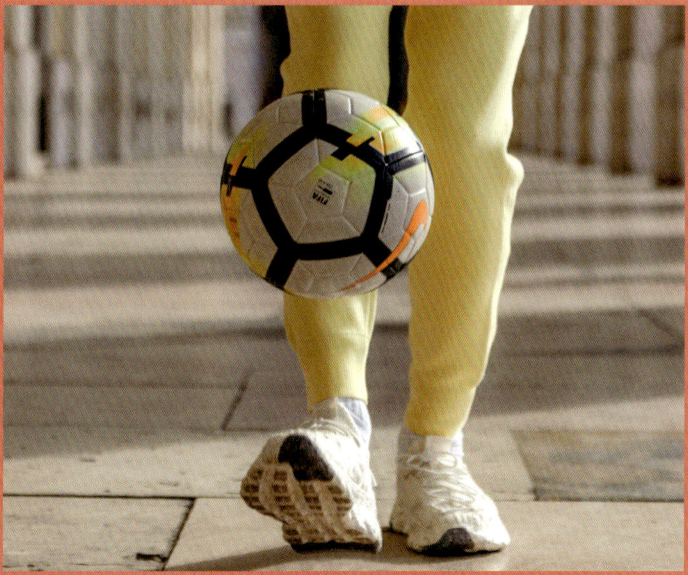

Den Ball wieder hochspielen und im Anschluss jonglieren.

SCHWIERIGKEITSGRAD:

★★★★☆

Der Clipper ist technisch anspruchsvoll und gehört zu meinen persönlichen Lieblingstricks im Freestyle. Vielleicht etwas schwieriger zu erlernen, aber ein großer Spaß!

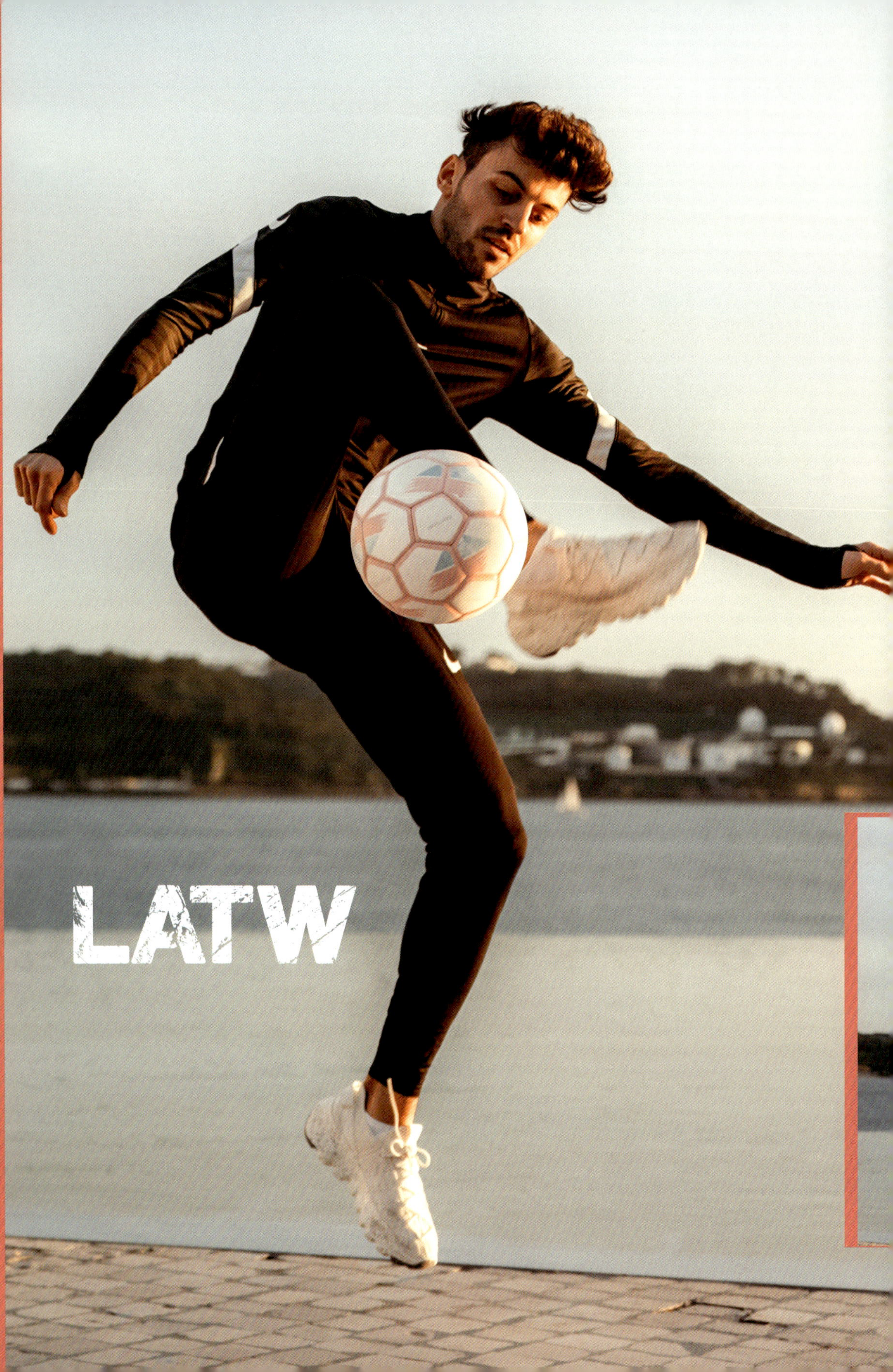
LATW

1

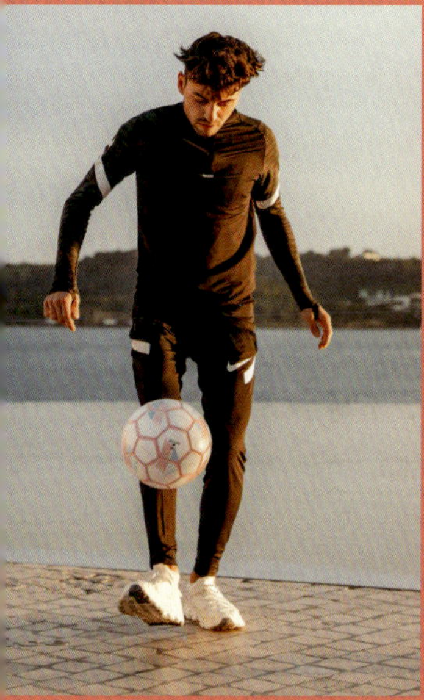

Den Ball hochhalten.

2

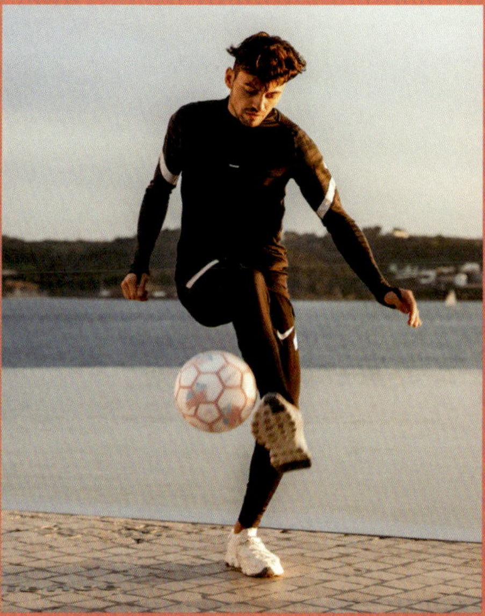

Den Ball wie beim Around The World anschneiden (Seite 54/55) …

3

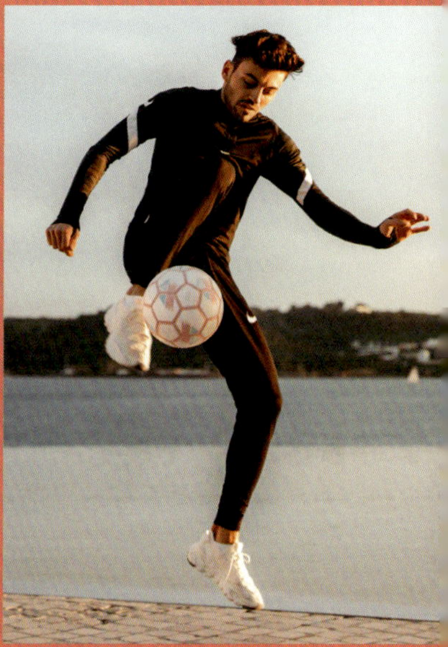

… dabei leicht in die Luft springen …

4

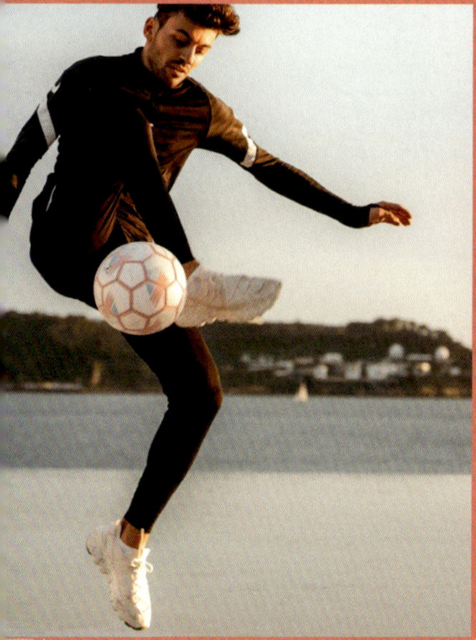

… und den Ball zum zweiten Mal mit dem Fuß umkreisen.

5

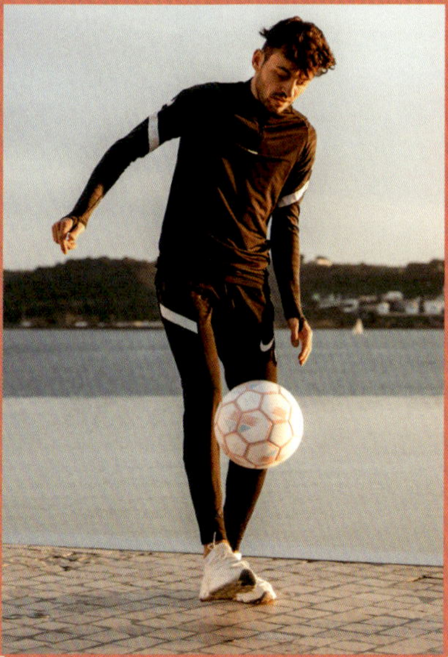

Den Ball im Anschluss wieder jonglieren.

SCHWIERIGKEITSGRAD:
★★★★★

Der Lemmens Around The World (LATW) hat die Latte im Fußball-Freestyle ein wenig höher gelegt. Zwei Umkreisungen, ohne dabei das Bein abzusetzen, sind eine echte Herausforderung. Verdiente fünf Sterne. Viel Erfolg!

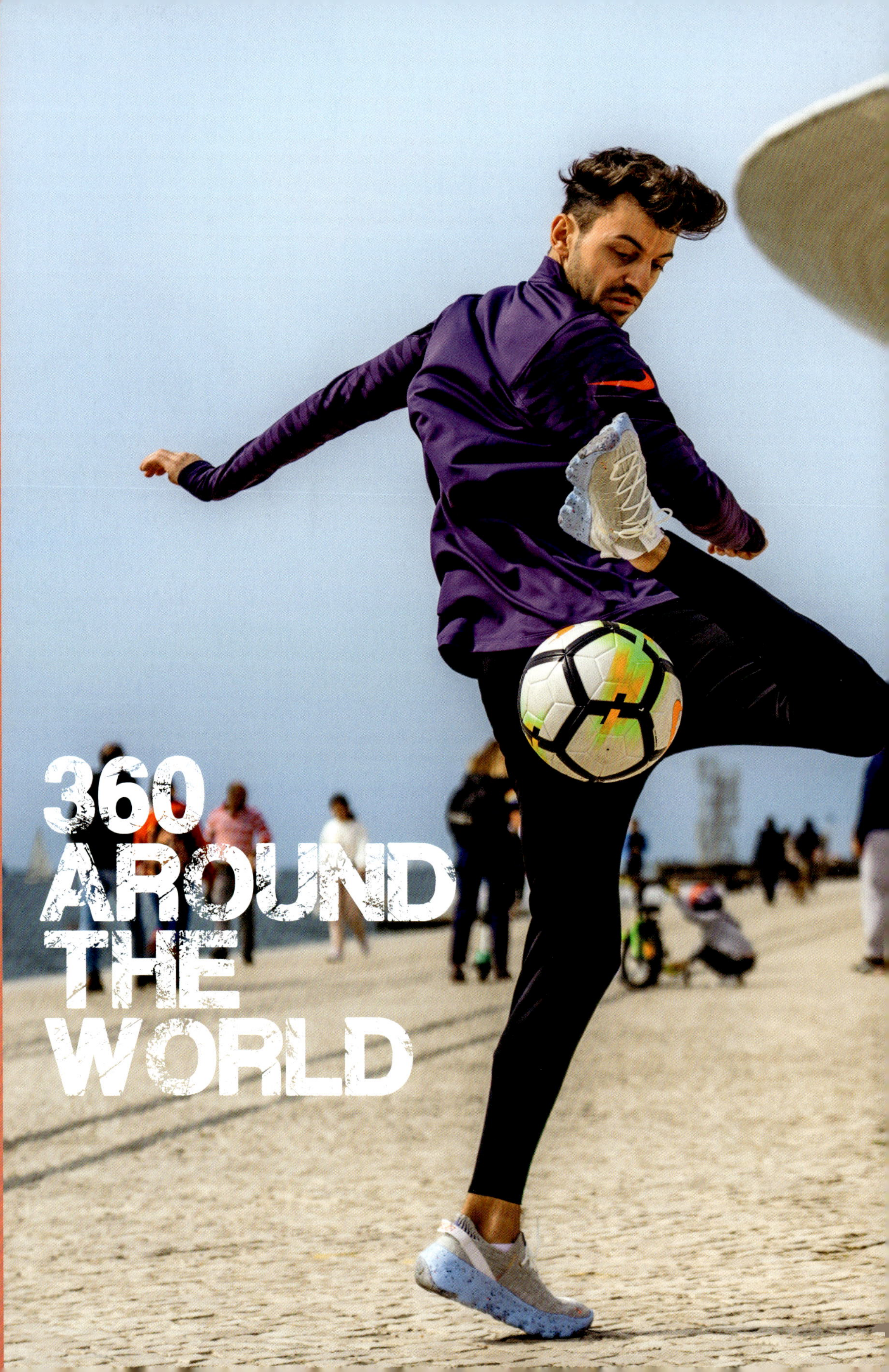

360 AROUND THE WORLD

1

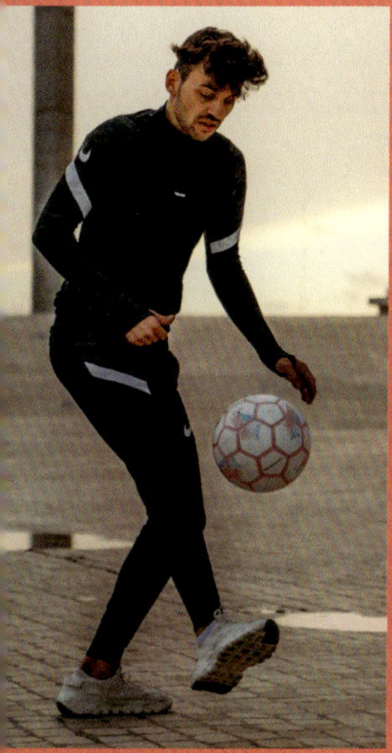

Ball hochhalten und auf Hüfthöhe spielen.

2

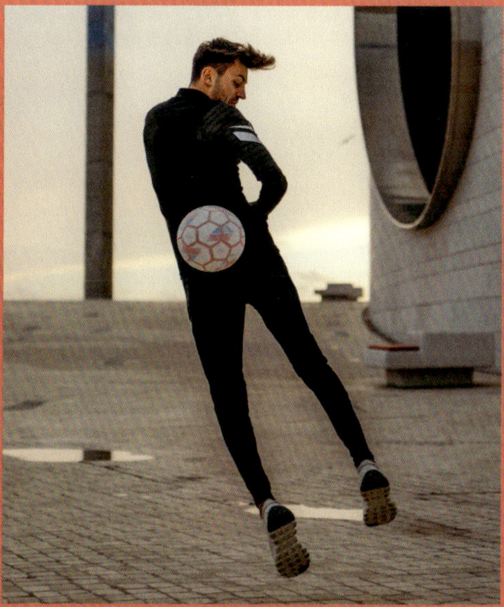

Sich dabei über die rechte Seite drehen und den Fuß seitlich ansetzen.

3

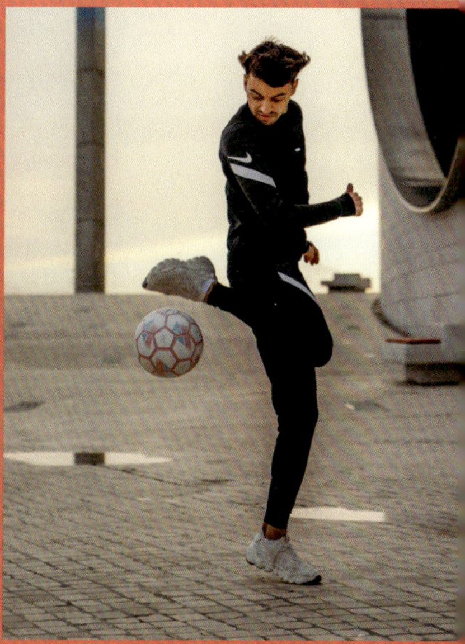

Den Ball aus der Drehung mit dem Fuß umkreisen, das Bein ist dabei angewinkelt.

4

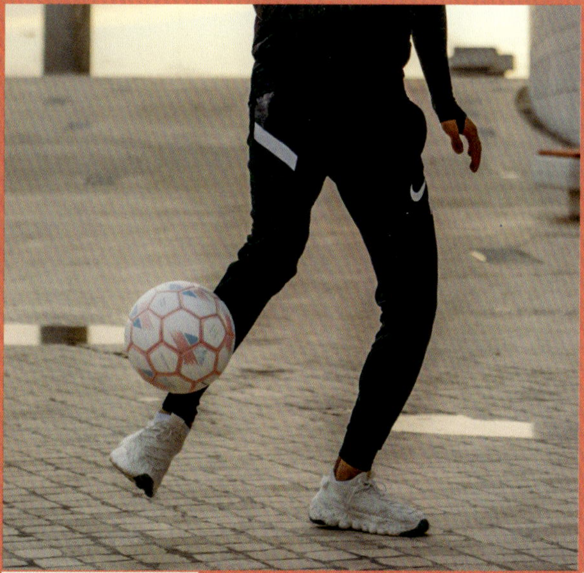

Den Ball wieder kontrollieren.

SCHWIERIGKEITSGRAD:

★★★★★

Der 360 Around The World ist ein Trick, der viele Menschen auf der ganzen Welt begeistert. Es ist zunächst eine ungewohnte Bewegung. Bei dem Trick spielt man den Ball in die Luft und umkreist ihn aus der Drehung mit dem Fuß. Es ist ebenfalls ein Trick, der von mir öfter verwendet wird. Er bringt viele zum Staunen. Der Trick erfordert viele Trainingsstunden. Diese Schritte helfen dir dabei, ein weiteres Level zu erreichen und den 360 zu meistern.

HEEL X-OVER

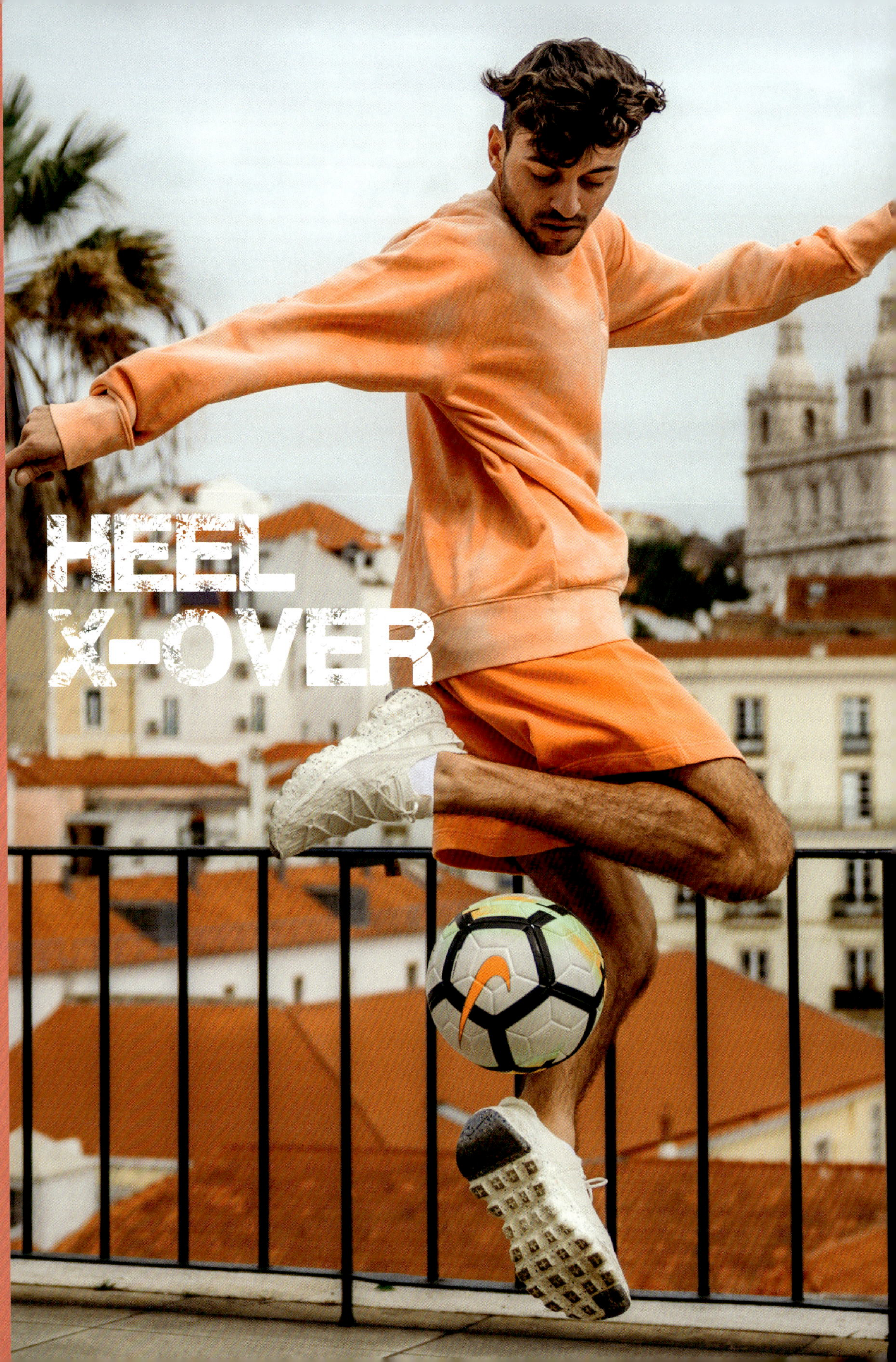

1

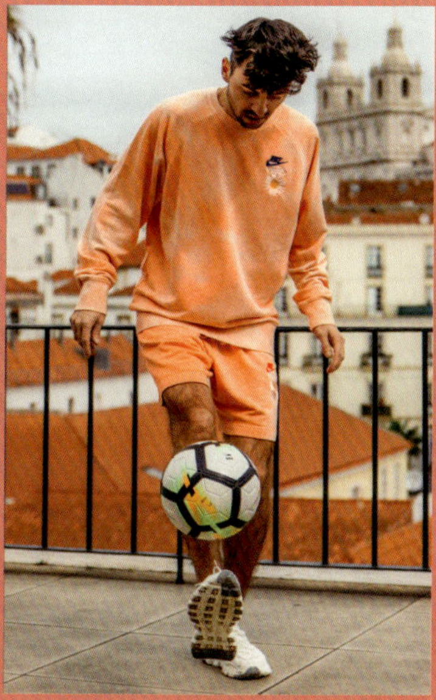

Den Ball hochhalten ...

2

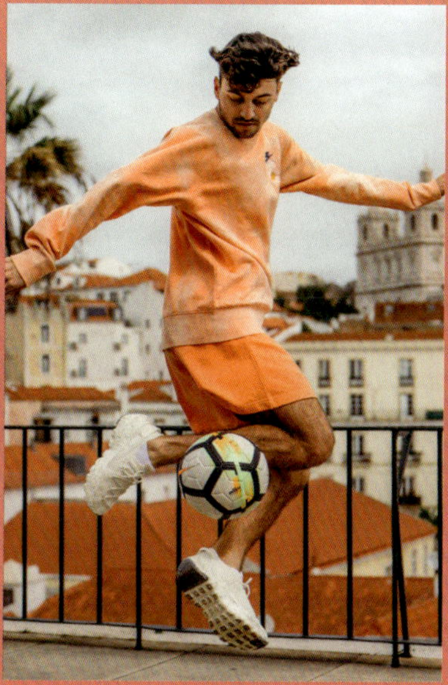

3

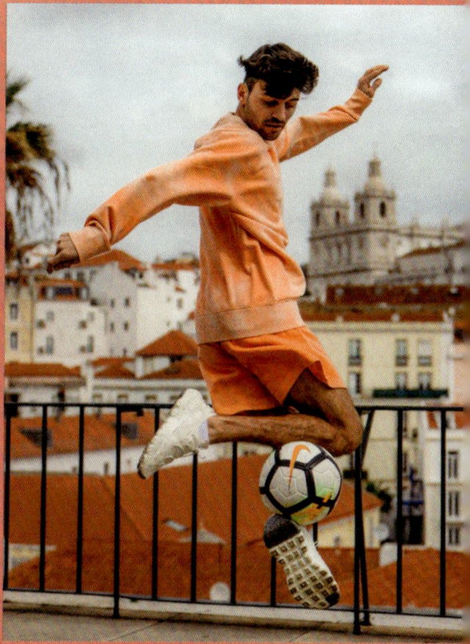

... und auf Hüfthöhe spielen. Mit dem rechten Fuß seitlich um den Ball herum, mit dem anderen Bein Abspringen und den Ball mit der Hacke treffen.

4

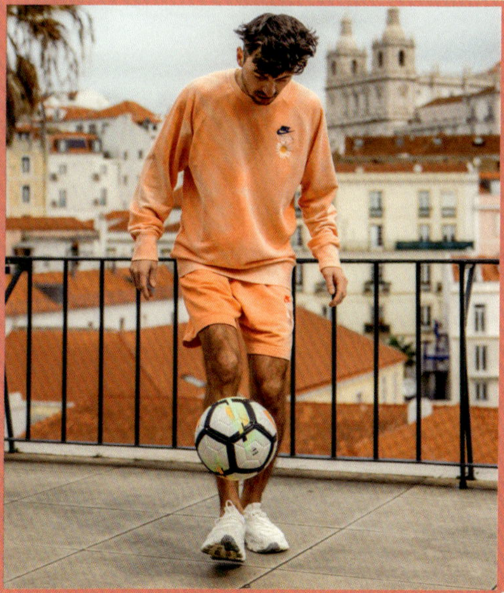

Den Ball im Anschluss wieder jonglieren.

SCHWIERIGKEITSGRAD: ★★★★★

Der Heel X-Over ist ein cool aussehender Trick, den man mit der Hacke ausführt. Euer Umfeld wird garantiert staunen.

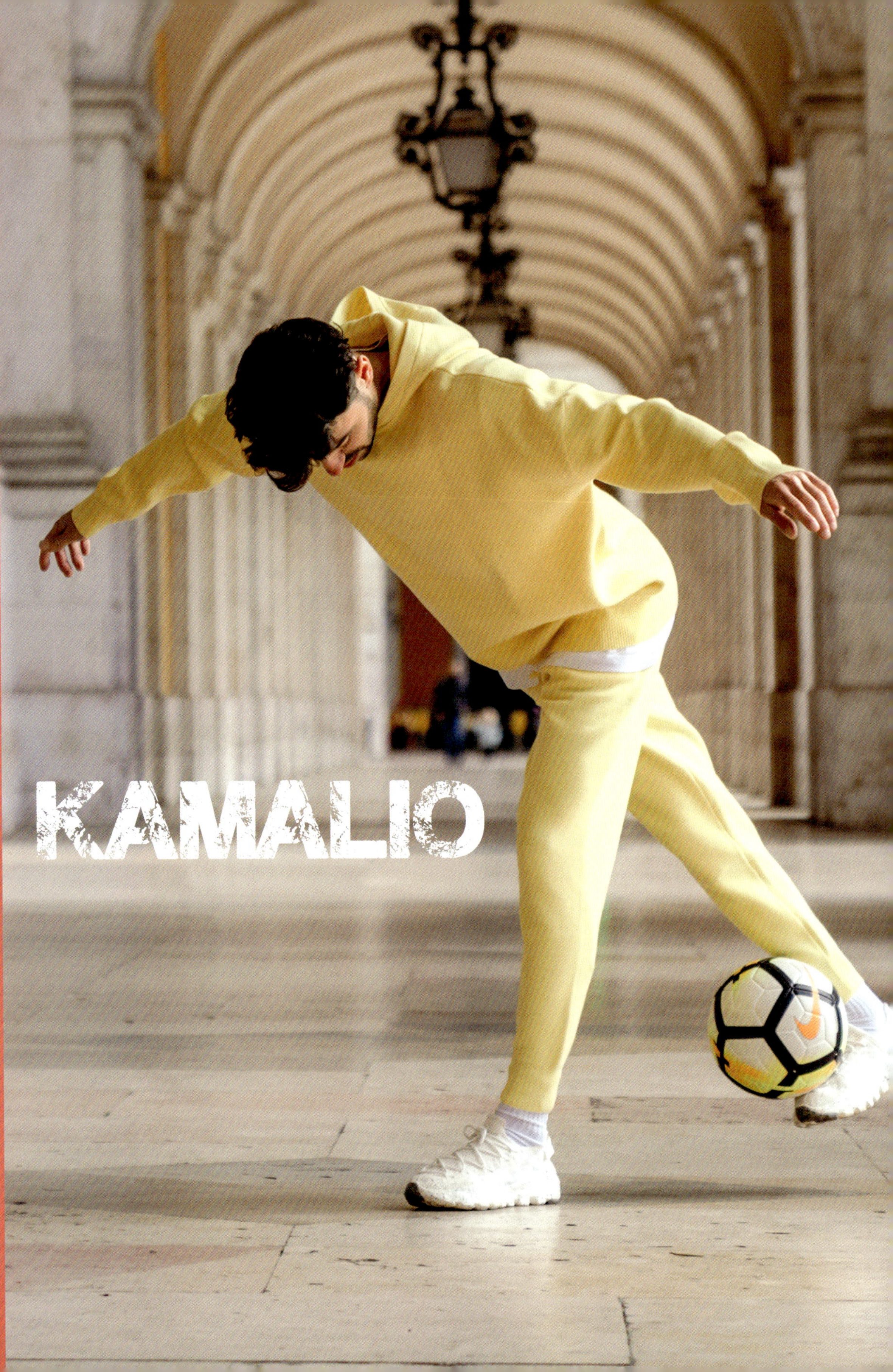
KAMALIO

1

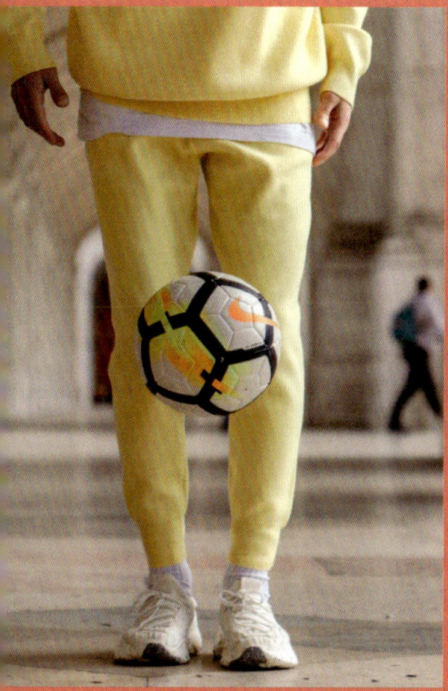

Den Ball hochhalten.

2

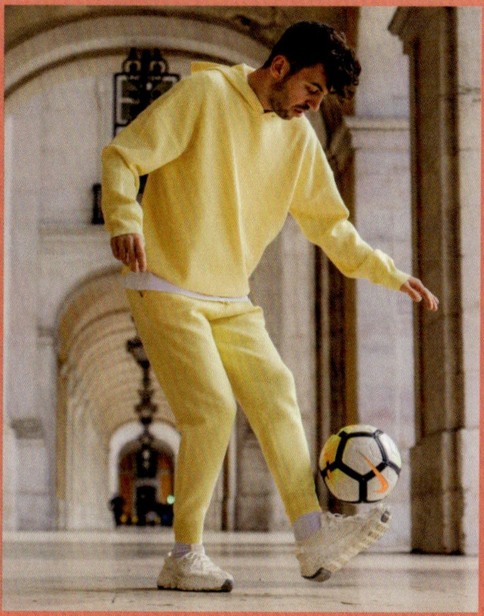

Den Ball mit der Fußspitze nach hinten spielen …

3

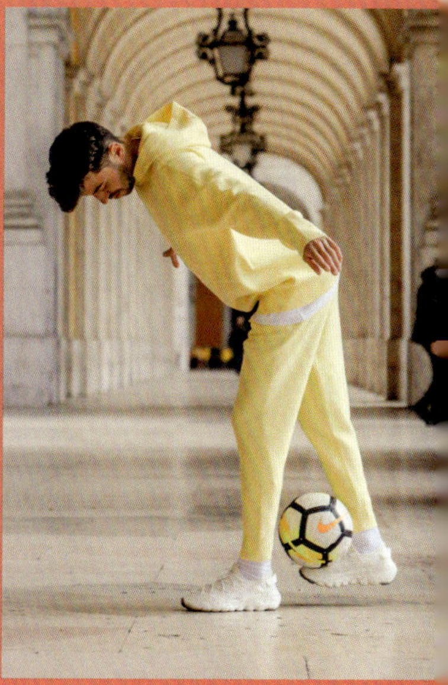

… sich dabei eindrehen …

4

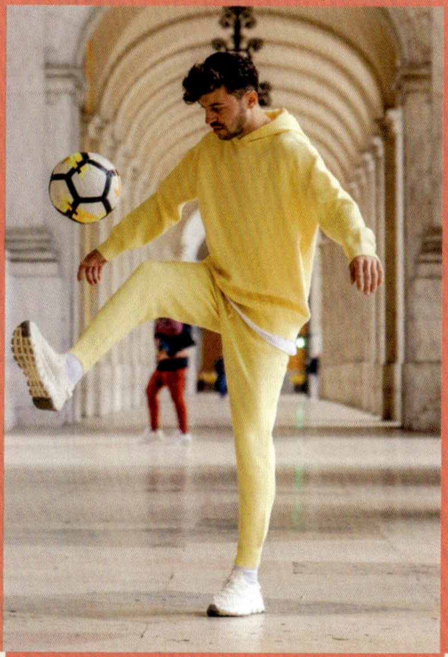

… den Ball annehmen und nach oben spielen.

SCHWIERIGKEITSGRAD:

★★★★★

Eine Bewegung aus lediglich zwei Ballkontakten, die den Trick magisch erscheinen lässt. Es ist ein technisch anspruchsvoller Trick, bei dem jedes kleine Detail sitzen muss.

ECLIPSE

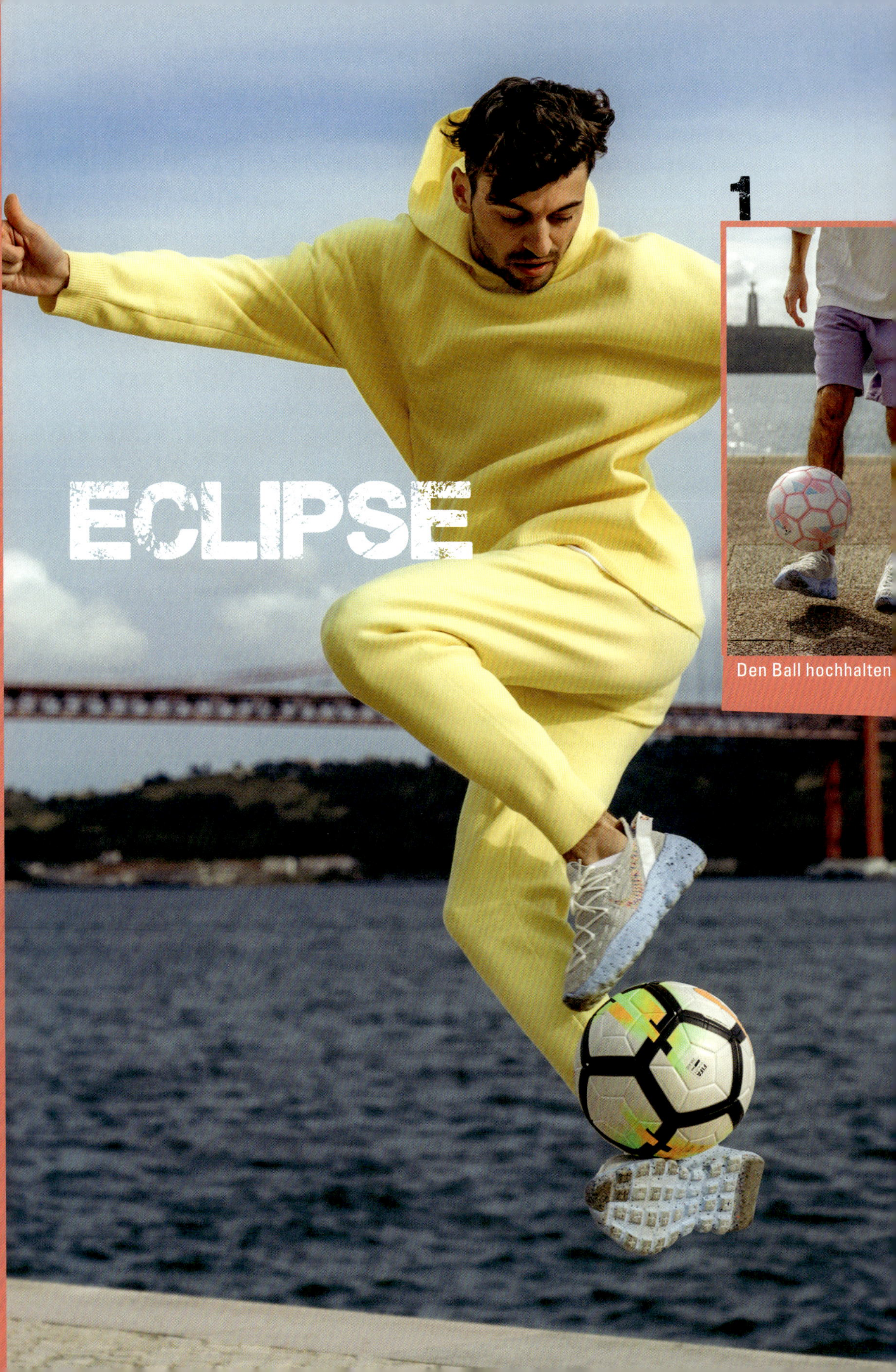

1

Den Ball hochhalten

2

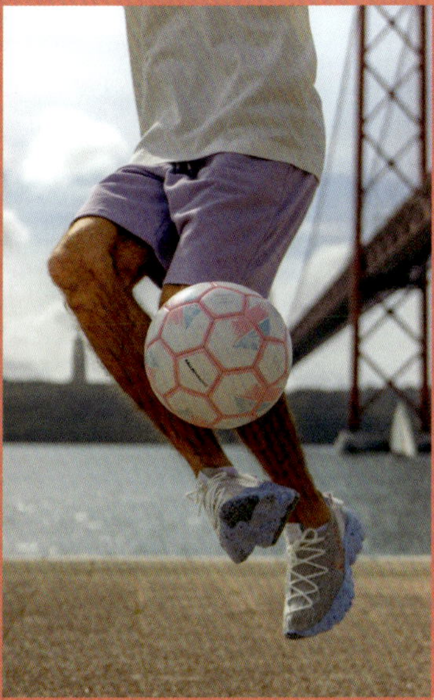

... das rechte Bein anheben ...

3

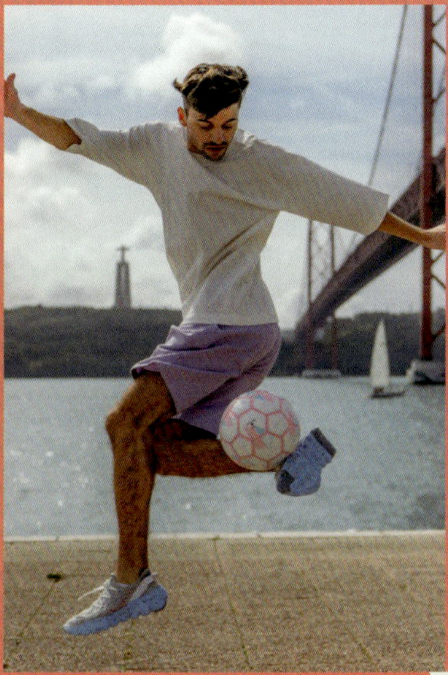

... den Ball mit der rechten Innenseite annehmen und mit dem linken Fuß abspringen.

4

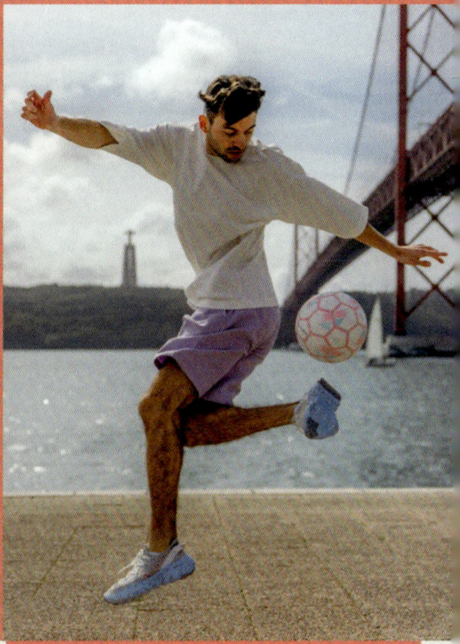

Den Ball dabei mit dem Fuß nach oben ziehen.

5

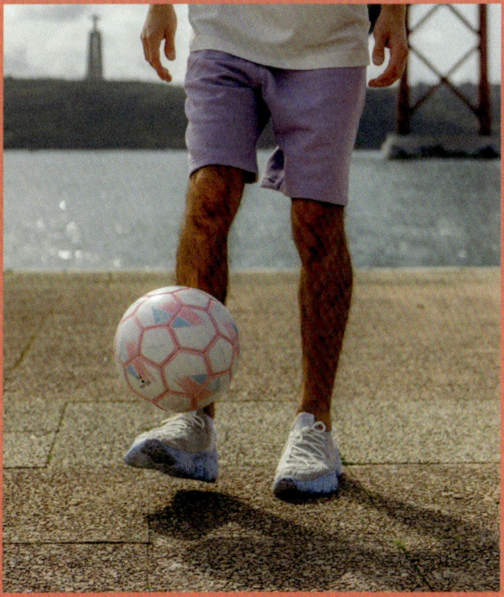

Dann den Ball hochhalten.

SCHWIERIGKEITSGRAD:
★★★★★

Der Eclipse ist mein Lieblingstrick. Es ist mein Signature-Trick in der internationalen Freestyle-Szene. Der Trick erfordert viel Training – doch es lohnt sich! Der Eclipse entsteht aus einer Sprungbewegung. Im dazugehörigen Video gebe ich dir noch mehr Tipps, die dir beim Erlernen des Tricks weiterhelfen werden. Viel Erfolg!

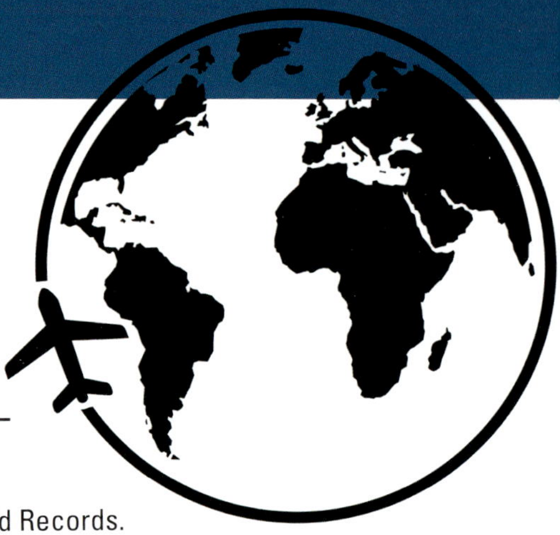

DIE MAGISCHE ZEHN

3,2,1 … Es geht um die legendären Guinness World Records. Die Weltrekord-Reise führte mich nach Mauritius.

Die Reise erfüllte mir einen sehr langen, über Jahre bestehenden Traum. Im Alter von 15 Jahren habe ich den ersten Weltrekord gebrochen. Das geschah damals im Rahmen einer großen TV-Produktion. Im darauffolgenden Jahr glückten mir direkt fünf weitere Weltrekorde. Mein Alter: 16 Jahre.

Mein großes Ziel war es, zehn Rekorde zu halten. Diese Marke wollte ich erreichen. Es ist wie eine Sucht, man möchte sich ständig steigern und weitere Rekorde nach Hause bringen. Mittlerweile hat die eine Wand in meiner Wohnung keinen Platz mehr.

Auf Mauritius sollte es passieren. Vor einer traumhaften Kulisse und mit einem besonderen Trick wollte ich mir meinen großen Traum erfüllen und das Ziel von zehn Rekorden erreichen. Dabei ging es um den Trick Clipper (Trickerklärung Seite 92/93). Dieser Trick gehört zu meinen Lieblingen. Ich liebe es, mir neue Herausforderungen zu suchen und über meine Grenzen zu gehen. Hinter jedem Rekord stecken mehrere Stunden Arbeit – täglich. Ist ein Rekord geknackt, ist die Erleichterung riesig. Rekordversuche sind immer mit einer Drucksituation verbunden. Es ist eine Belastung, mit der nicht jeder umgehen kann. Ich weiß mittlerweile: Wenn es drauf ankommt, bin ich da.

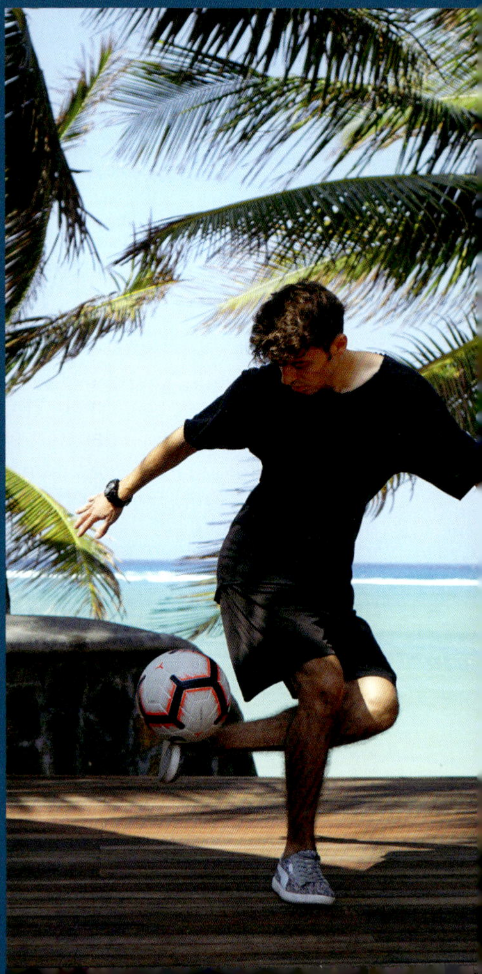

MAURITIUS

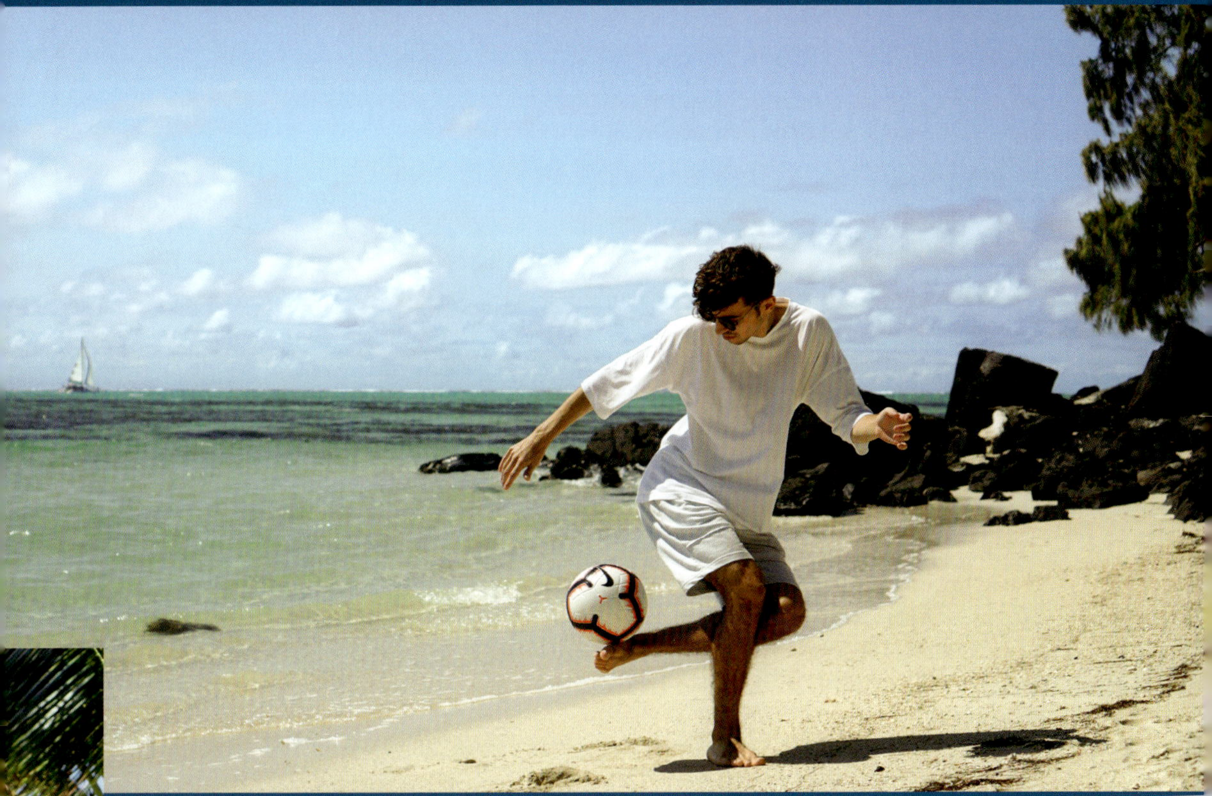

Der Clipper auf Mauritius an einem einsamen Strand.

Es ging darum, den Trick so oft es geht im Rahmen einer Minute auszuführen. Der vorherige Rekord lag bei 53 Fängen auf der Fußinnenseite. Bei dem Clipper spielt man den Ball mit einem Fuß hoch und fängt ihn auf der Fußinnenseite, balanciert den Ball kurz und spielt ihn unmittelbar danach wieder in die Luft. An dem Tag war es sehr windig und heiß zugleich. Wieder hörte ich meinen Lieblingssatz: »Marcel, bist du bereit?«

3,2,1 ... GO! Die Herausforderung ist es, das Tempo so hochzuhalten, ohne einen Fehler zu machen. Je näher man der Minute kommt, desto anstrengender ist es für das Bein. 60 Sekunden später war es so weit.

ICH HABE ES GESCHAFFT!

Als wäre das nicht schon genug, schaffte ich es in das Guinness Buch. Das ist zusätzlich nochmal eine große Ehre, es zum mittlerweile dritten Mal in das Buch zu schaffen.

Und wer weiß, vielleicht kommen ja noch weitere Rekorde dazu.

UPPE

AB IN DIE LÜFTE: ERLERNE DIE SPEKTAKULÄRSTEN UPPER-TRICKS

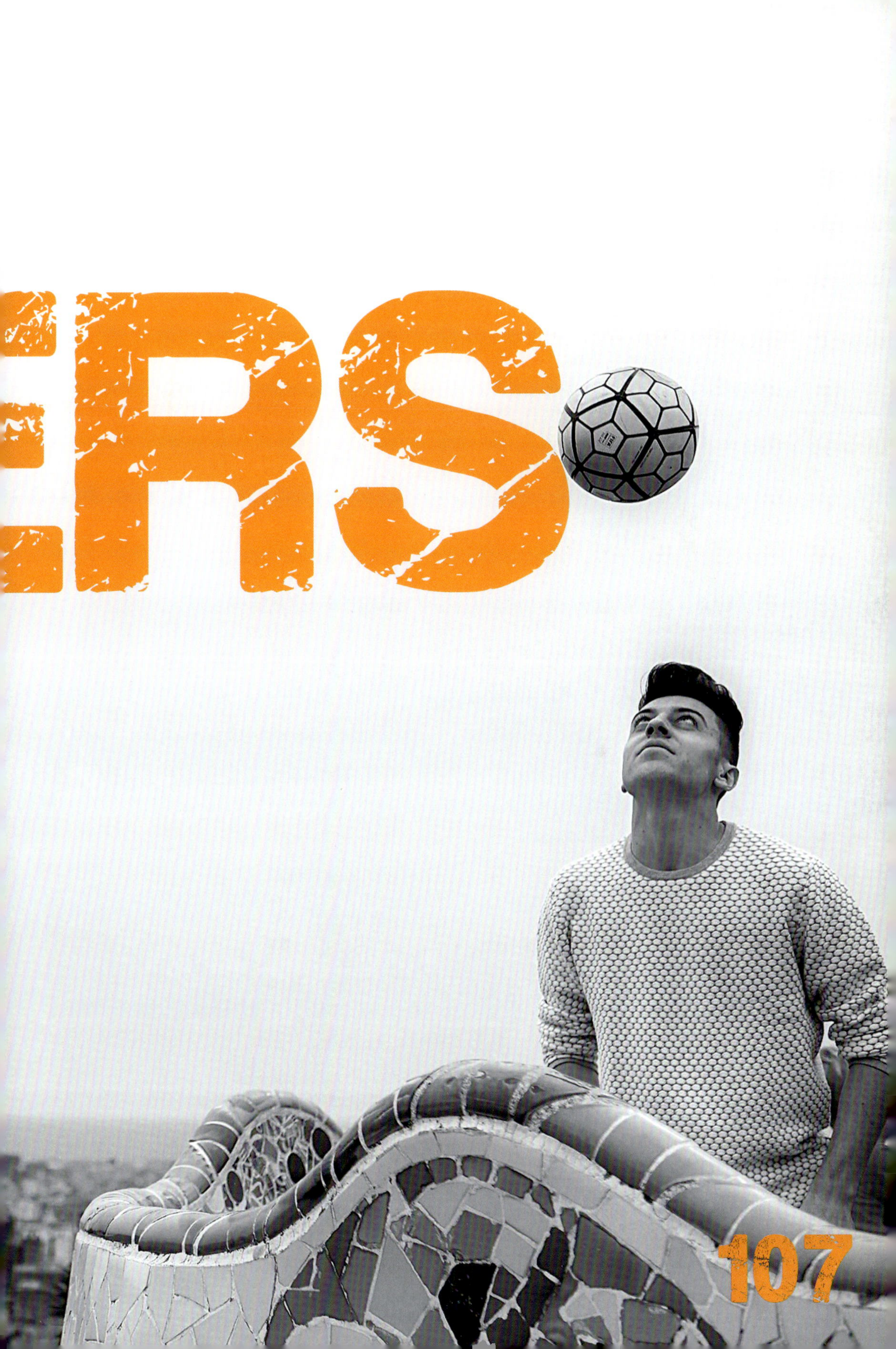
ERS

HEAD JUGGLES

Bei den Head Juggles jongliert man den Ball mit dem Kopf.

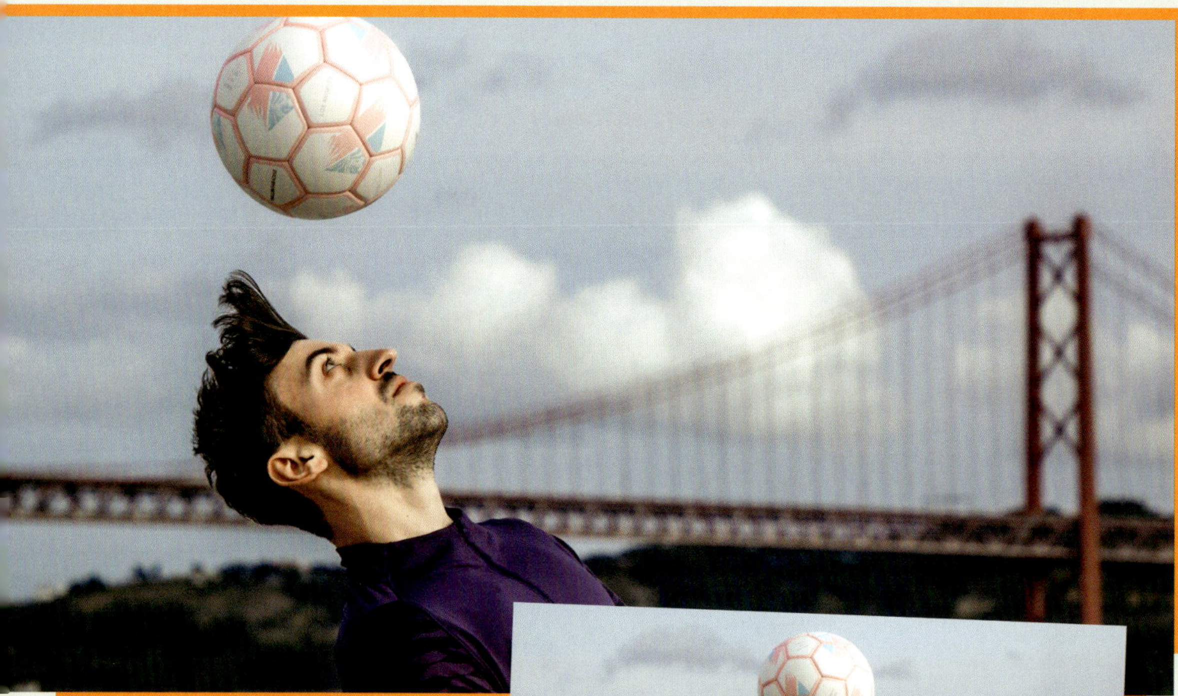

Den Ball mit der Stirn hochhalten.

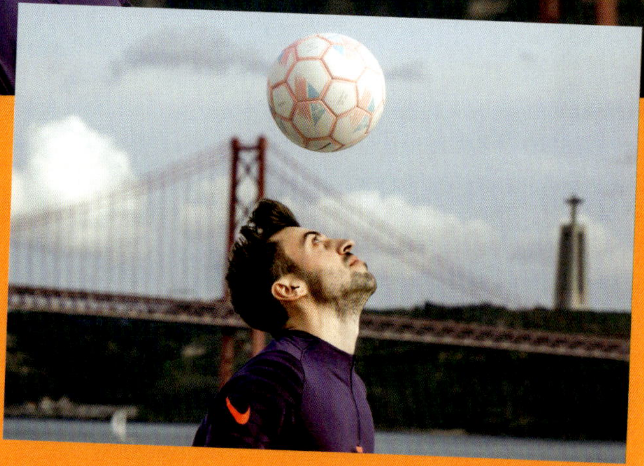

Spielt den Ball möglichst gerade nach oben.
Der Blick geht immer zum Ball.
Mit dem Körper dem Ball stets folgen.

SCHWIERIGKEITSGRAD:
★☆☆☆☆

SHOULDER JUGGLES

Bei den Shoulder Juggles jongliert man den Ball mit den Schultern.

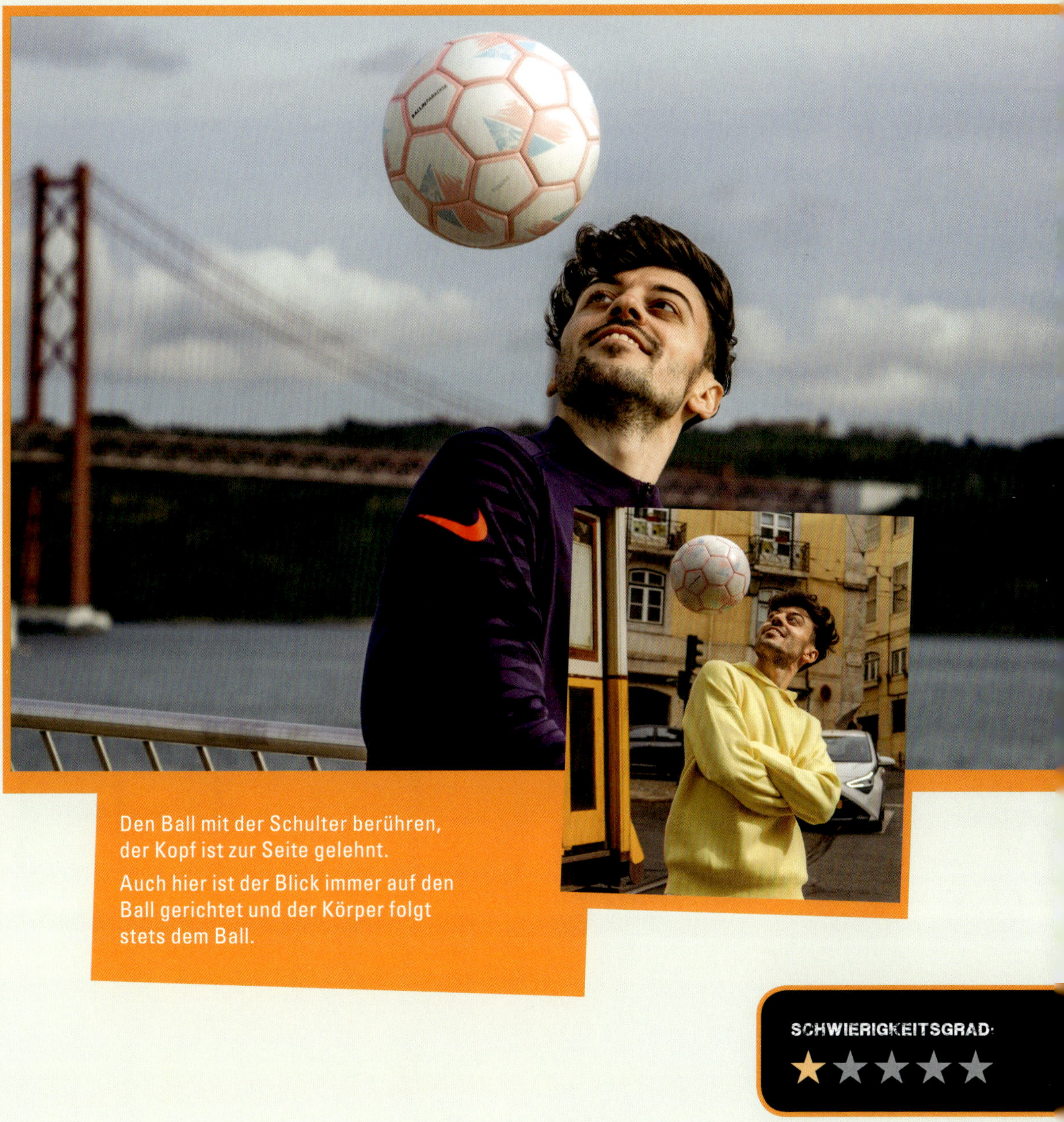

Den Ball mit der Schulter berühren, der Kopf ist zur Seite gelehnt.

Auch hier ist der Blick immer auf den Ball gerichtet und der Körper folgt stets dem Ball.

SCHWIERIGKEITSGRAD:
★☆☆☆☆

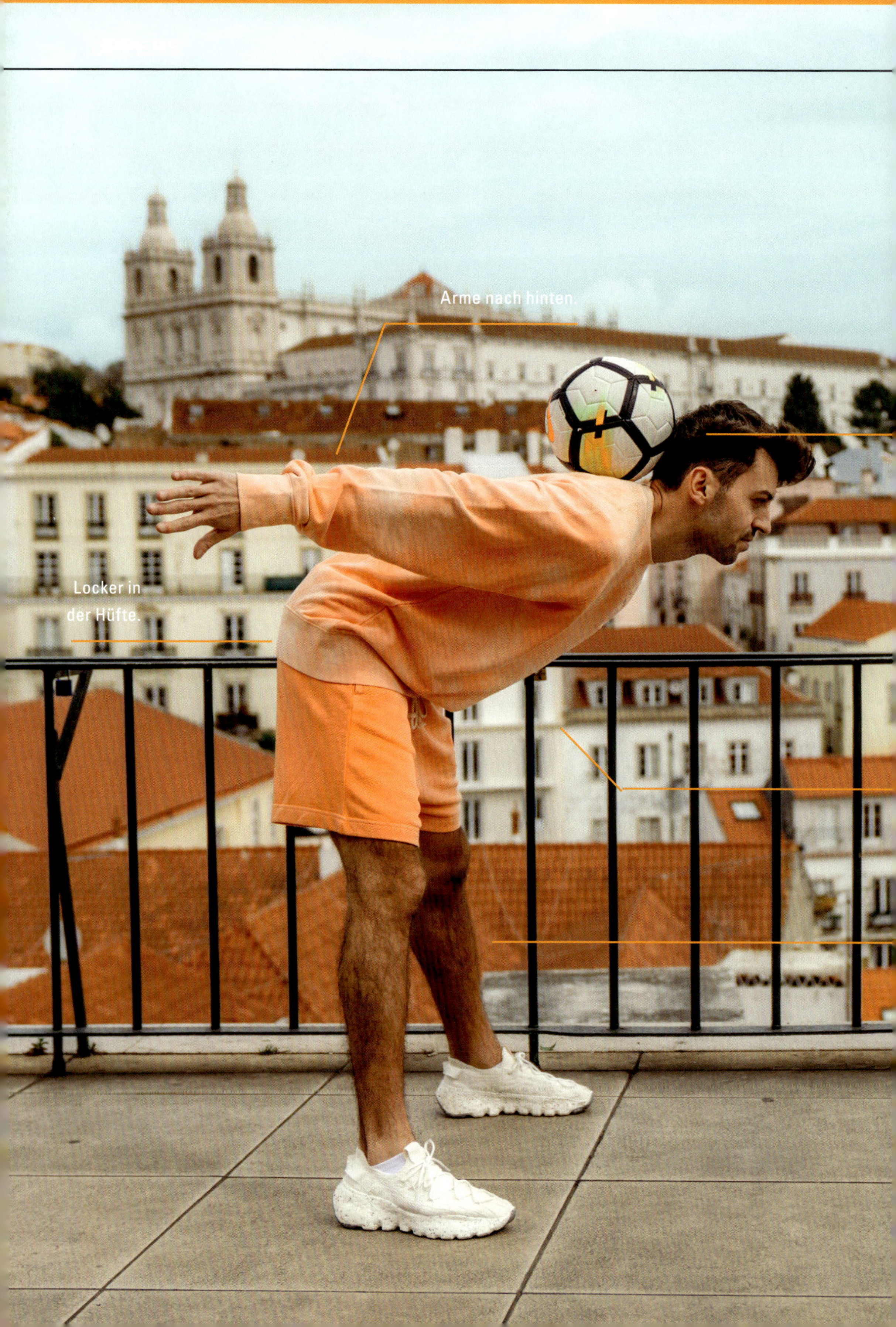
Arme nach hinten.
Locker in der Hüfte.

NECK STALL

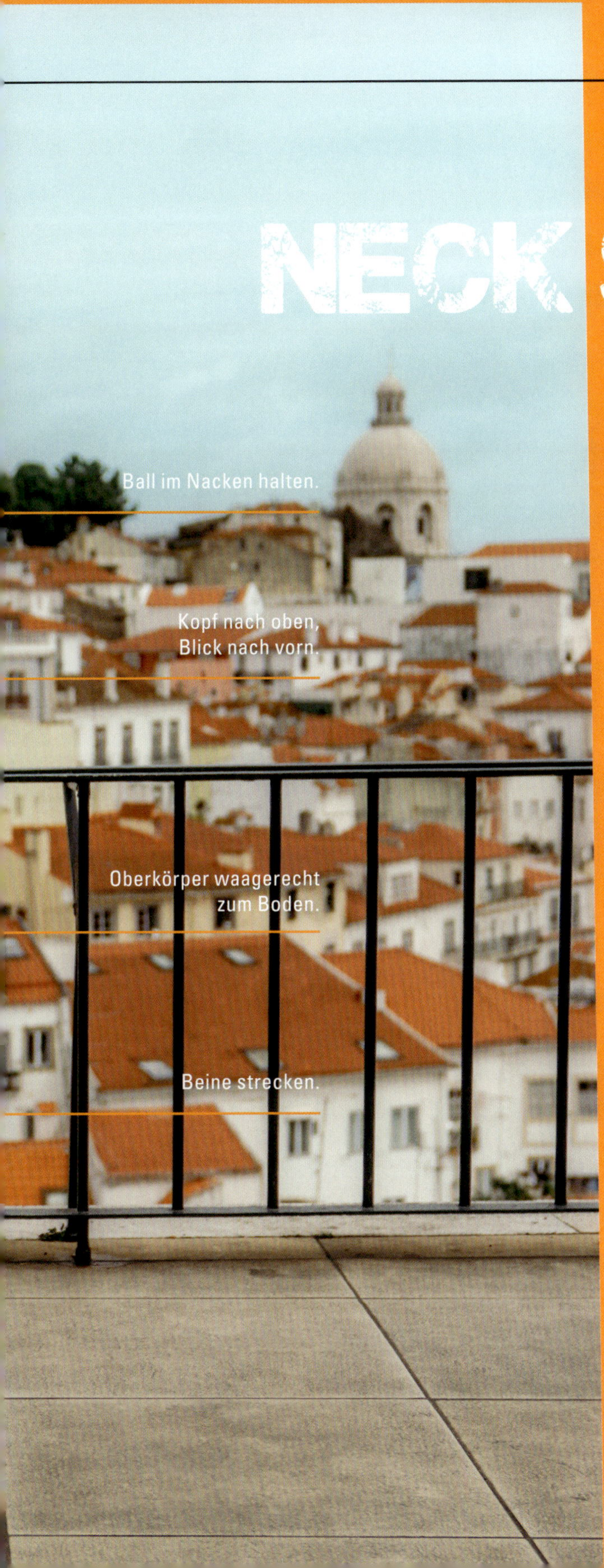

Der Neck Stall ist ein weltbekannter Freestyle-Trick. Fußballprofis wie Ronaldo, Neymar und Messi beherrschen und zeigen ihn gern. Beim Neck Stall hält man den Ball im Nacken. Mit ein bisschen Übung bekommst du diesen beliebten Trick ebenfalls hin.

SCHWIERIGKEITSGRAD: ★★☆☆☆ (2 von 5)

HEAD STALL

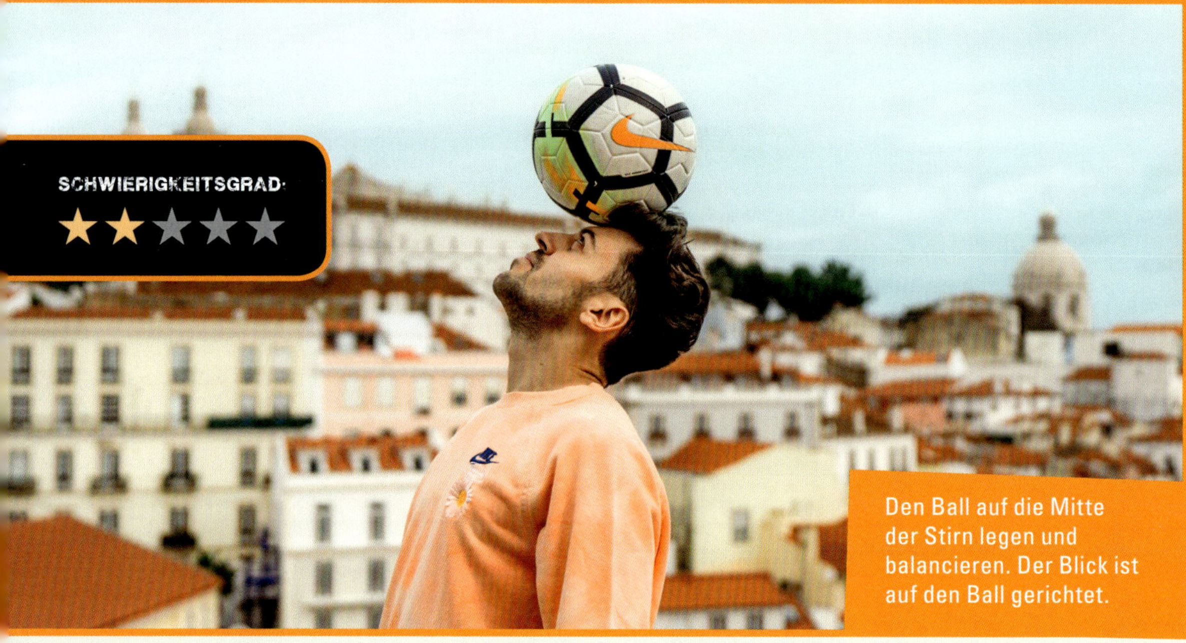

SCHWIERIGKEITSGRAD:
★★☆☆☆

Den Ball auf die Mitte der Stirn legen und balancieren. Der Blick ist auf den Ball gerichtet.

SHOULDER STALL

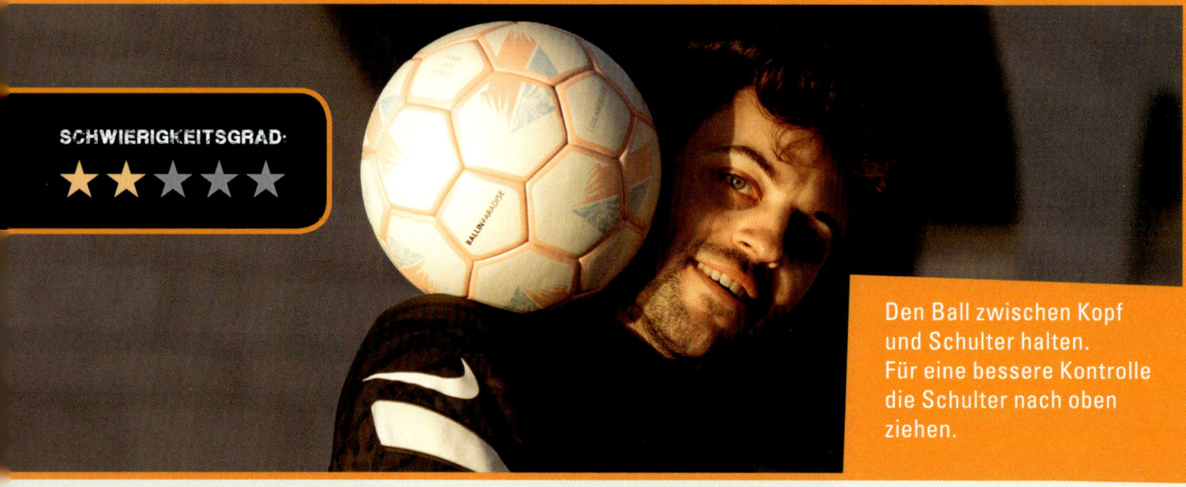

SCHWIERIGKEITSGRAD:
★★☆☆☆

Den Ball zwischen Kopf und Schulter halten. Für eine bessere Kontrolle die Schulter nach oben ziehen.

SIDEHEAD STALL

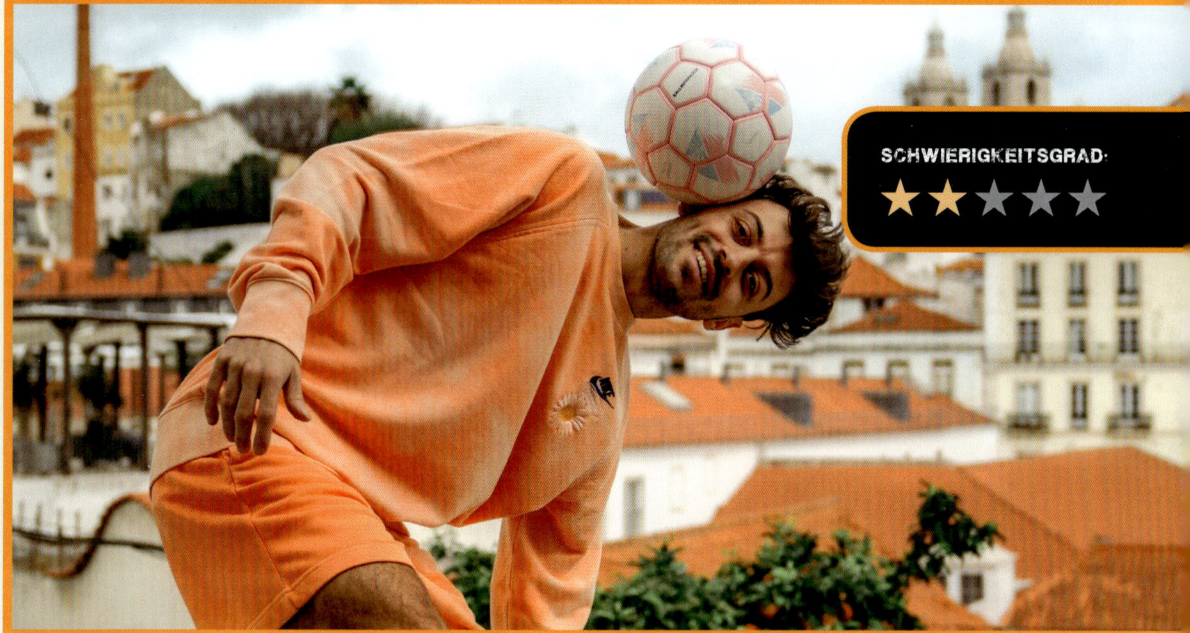

Den Ball auf der Schläfe balancieren,
der Blick ist auf den Ball gerichtet.

CHEST STALL

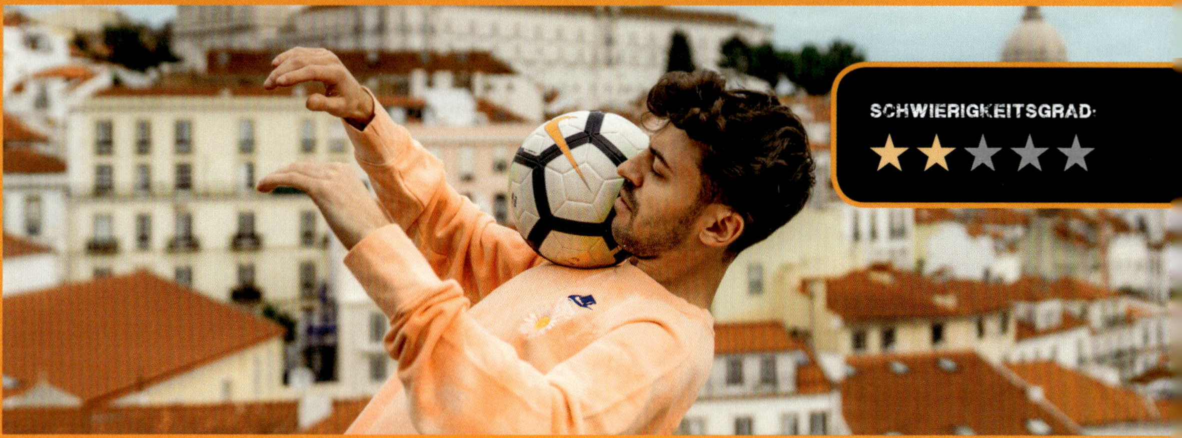

Den Oberkörper nach hinten lehnen und den Ball auf der Brust balancieren.
Die Arme helfen beim Ausbalancieren.

ARM ROLLER

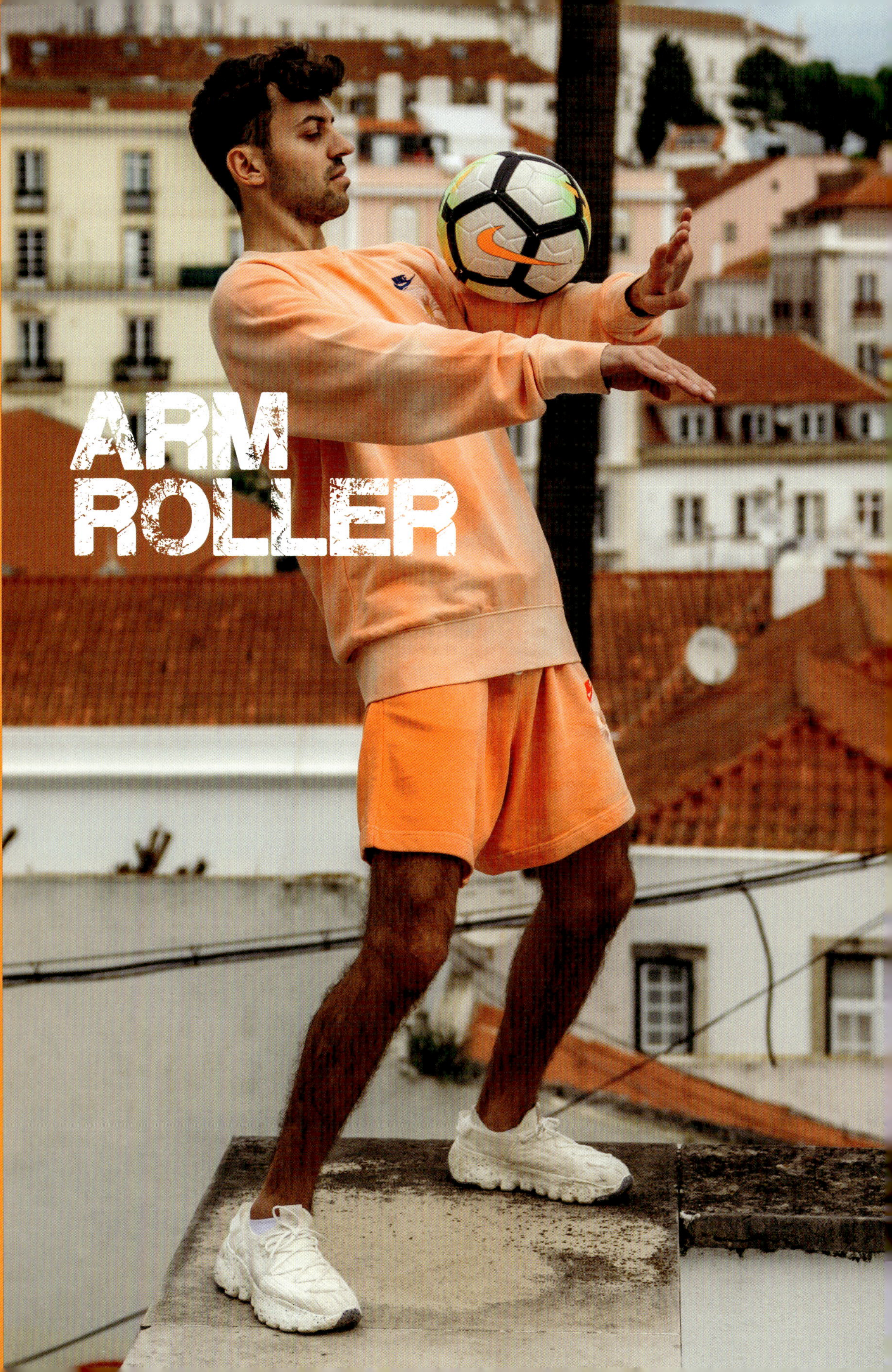

1

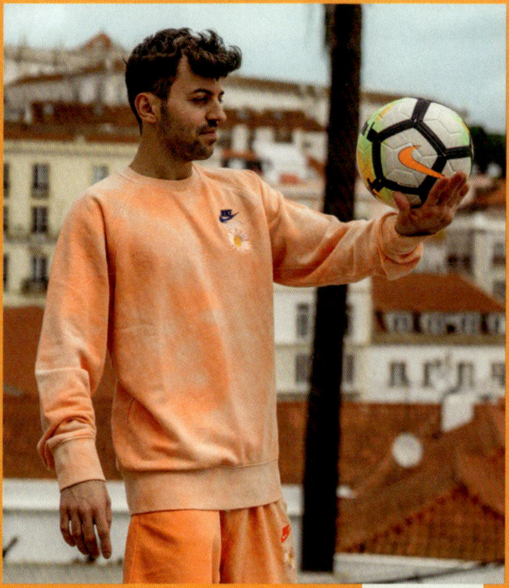

Den Ball zum Start auf die Fingerspitzen legen.

2

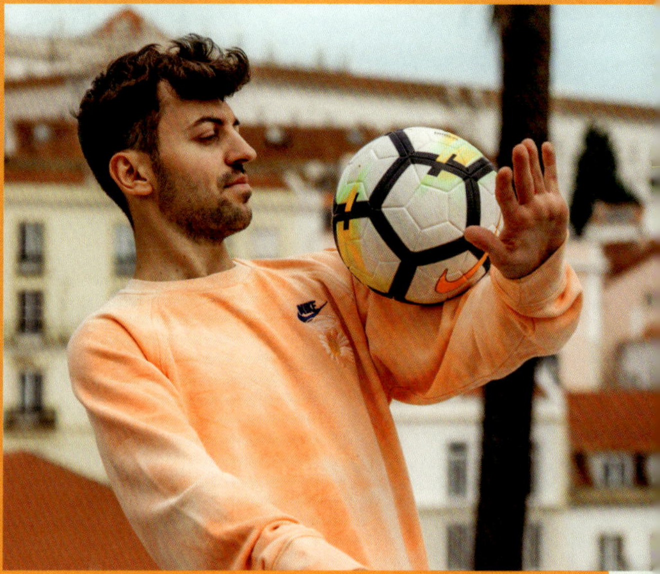

Den Ball über den Arm rollen lassen …

3

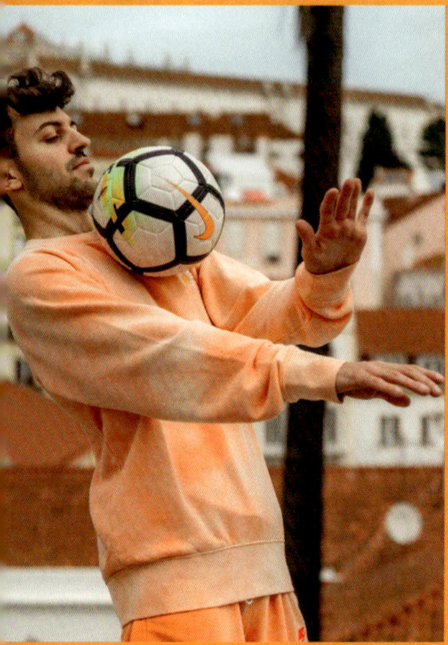

… und über die Brustseite annehmen.

4

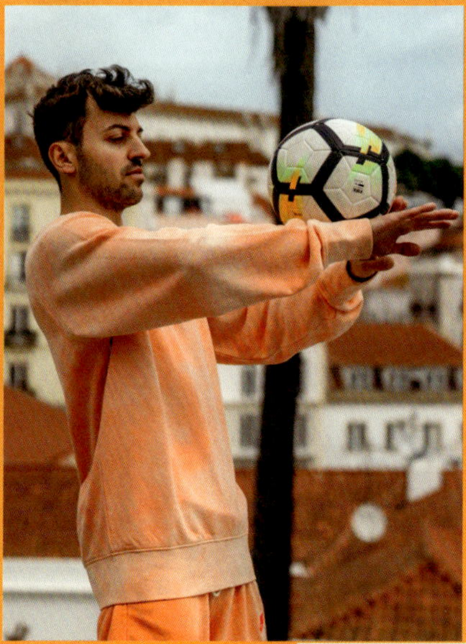

Auf den anderen Arm runterrollen lassen.

SCHWIERIGKEITSGRAD:
★★☆☆☆

Der Arm Roller ist ein lässiger Trick aus dem Basketballsport, der seinen Weg in den Freestyle-Fußball gefunden hat. Ein Trick, den man schnell lernen kann.

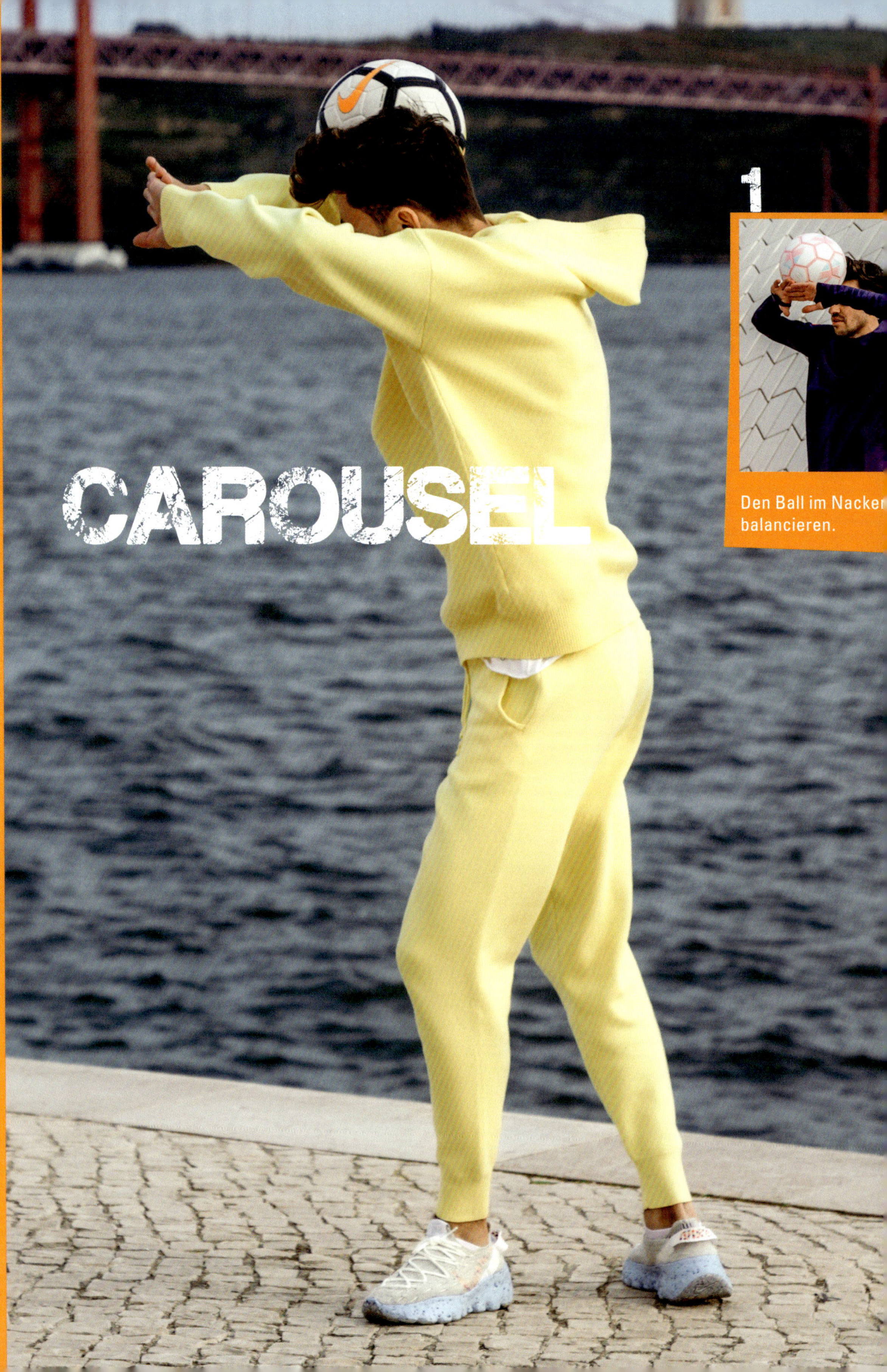

CAROUSEL

1

Den Ball im Nacken balancieren.

2

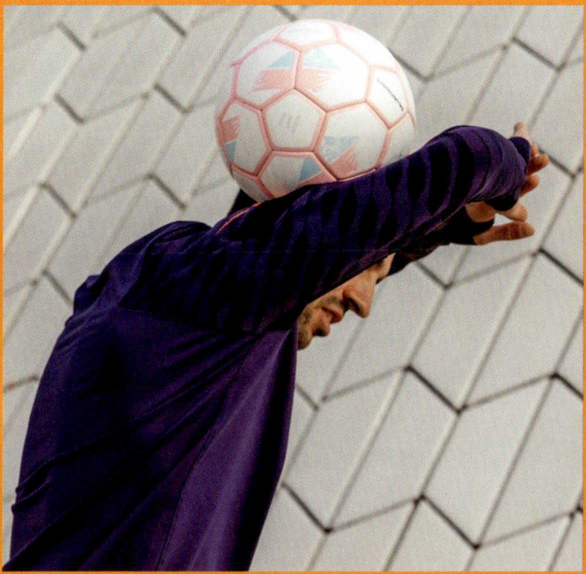

3

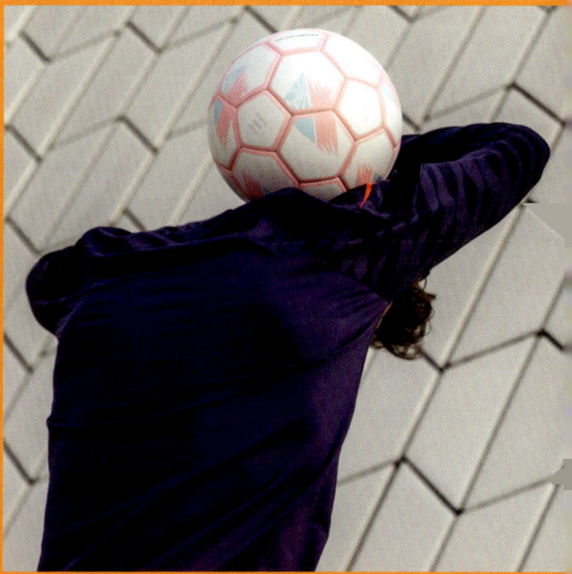

Ball über die Schulter rollen lassen und dabei einen Kreis mit den Armen bilden.

4

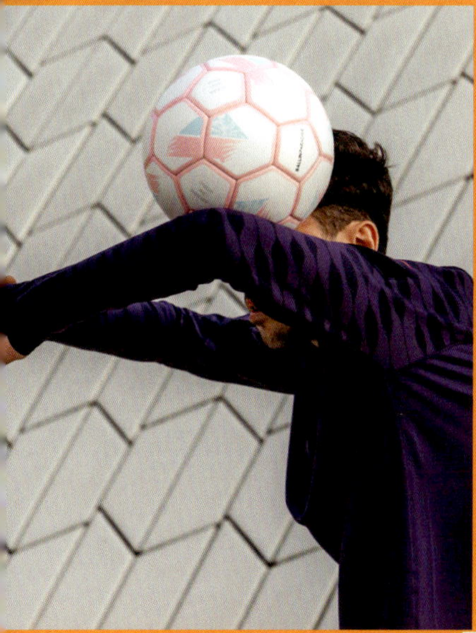

Den Ball zwischen Kopf und Armen rollen lassen ...

5

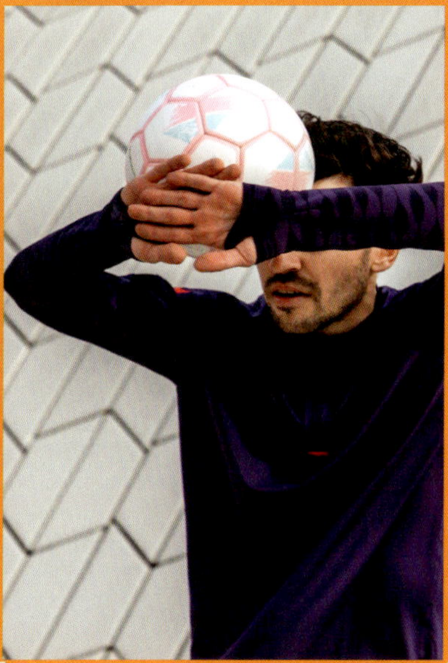

... und sich dabei langsam und kontrolliert um 360 Grad drehen.

SCHWIERIGKEITSGRAD:
★★★☆☆

Dieser Trick stammt aus dem Basketballbereich. Mit den Armen bildet man eine Art Laufbahn für den Ball. Der Ball rollt vom Nacken über die Schulter und im Anschluss über die Arme. Die Drehbewegung gleicht der eines Karussells.

NECK CATCH

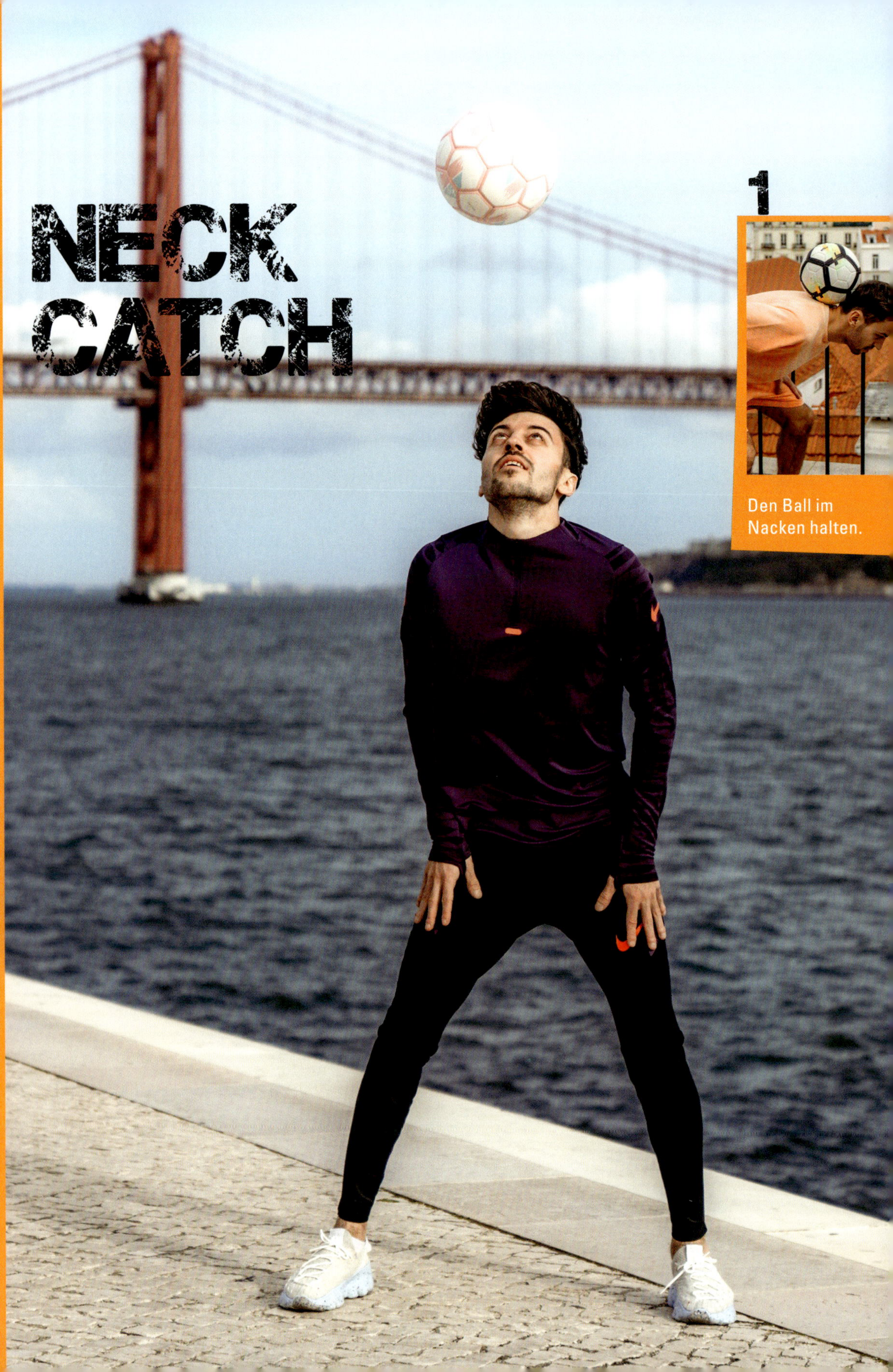

1

Den Ball im Nacken halten.

2

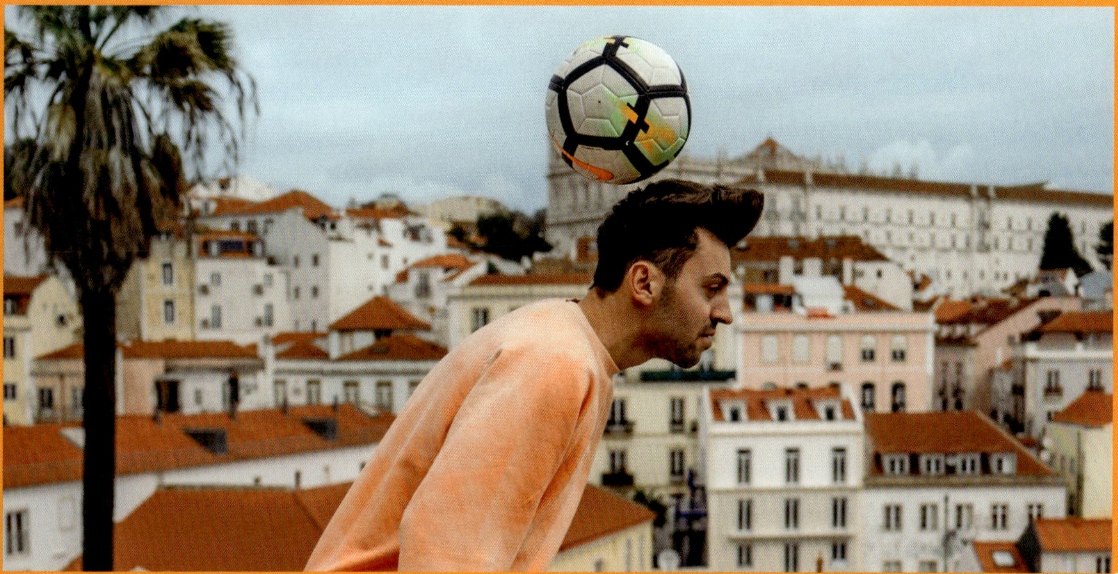

Den Kopf aus der Ausgangsposition lösen und den Ball über den Nacken rollen lassen.

Den Ball mit dem Hinterkopf gerade in die Luft befördern.

3

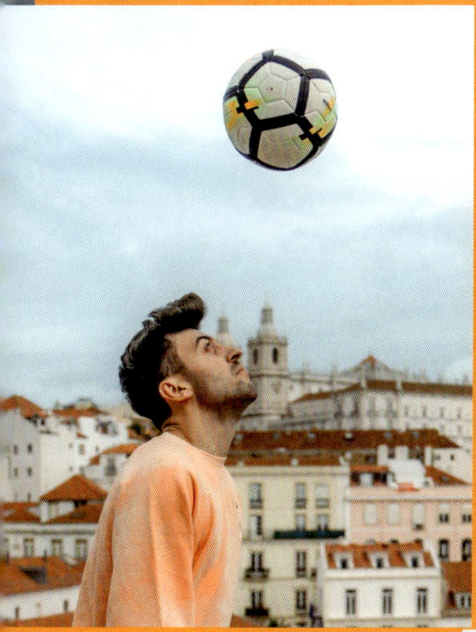

Den Ball im Blick behalten.

4

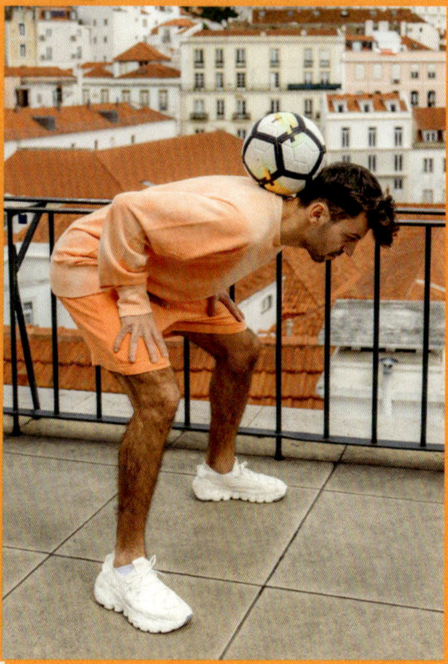

Den Ball wieder im Nacken fangen und ausbalancieren.

SCHWIERIGKEITSGRAD:
★★★☆☆

Beim Neck Catch schleudert man den Ball vom Nacken über den Hinterkopf in die Luft. Sieht spektakulär aus, erfordert hohe Konzentration und macht unglaublich Spaß, wenn man ihn draufhat.

AROUND THE MOON

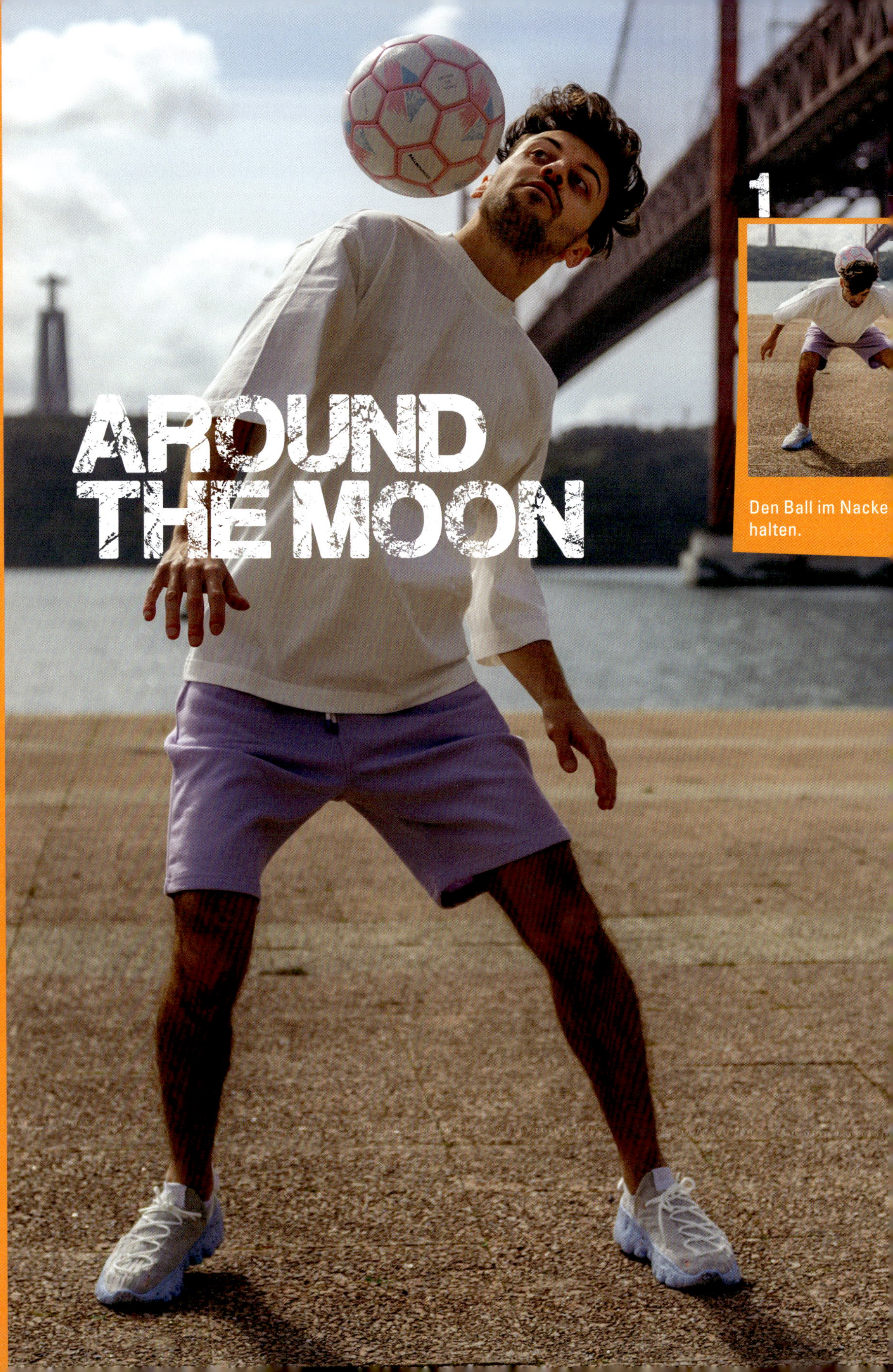

1

Den Ball im Nacke
halten.

2

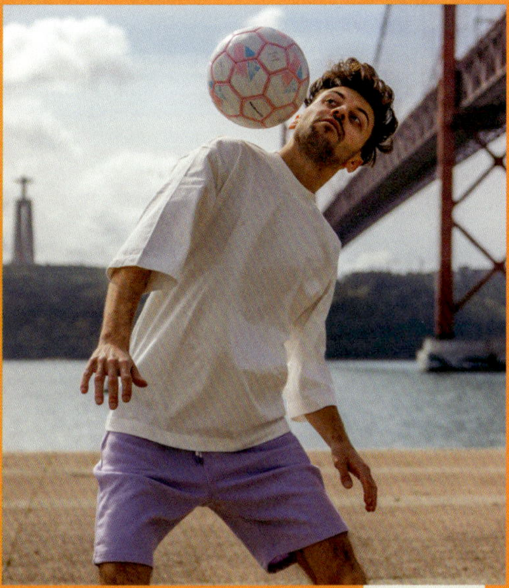

Den Ball schwungvoll über die rechte Schulter fliegen lassen.

3

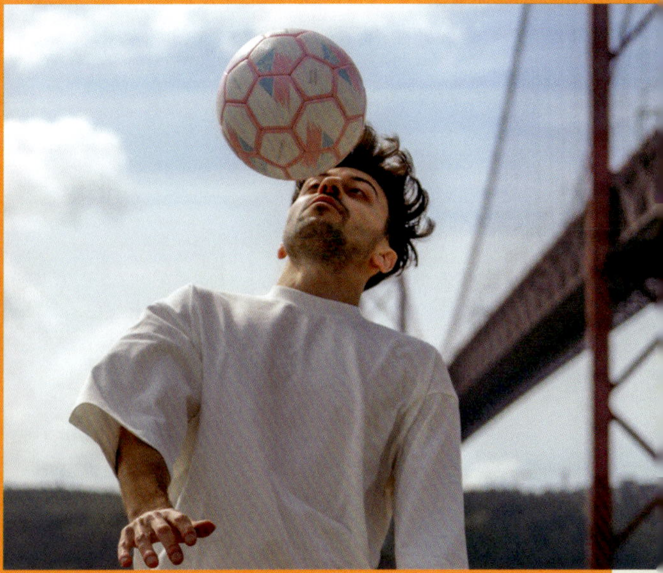

Mit dem Oberkörper einmal um den Ball herum gehen.

4

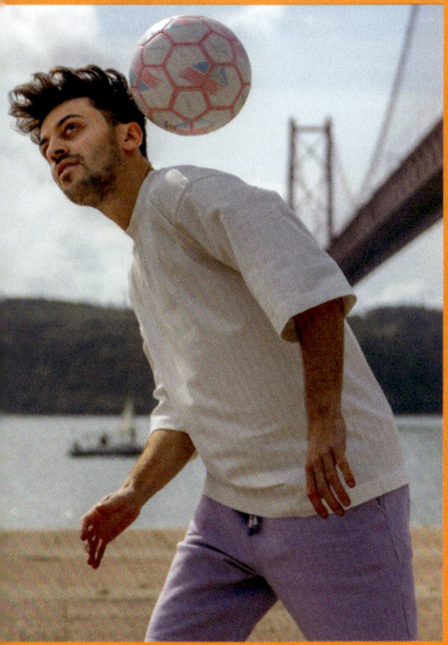

Den Ball mit der anderen Schulterseite auffangen.

5

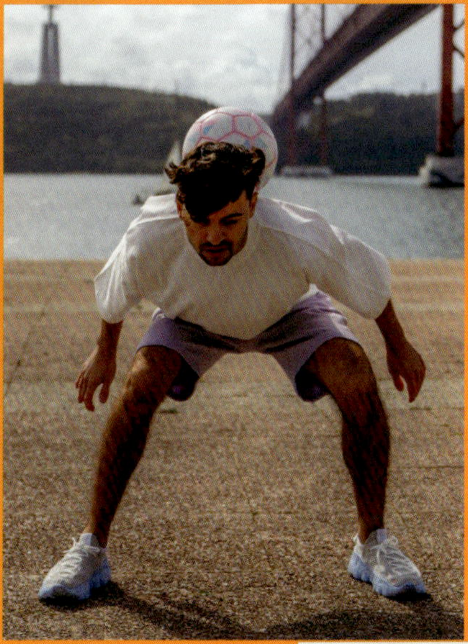

Den Ball wieder im Nacken sichern.

SCHWIERIGKEITSGRAD:

★★★★☆

Der Around The Moon ist ein cooler Trick im Upper-Bereich. Bei diesem Trick schleudert man den Ball über die eine Seite, geht mit dem Kopf herum und fängt den Ball wieder im Nacken.

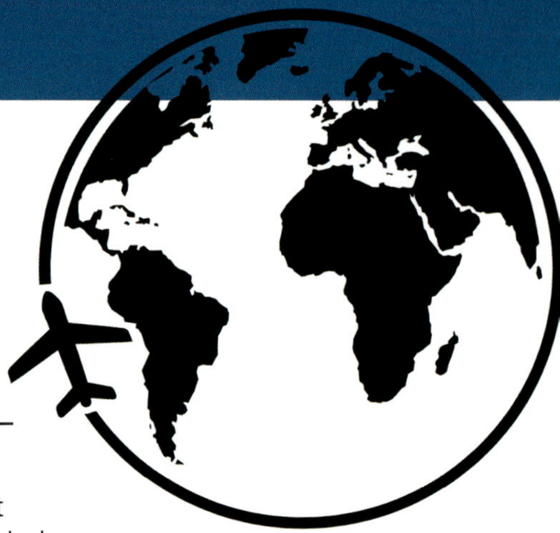

WAHRE HELDEN AUF DEM PLATZ

Als Fußball-Freestyler reise ich um die ganze Welt und werde unter anderem für Auftritte und Werbedrehs gebucht. Bei solchen Anlässen kam es zu zwei einzigartigen Begegnungen.

Ich denke, jeder Einzelne von uns erinnert sich an das WM-Finale in Rio de Janeiro am 13. Juli 2014 – Deutschland wurde Weltmeister! Unter anderem standen Mario Götze und Manuel Neuer auf dem Platz und haben zu diesem fantastischen Erfolg beigetragen.

Mario Götze schoss im Finale Deutschland zum WM-Titel. In jungen Jahren hat er sich schon einen Platz in den Geschichtsbüchern gesichert.

Ich hatte die Ehre, mit Manuel Neuer und Mario Götze zu drehen, unabhängig voneinander. Ein einmaliges Erlebnis, nicht nur für Videos auf einem Platz zu stehen, sondern auch den jeweiligen Menschen dahinter kennenzulernen und Zeit miteinander zu verbringen.

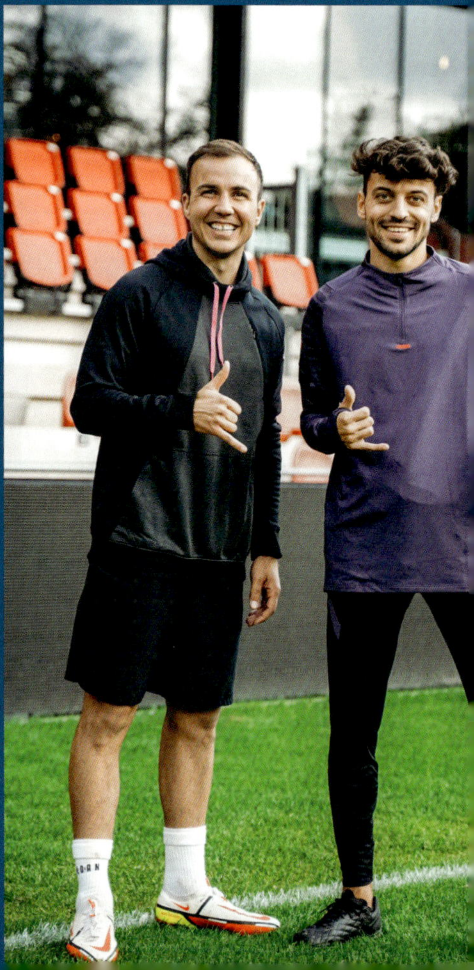

EINDHOVEN, MÜNCHEN

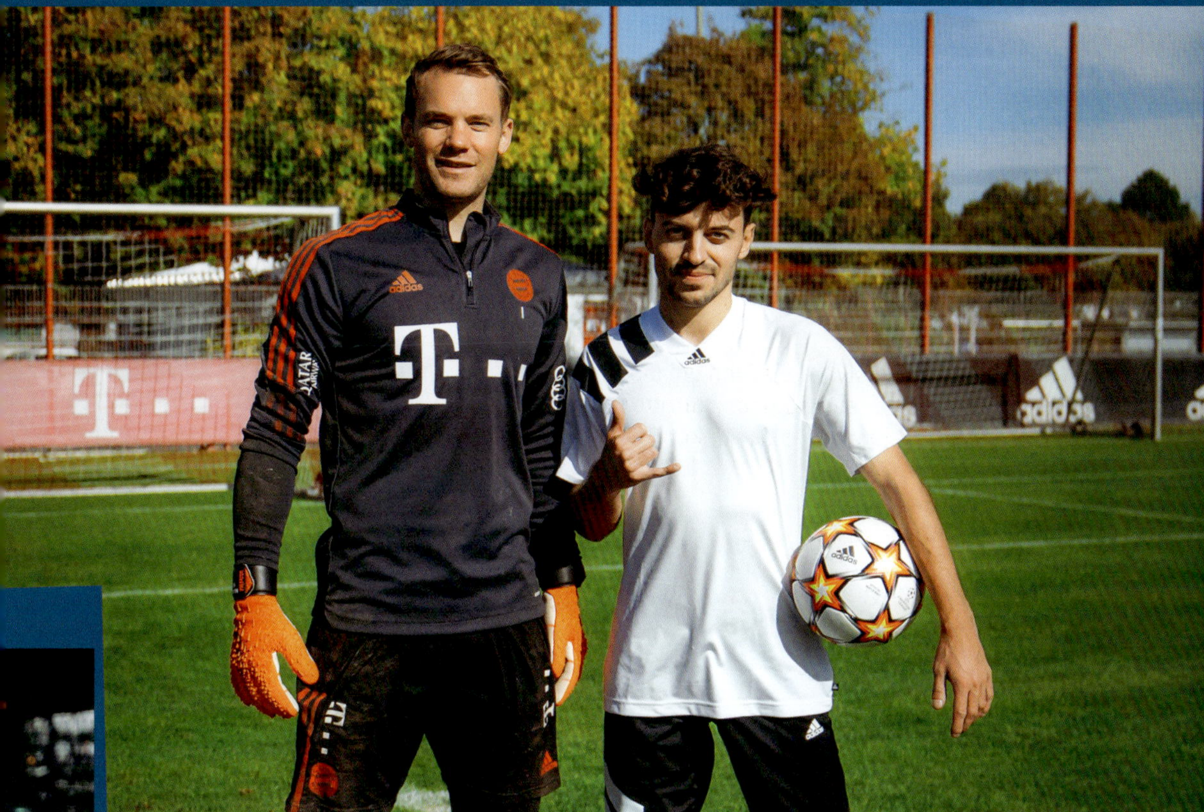

Gemeinsam mit Manuel Neuer.

Obwohl es sich beim Fußball-Freestyle und Fußball um zwei unterschiedliche Sportarten handelt, herrscht gegenseitiger Respekt. In diesem Spirit wurden die gemeinsamen Videos von Mario Götze und Manuel Neuer produziert und später hochgeladen.

Mit Mario Götze drehten wir auf dem Trainingsgelände der PSV Eindhoven und mit Manuel Neuer auf dem Trainingsgelände vom FC Bayern München. Bei meinen Auftritten in den sozialen Netzwerken dürft Ihr gespannt verfolgen, welchen Fußballer ich als Nächstes treffe. Ebenso könnt ihr dort einen Blick auf die gemeinsamen Videos werfen.

Instagram: @marcelfreestyle
TikTok : @marcelfreestyle

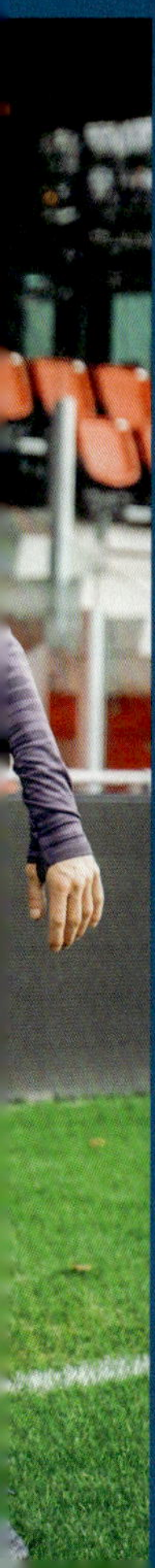

Gemeinsam mit Mario Götze.

SIT DOW

WILLKOMMEN IN DER WELT DER COOLSTEN TRICKS IM SIT-DOWN-BEREICH

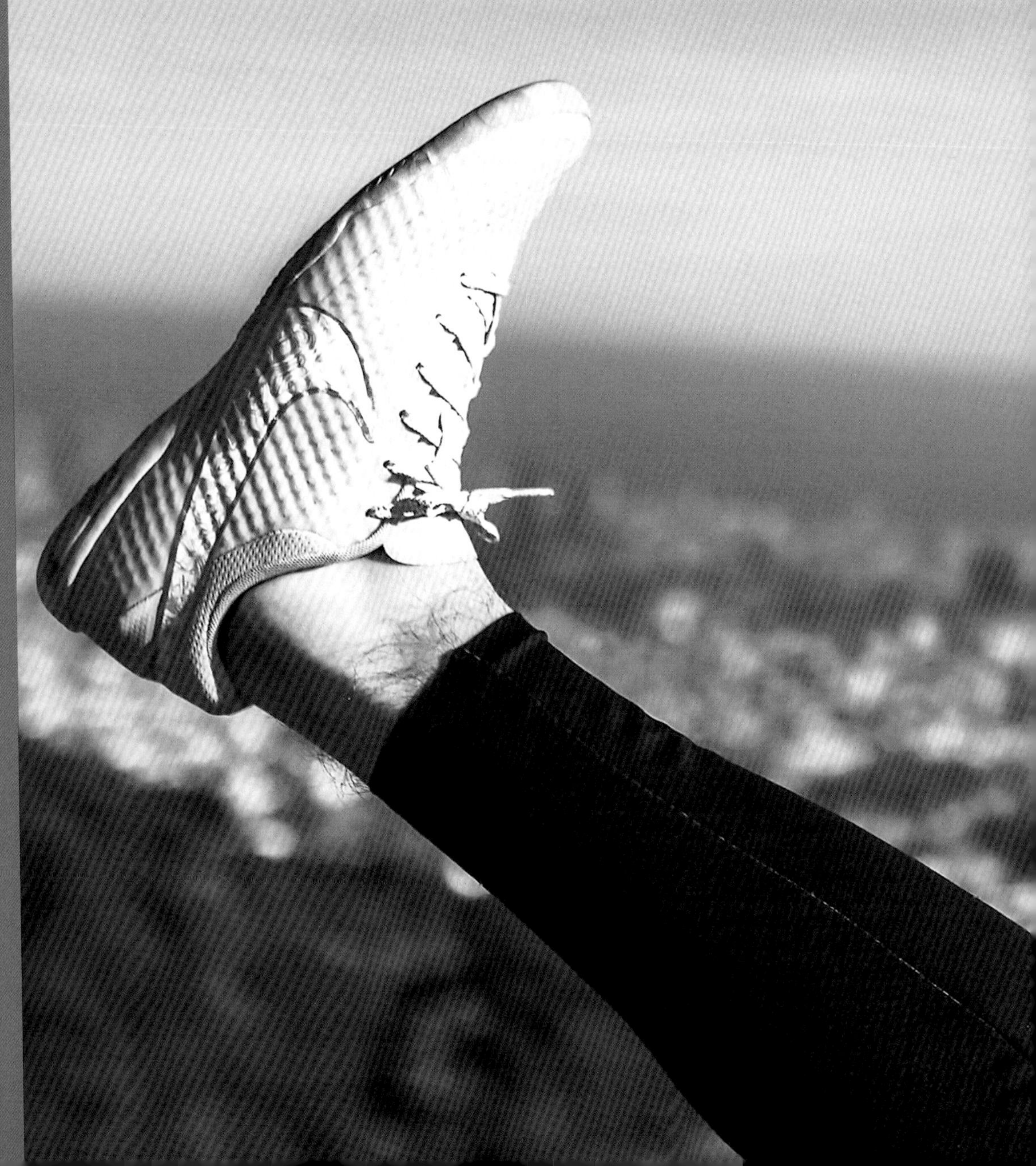

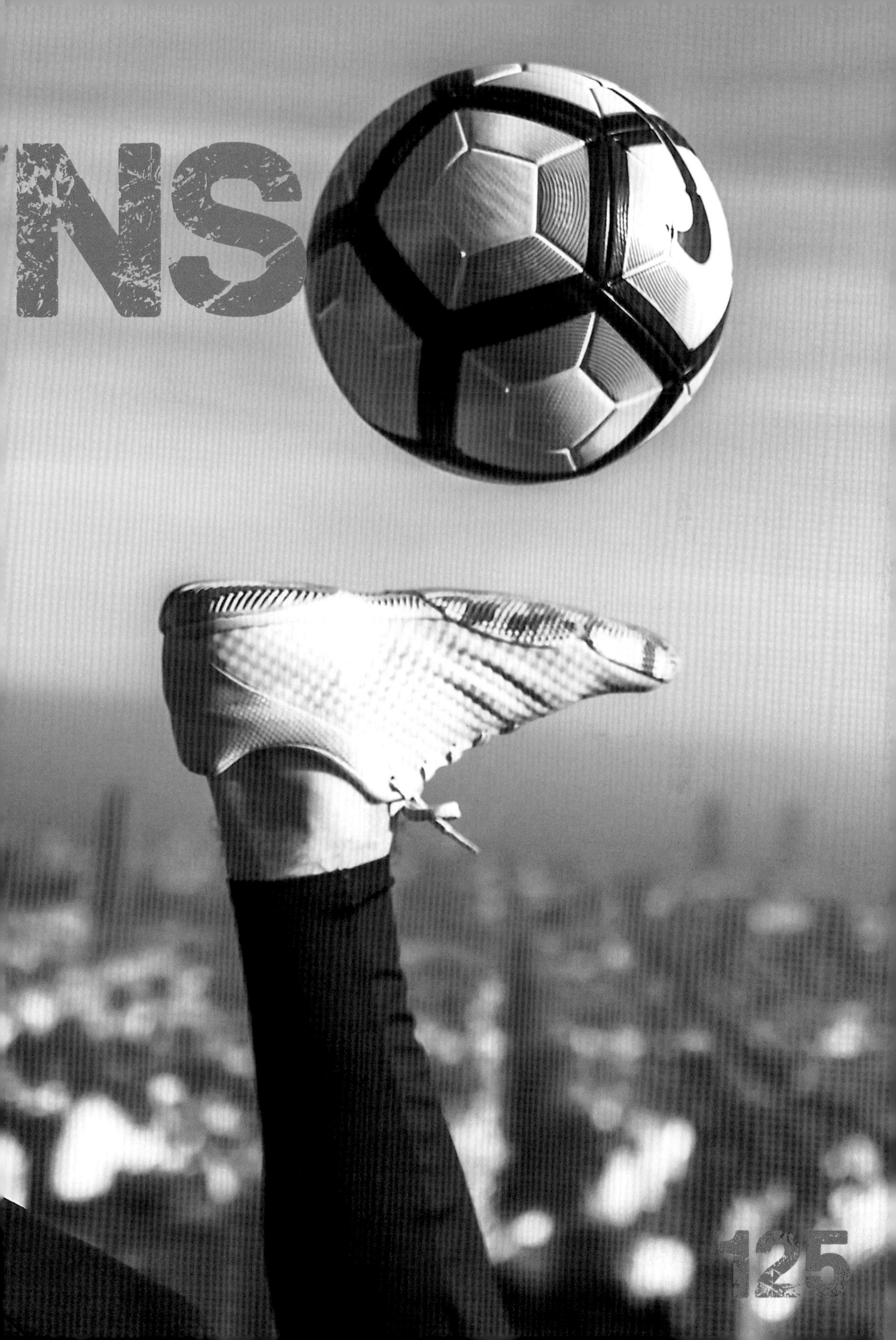
NS

SIT DOWN JUGGLES

Bei den Sit Down Juggles jongliert man den Ball im Sitzen mit den Füßen.

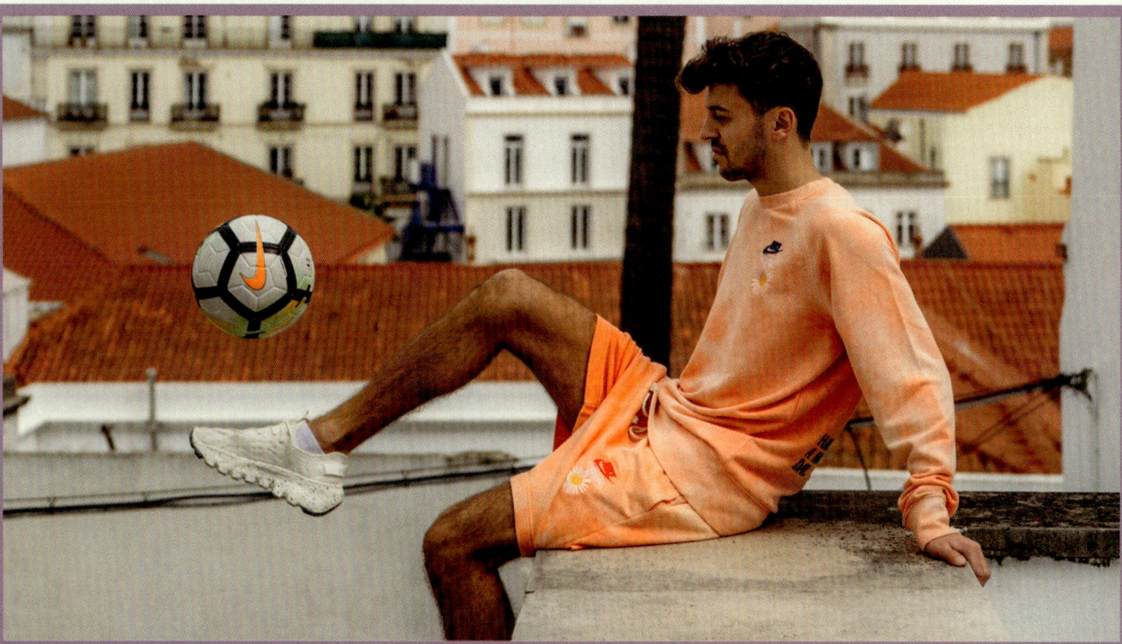

Gerade sitzen,
Hände berühren den Boden.
Die gesamte Fußfläche nutzen.
Die Beine sind angewinkelt, mit beiden Füßen jonglieren.

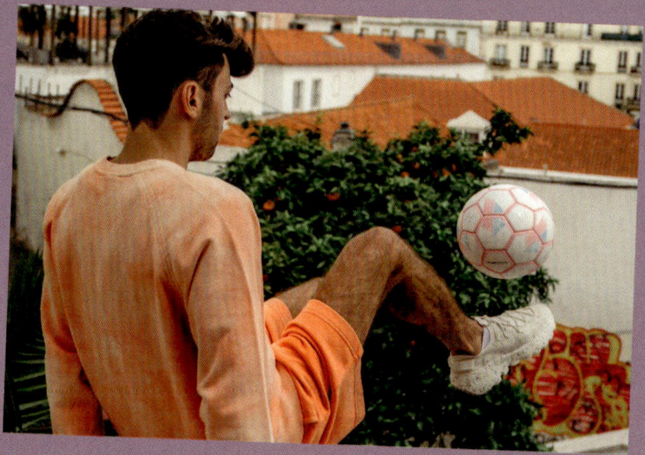

Übe am besten jeden Tag und versuche, neue Rekorde aufzustellen. Die Sit Down Juggles sind die Basis für die folgenden Tricks.

SCHWIERIGKEITSGRAD:
★★★★★

SHIN STALL

Beim Shin Stall balanciert man den Ball mit dem Schienbein.

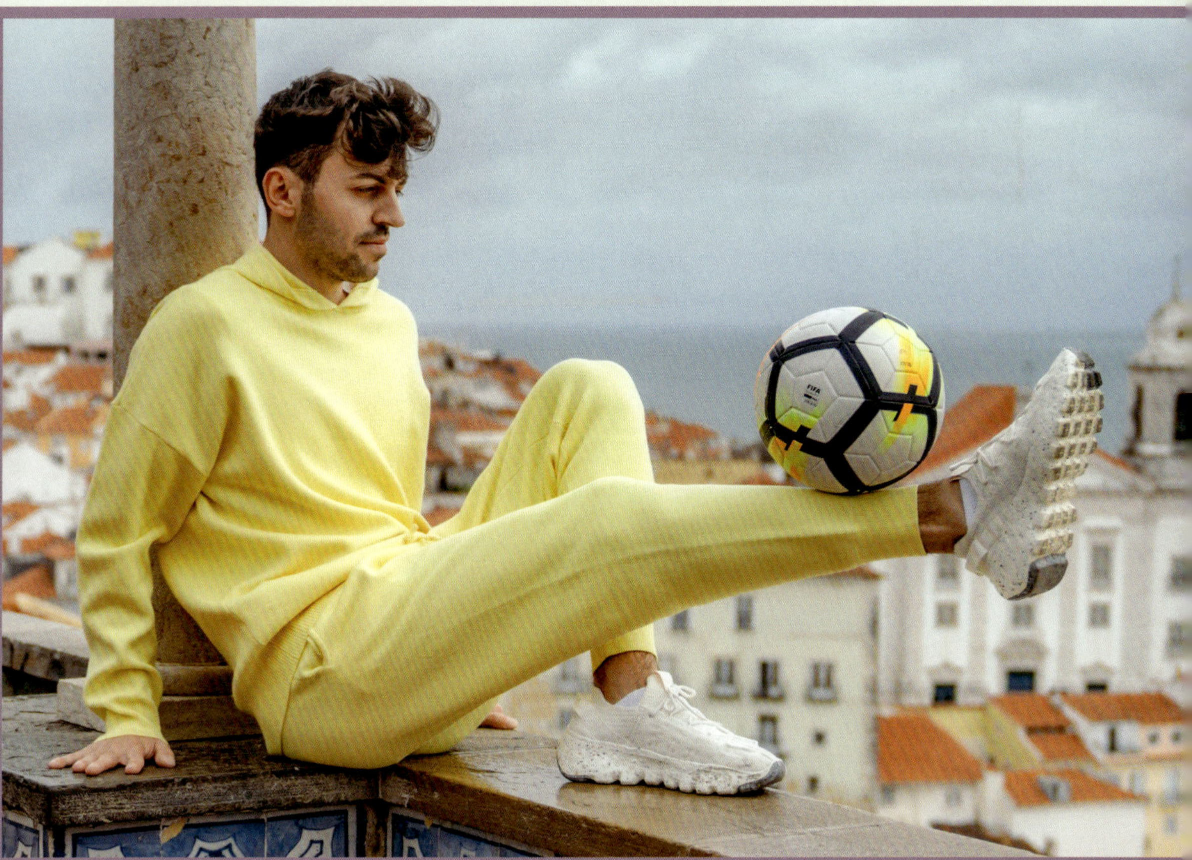

Den Ball in der Mitte des Scheinbeins platzieren und die gesamte Fläche des Schienbeins zum Balancieren nutzen.

Das kostet auf Dauer einiges an Kraft, du brauchst dafür Durchhaltevermögen.

SCHWIERIGKEITSGRAD:

★★★★★

SIT DOWN CROSSOVER

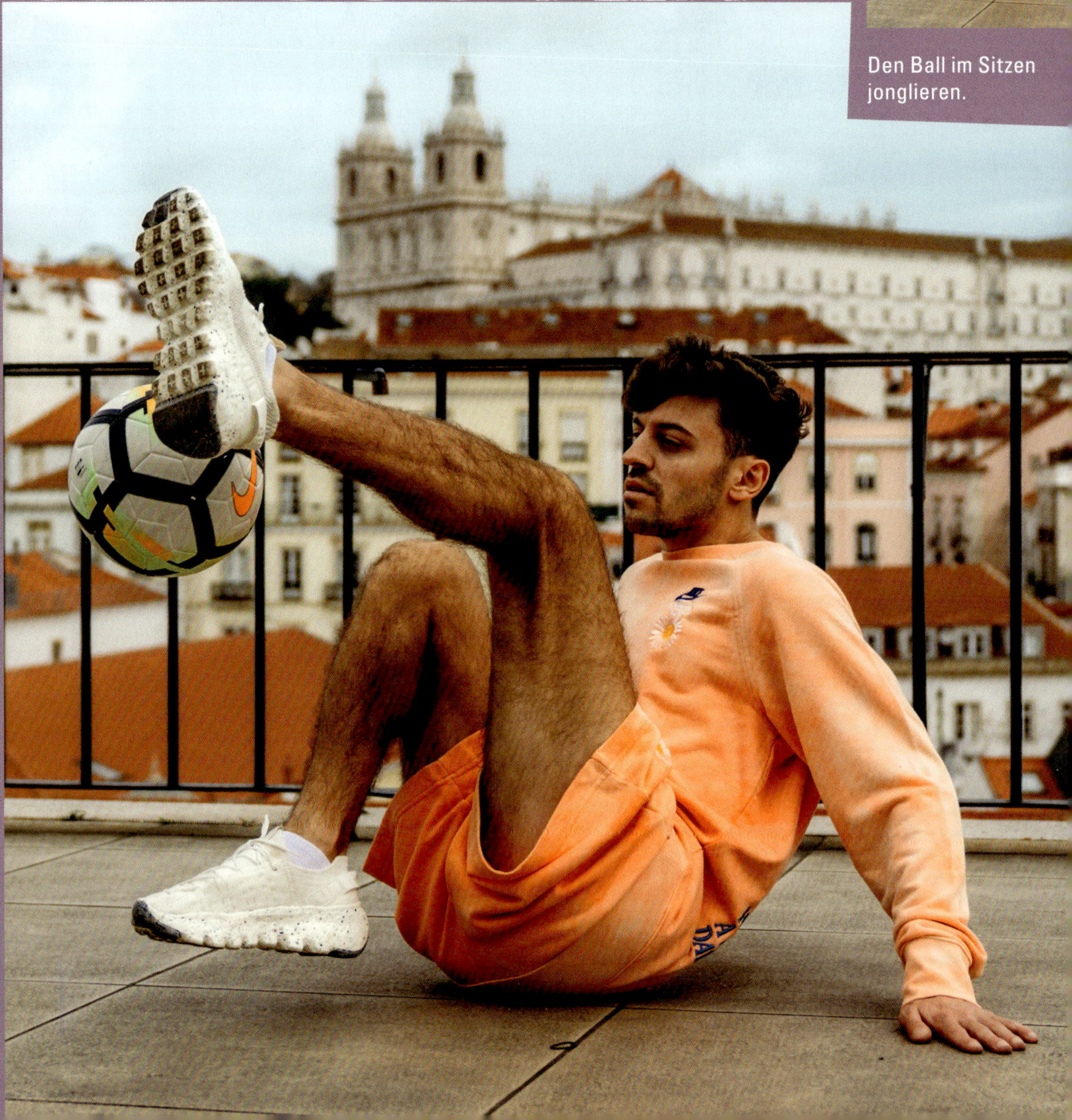

1

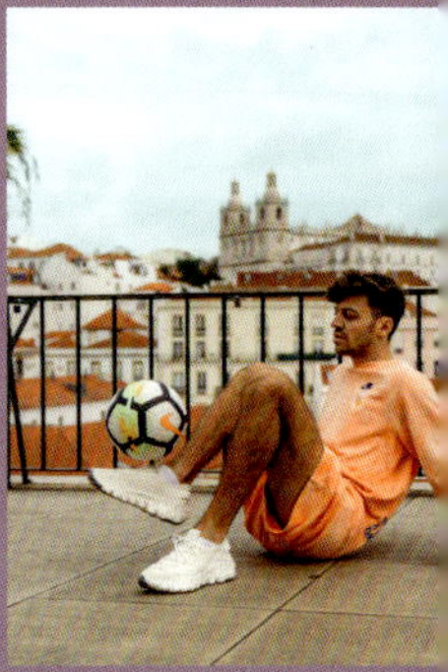

Den Ball im Sitzen jonglieren.

2

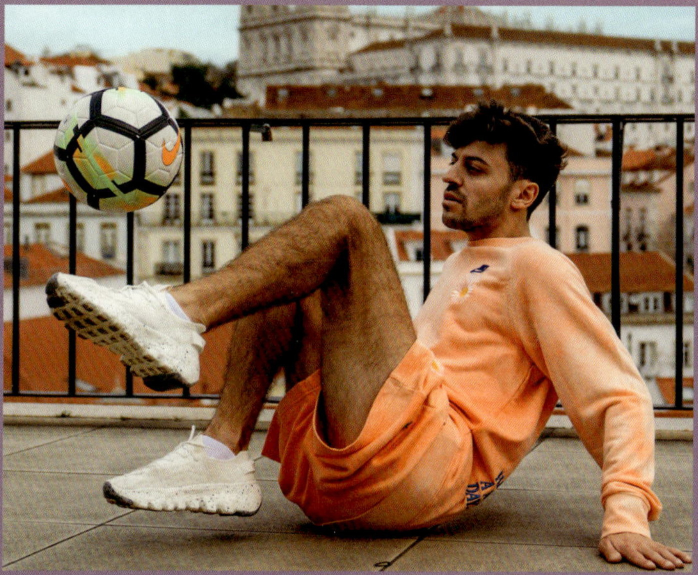

Das linke Bein heben, ...

3

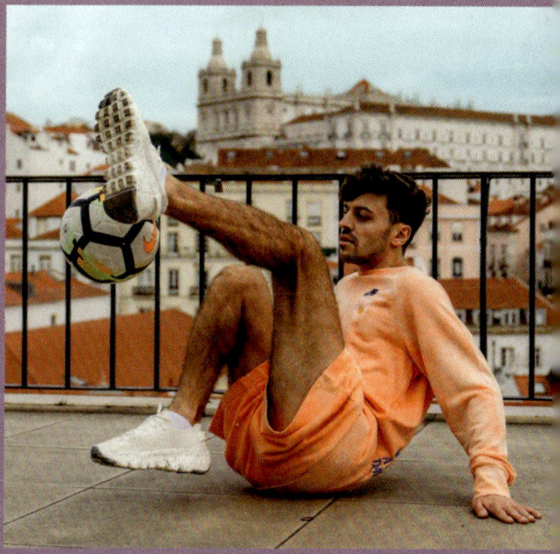

... mit dem Fuß von außen um den Ball ...

SCHWIERIGKEITSGRAD: ★★★☆☆

Der Sit Down Crossover ist ein cooler und anspruchsvoller Trick im Sit-Down-Bereich. Er wird oft gezeigt und sollte auf jeden Fall zu deinem Trick-Repertoire gehören.

4

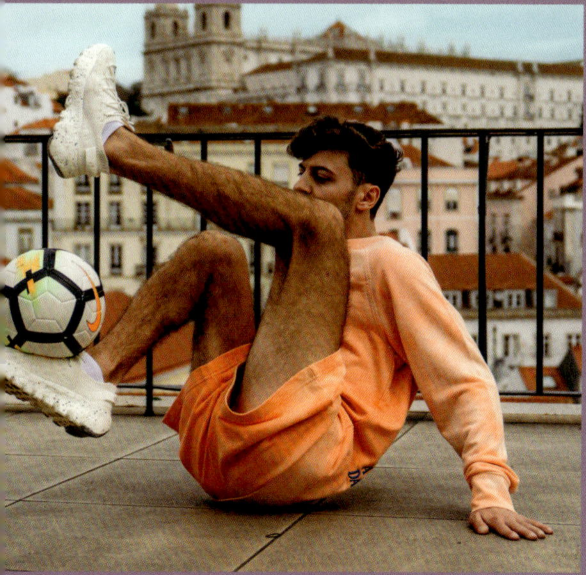

... und dann unter dem Ball hindurch.

5

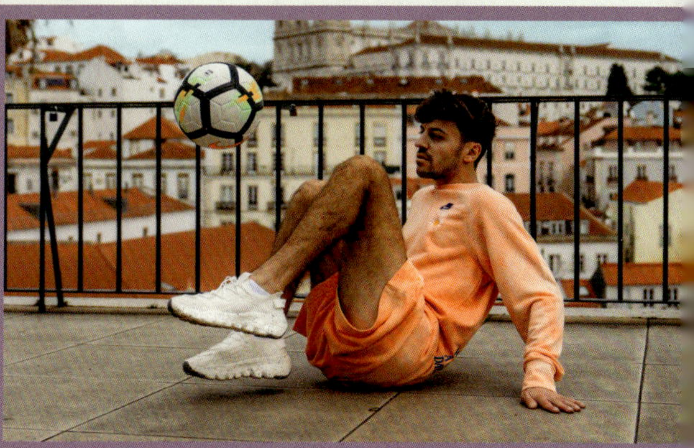

Den Ball weiter jonglieren.

SIT DOWN X-OVER

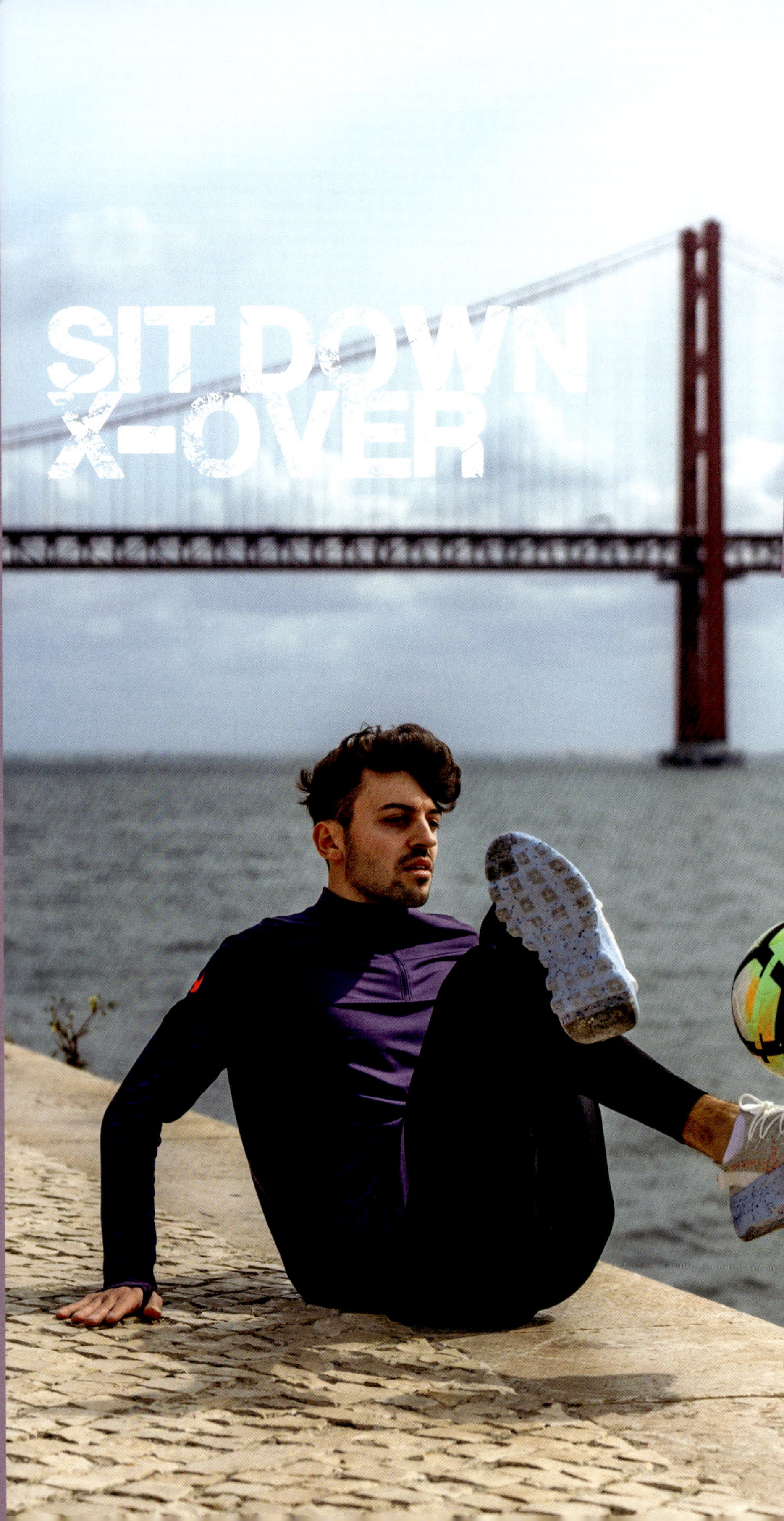

1

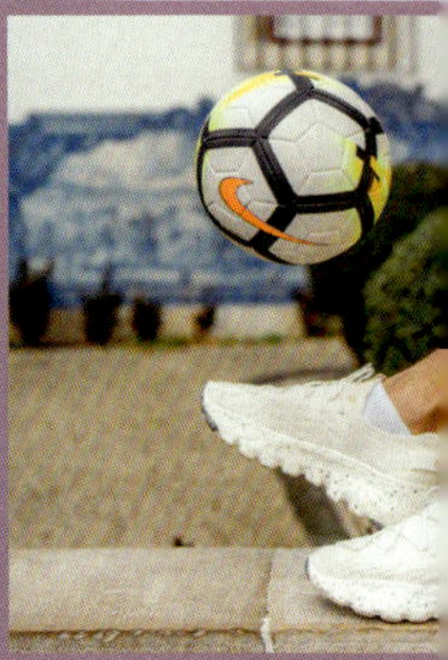

Den Ball im Sitzen jonglieren.

2

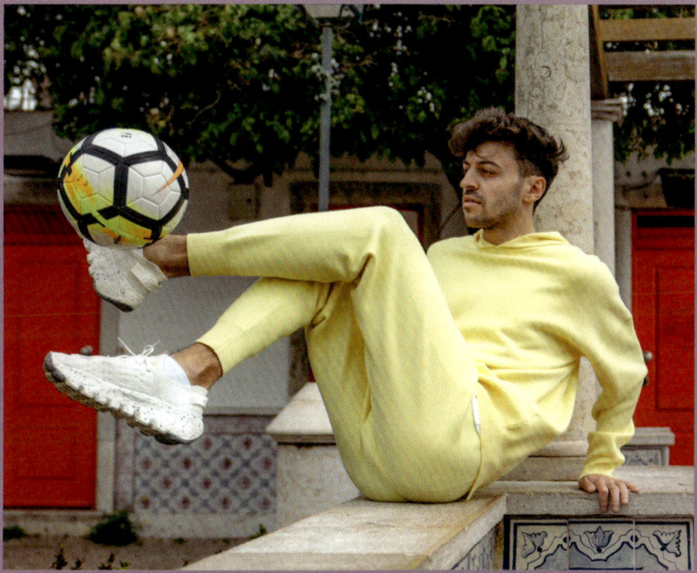

Den Ball hochspielen, mit dem linken Fuß darunter hindurch.

3

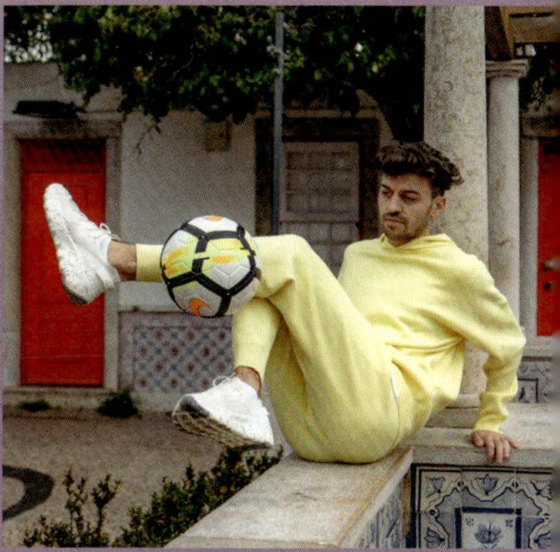

Beine kreuzen ...

SCHWIERIGKEITSGRAD:

★★★★★

Der Sit Down X-Over ist ebenfalls cool und anspruchsvoll. Er ist ein häufig genutzter Trick in dieser Trickkategorie. Lerne ihn und du kannst im Sitzen beeindrucken!

4

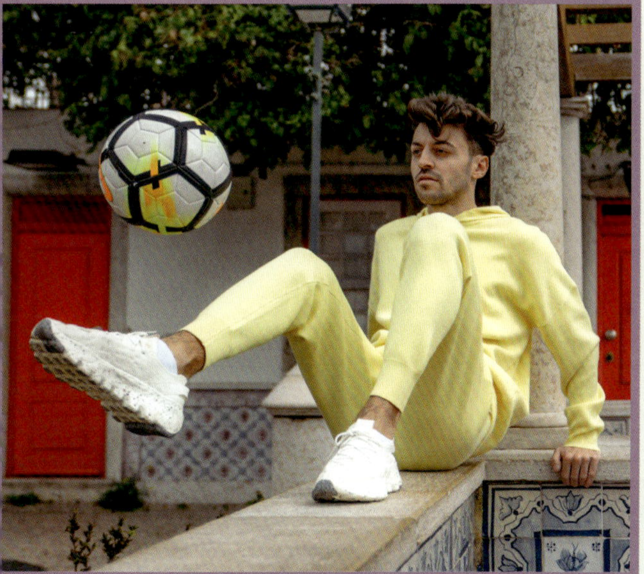

... und den Ball im Anschluss wieder jonglieren.

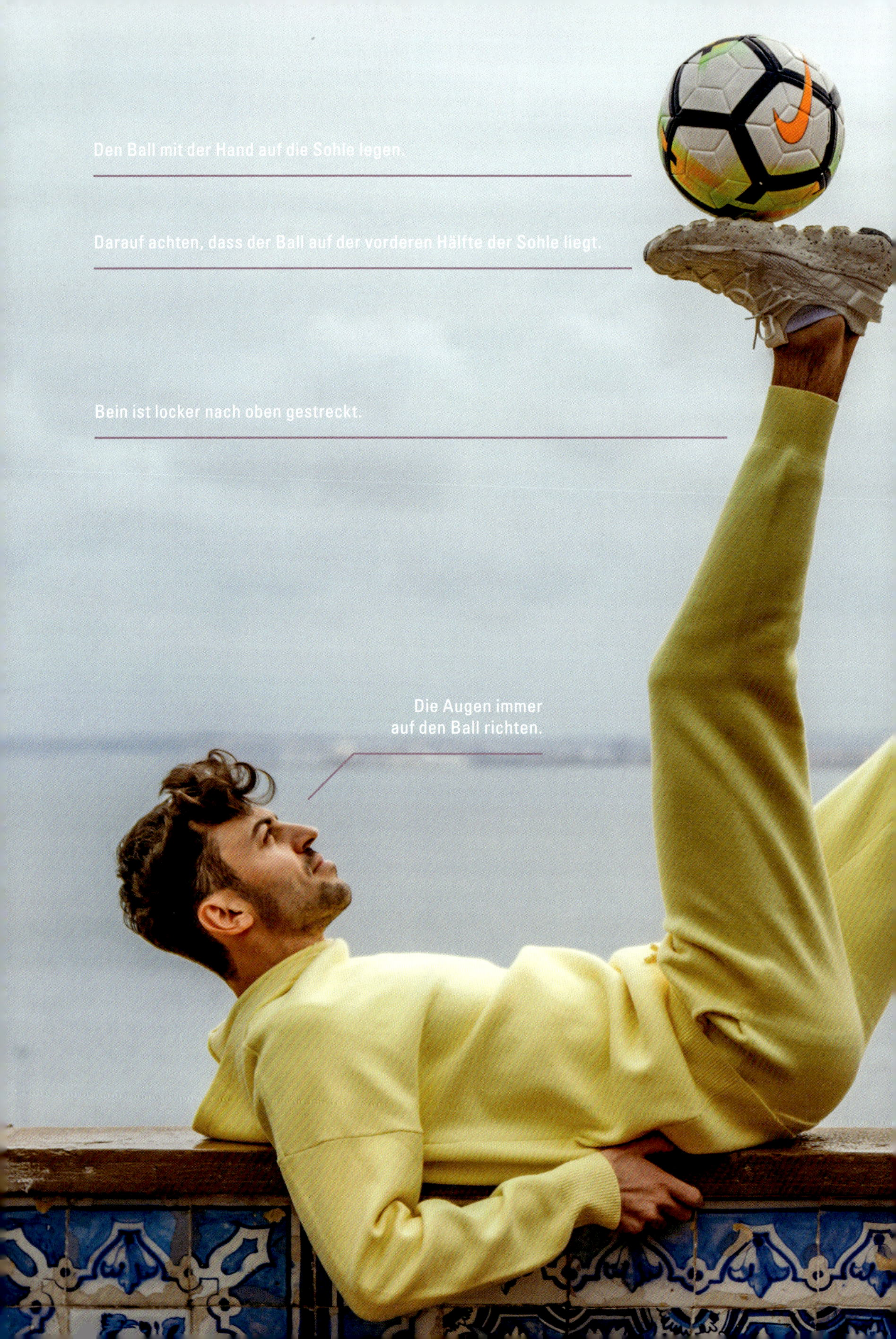
Den Ball mit der Hand auf die Sohle legen.
Darauf achten, dass der Ball auf der vorderen Hälfte der Sohle liegt.
Bein ist locker nach oben gestreckt.
Die Augen immer auf den Ball richten.

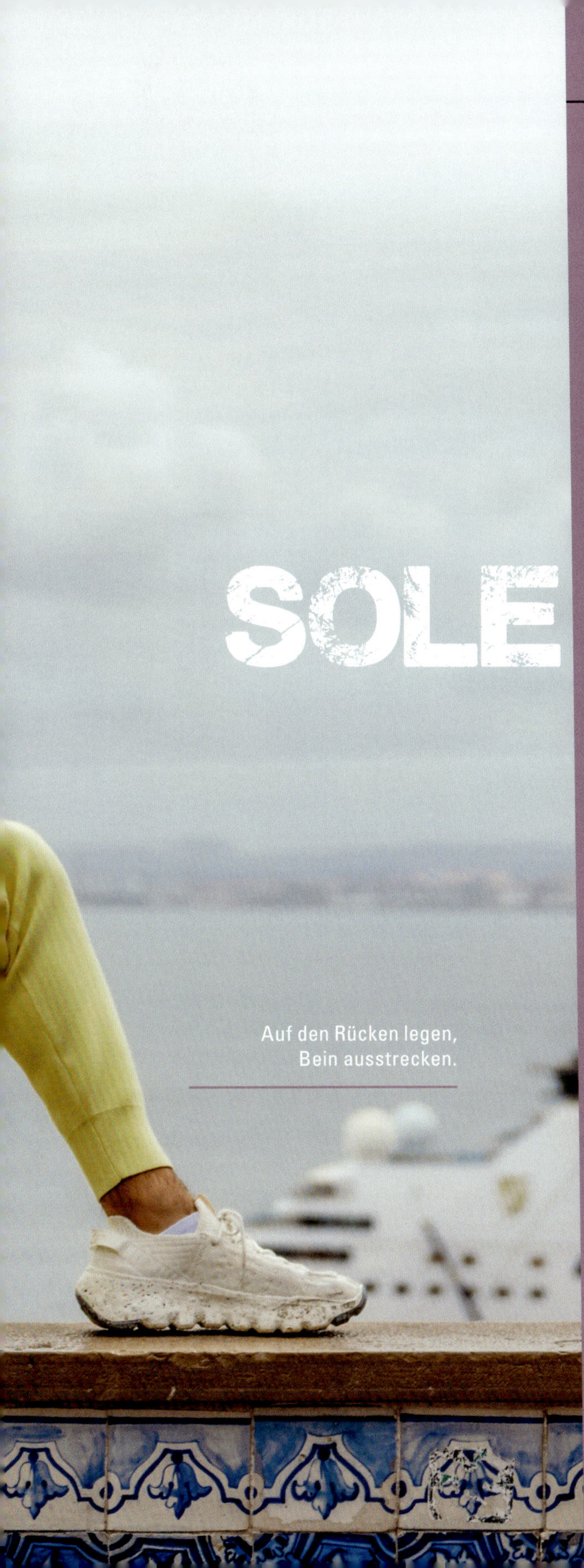

SOLE STALL

Beim Sole Stall balanciert man den Ball liegend auf der Sohle.

Auf den Rücken legen,
Bein ausstrecken.

SCHWIERIGKEITSGRAD:
★★★★☆

SOLE JUGGLES

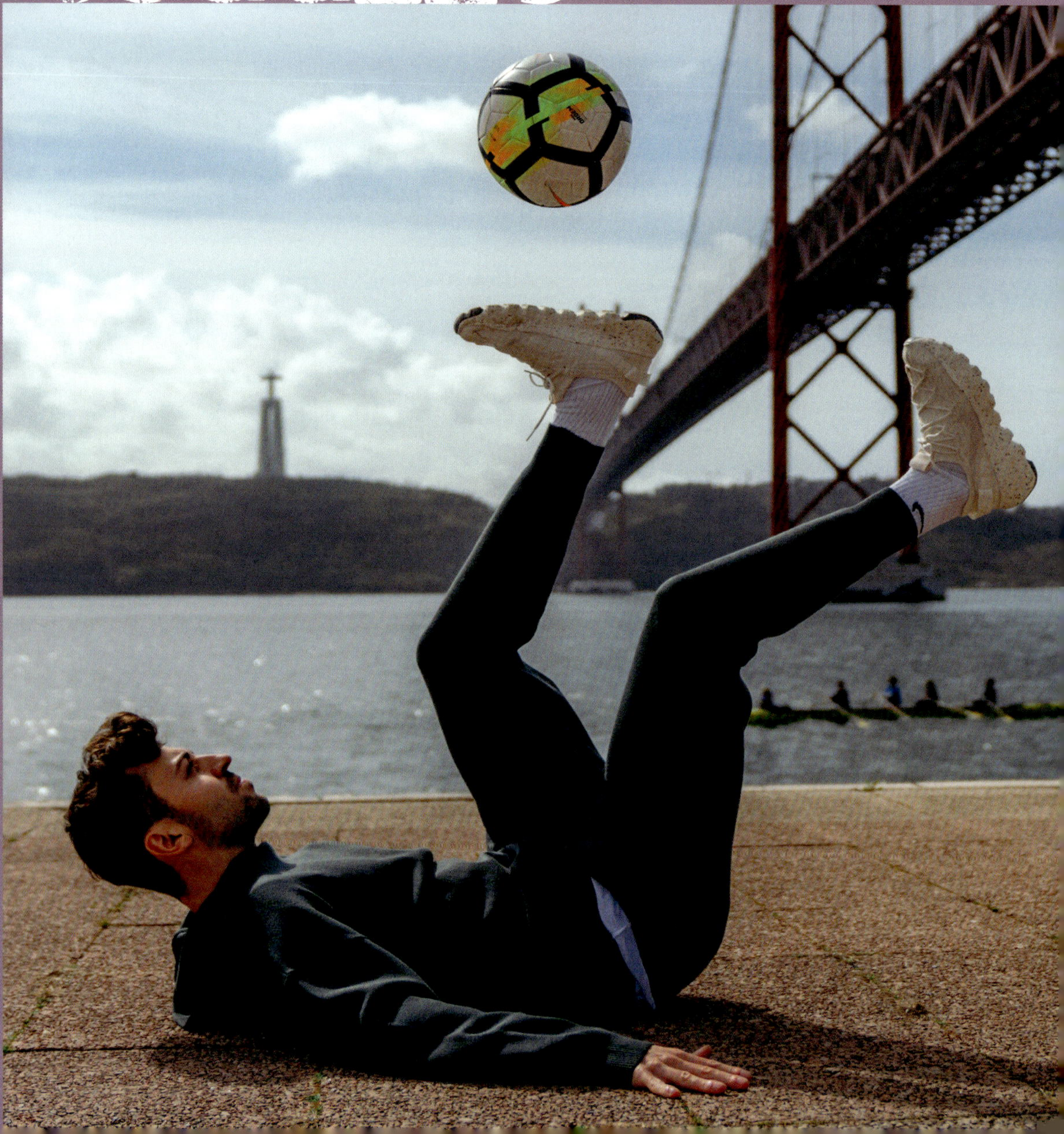

1

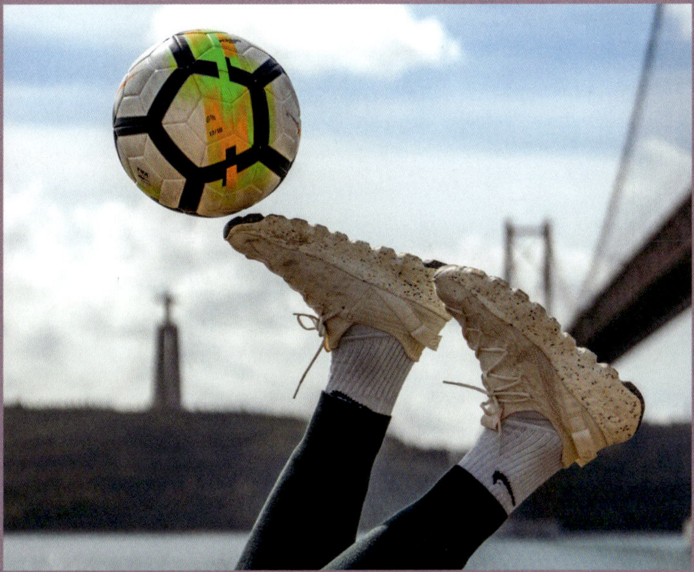

Den Ball mit der linken Sohle hochspielen.

2

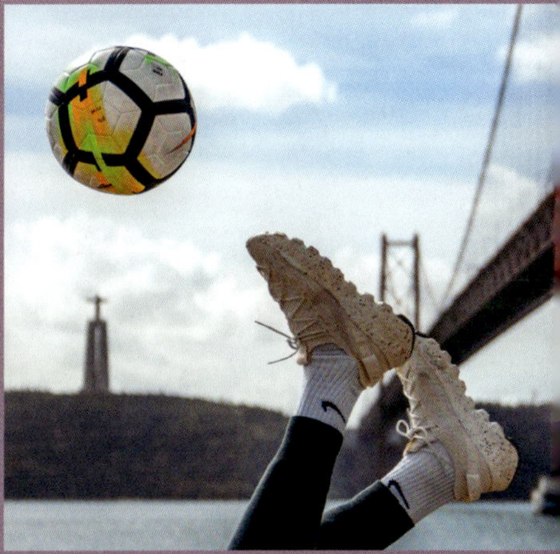

Dann den Ball im Anschluss mit der linken Sohle treffen.

SCHWIERIGKEITSGRAD:
★★★★★

Bei den Sole Juggles jongliert man den Ball liegend auf den Sohlen.

3

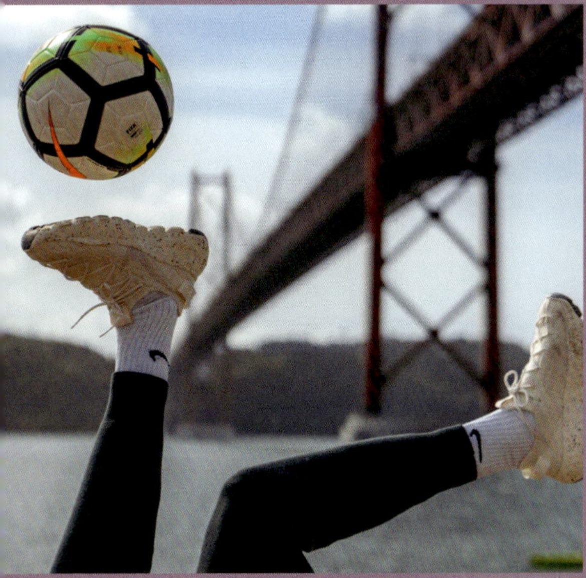

Versuche, bei der Jonglage einen Rhythmus beizubehalten.

4

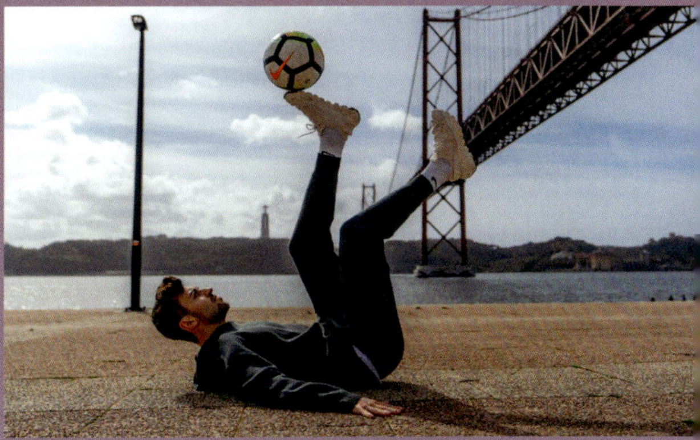

Tipp: Immer den vorderen Teil der Sohle nutzen.

DIMETTO

1

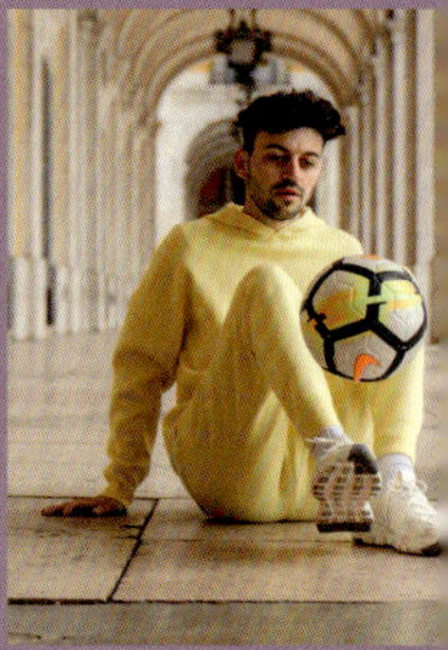

Den Ball sitzend hochhalten.

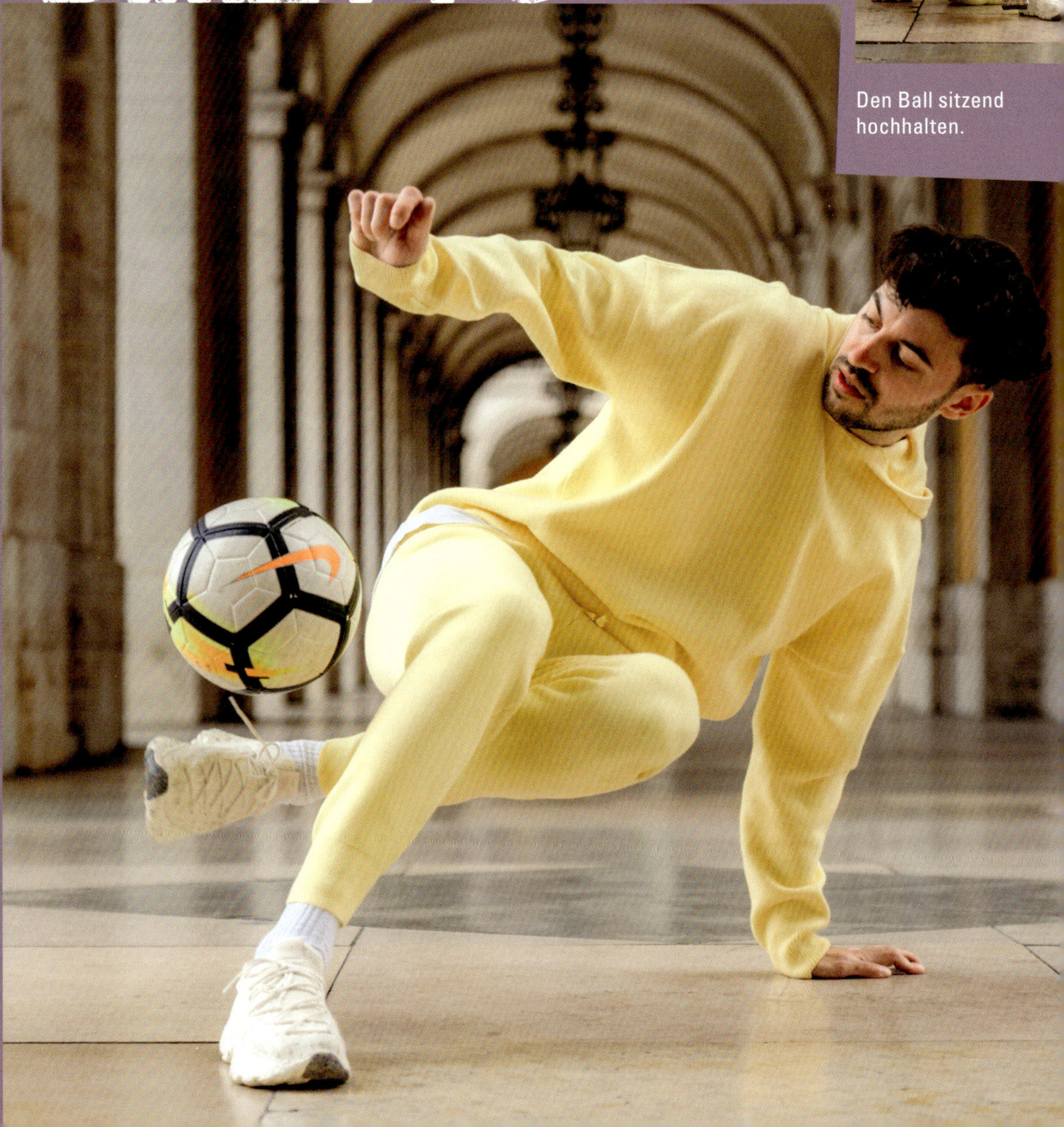

2

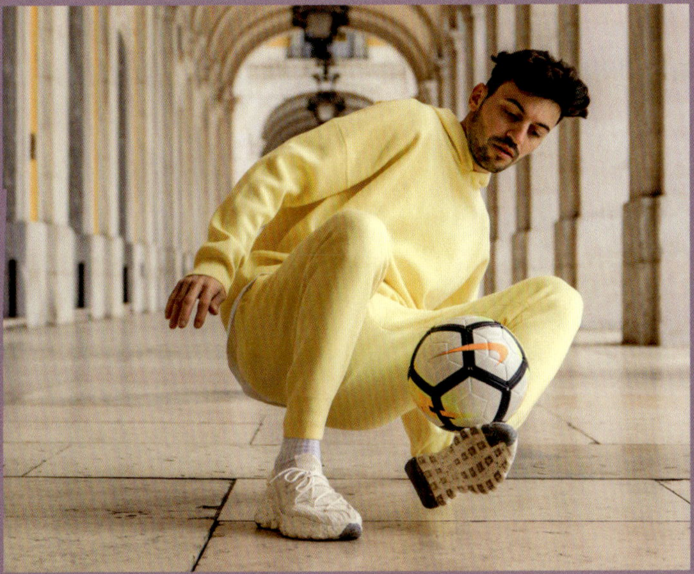

Im Anschluss den Ball auf der Fußinnenseite annehmen.

3

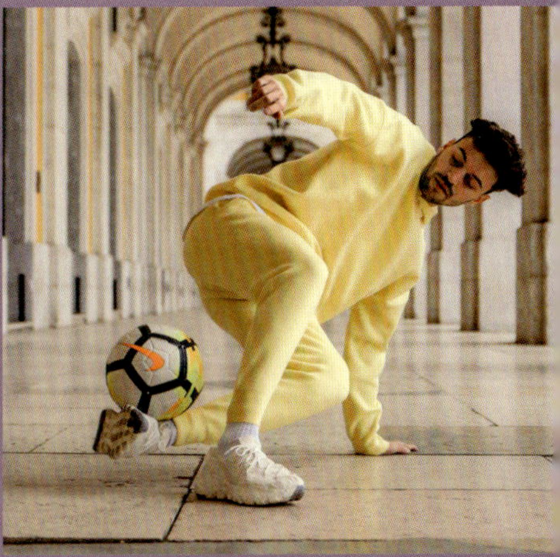

Den Ball balancieren und durch das Standbein ziehen.

SCHWIERIGKEITSGRAD:

★★★★★

Der Dimetto ist ein kreativer Trick, der dich als Freestyler definitiv auf ein neues Level bringt.

4

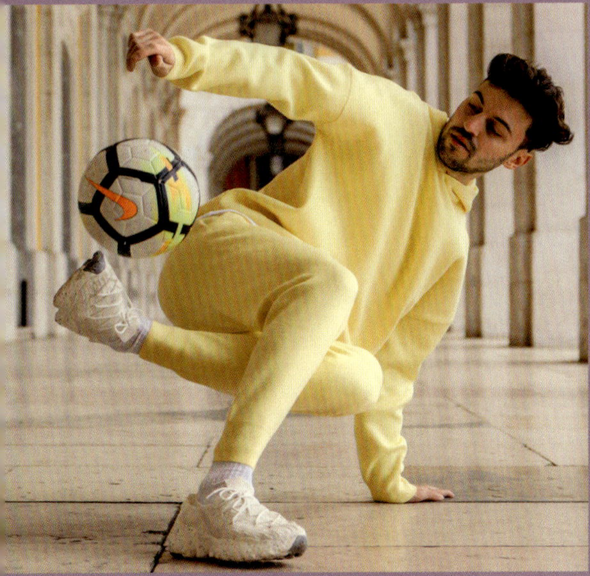

Den Ball im Anschluss hochspielen …

5

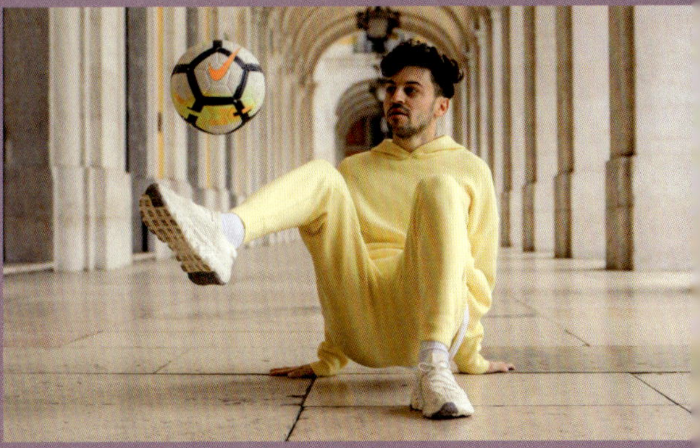

… und wieder kontrollieren.

YOSUKE STALL

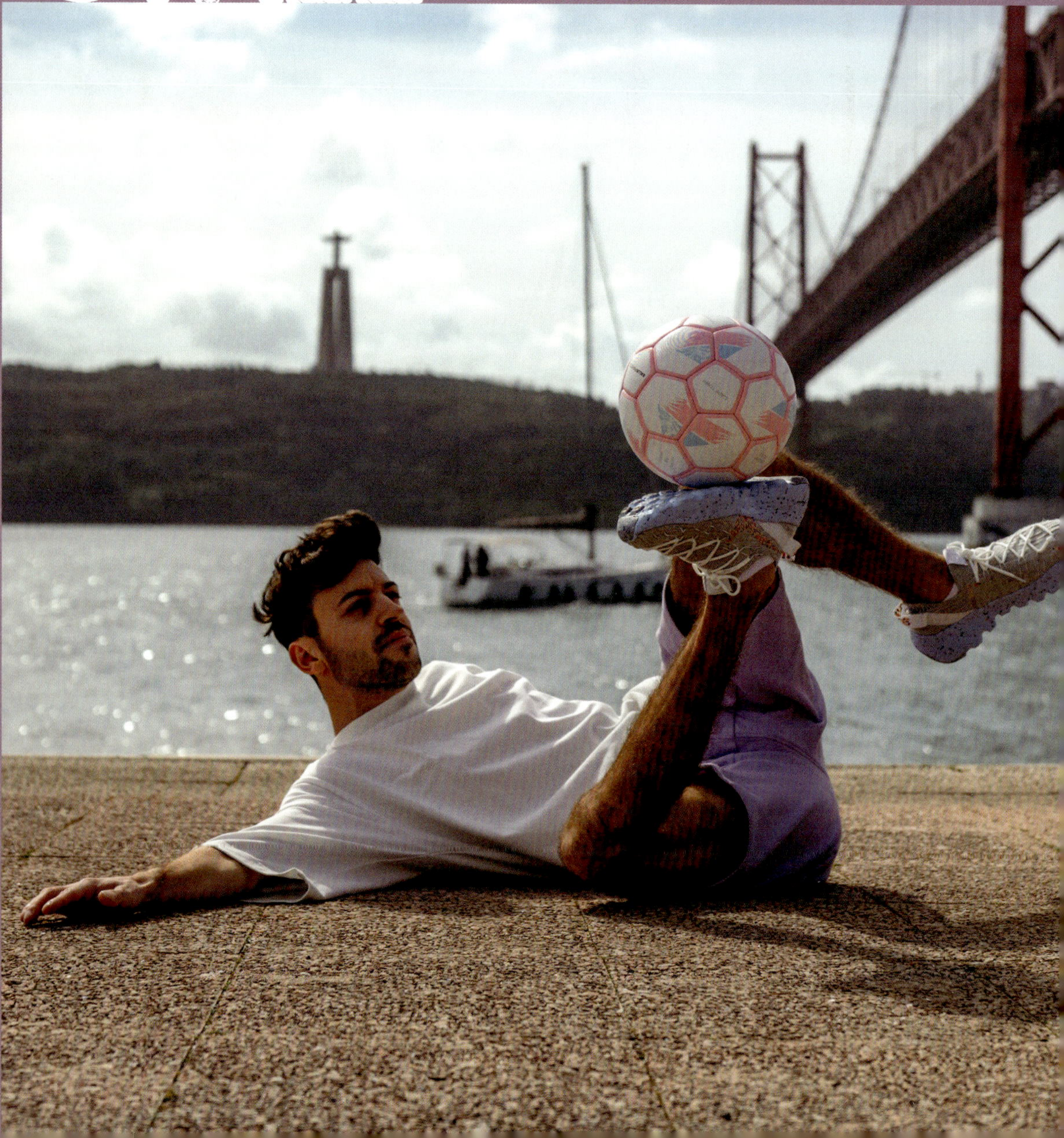

1

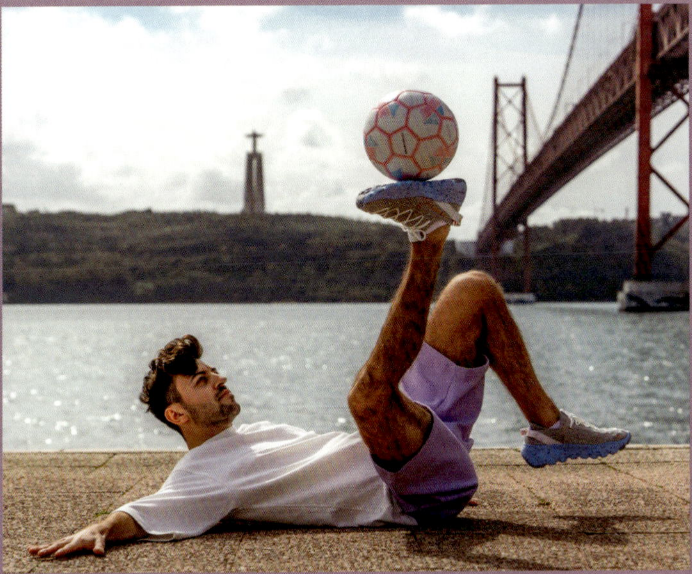

Den Ball auf der Sohle balancieren (Seite 132/133), …

2

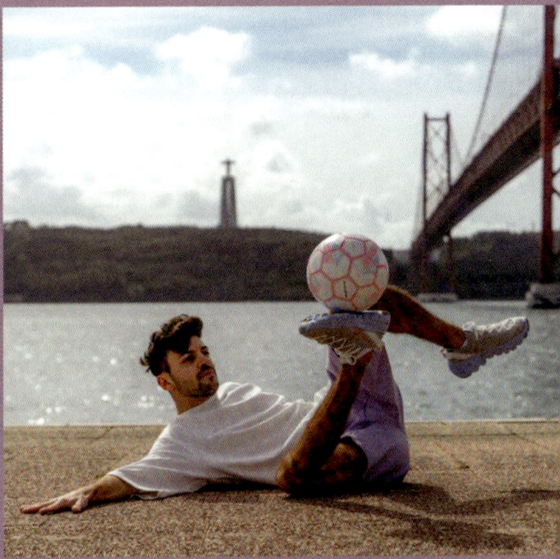

… das Bein anwinkeln und auf den Boden ablegen.

SCHWIERIGKEITSGRAD:

★★★★★

Der Yosuke Stall erfordert viel Geduld beim Training. Definitiv ein Trick, der sich hervorhebt und garantiert das Umfeld zum Staunen bringt.

3

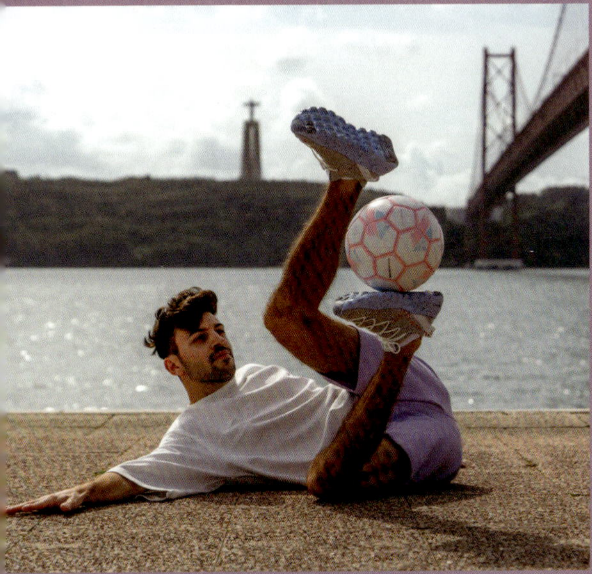

Das zweite Bein kreuzt das Bein.

4

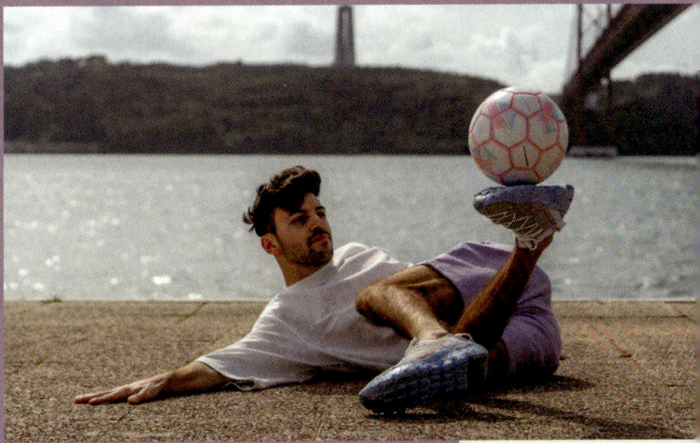

Den Ball im Anschluss weiterhin balancieren.

DER BRENNENDE BALL

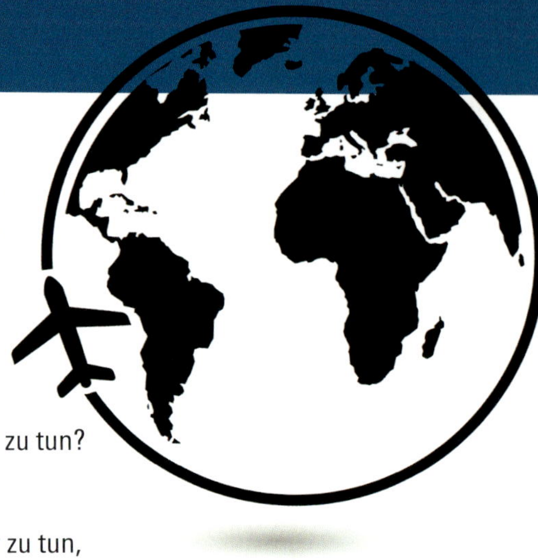

Diesen Satz habe ich sehr häufig gehört:
Was hat denn bitteschön Feuer mit einem Fußball zu tun?
Im normalen Leben natürlich nichts.

In meiner Welt jedoch hat beides viel miteinander zu tun, und Millionen von Menschen durften daran teilhaben. Es geht um meinen Auftritt bei »Das Supertalent«.

Für mich stand fest, dass ich nur an dieser TV-Sendung teilnehme, wenn ich etwas Besonderes präsentieren kann. Und so ist es gekommen. Ich durfte vor den kritischen Augen Dieter Bohlens meine Tricks aufführen, und gerade deshalb hatte ich mir ein kleines Special ausgedacht, das viel Vorbereitungszeit in Anspruch nahm.

Kurz vor dem Auftritt wusste ich, dass alles passen muss. Ich wusste, dass ich etwas im Köcher habe, was die Jury so noch nie gesehen hat. Nun galt es, das zu zeigen und nach all den Jahren Dieter Bohlen etwas zu präsentieren, was er so noch nie gesehen hat.

Meine Idee für die Bühne von »Das Supertalent« war, meine Tricks mit einem brennenden Ball durchzuführen. Zunächst habe ich mit einem normalen Ball gestartet, umso größer war die Überraschung für die Zuschauer und die Jury, als ich den Ball plötzlich anzündete und ihn brennend mit meinen Füßen, liegend mit den Sohlen und schließlich sitzend jonglierte.

Für meinen Auftritt erhielt ich von der Jury drei Mal ein »Ja« – doch nicht nur das. Von allen Teilnehmern, die weitergekommen sind, wurde ich ausgewählt und schaffte es in das Halbfinale der Show. Das hat mich natürlich gefreut – ein weiterer Auftritt und eine weitere Möglichkeit, mein Talent vor Millionen von Menschen zu präsentieren. Diese Auftritte waren so speziell, dass ich sie nie vergessen werde.

BERLIN

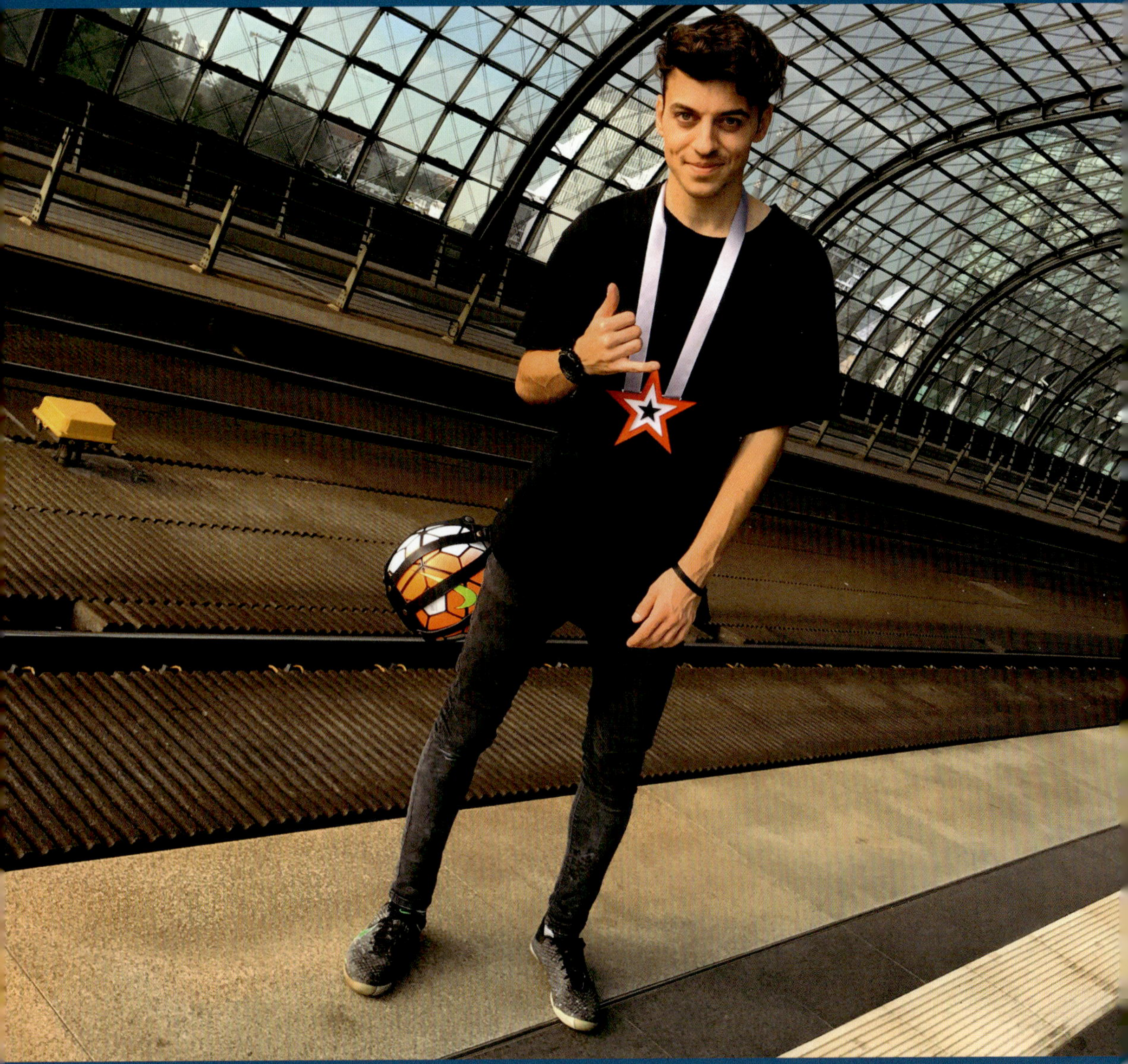

Auf der Heimreise direkt nach dem Auftritt bei »Das Supertalent«.

Heute werde ich häufig auf den Auftritt angesprochen – insbesondere interessiert es die Menschen, wie ich den Ball zum Brennen bekommen habe. Das bleibt natürlich mein persönliches Geheimnis. Der Auftritt ist nach wie vor auf YouTube aufrufbar – aber bitte nicht zu Hause nachmachen!

EQUIPME

DIE BESTEN TIPPS ZUM EQUIPMENT: DIESE DINGE BRAUCHST DU ZUM FREESTYLEN

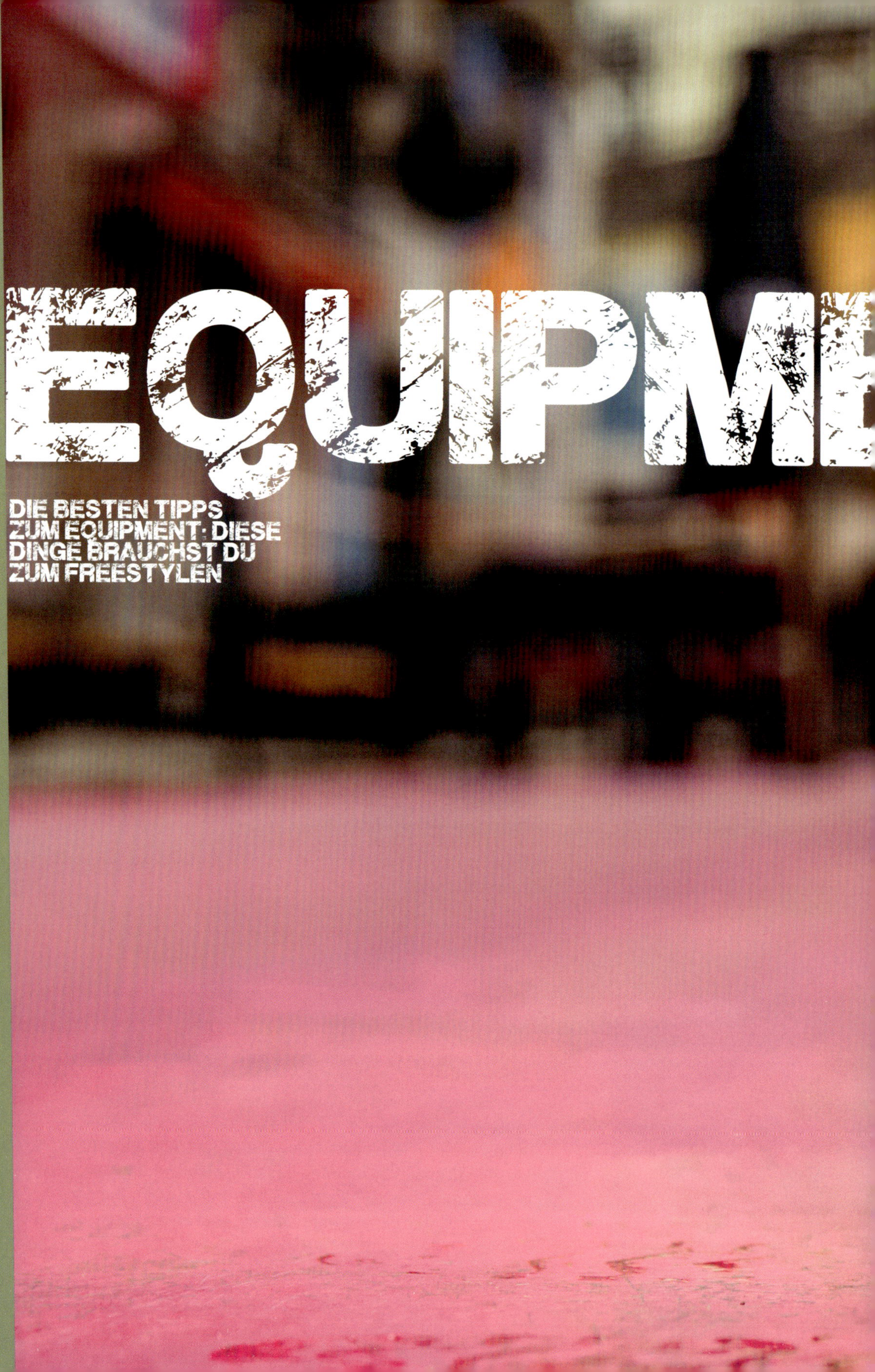

ENT

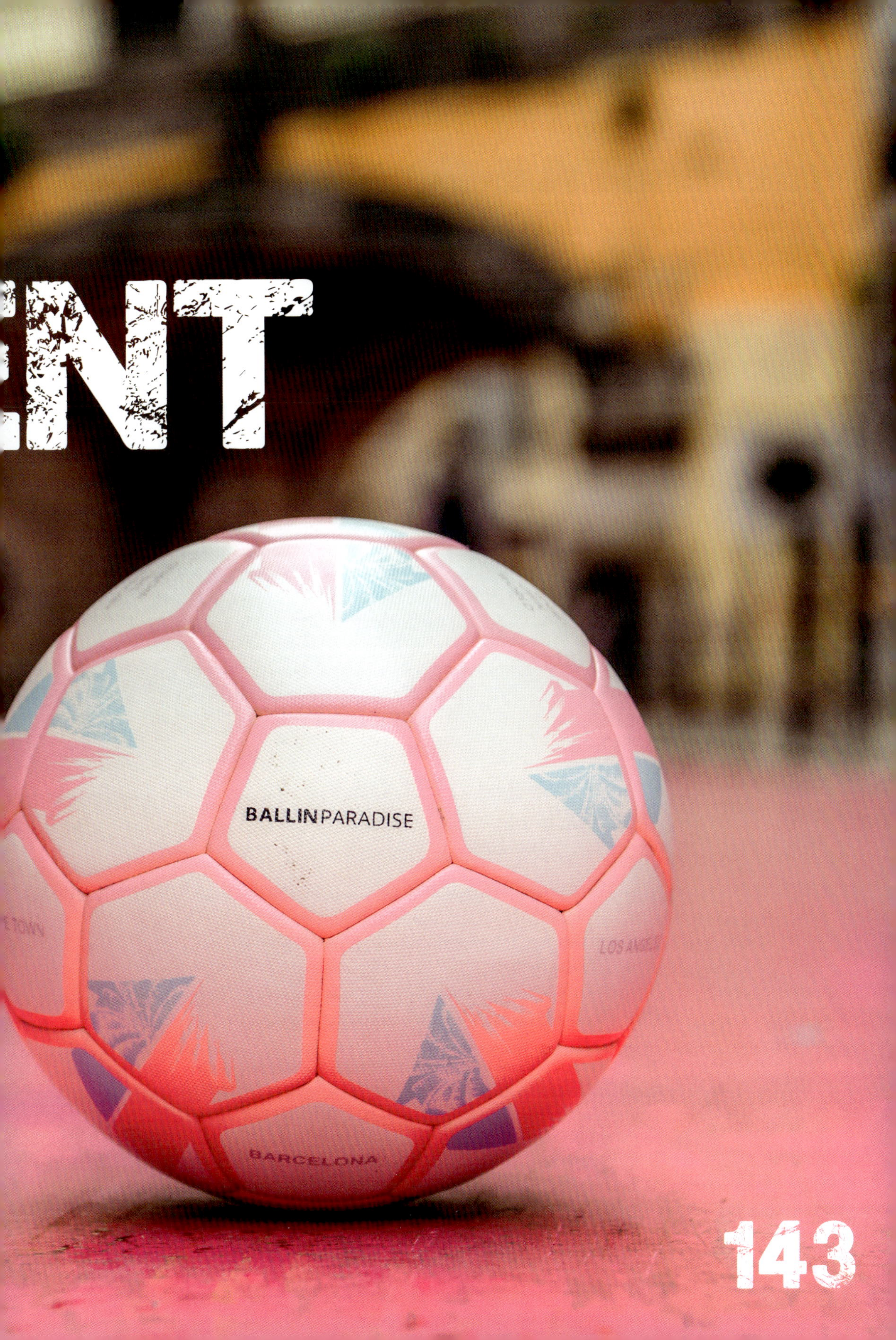

FREESTYLE-EQUIPMENT

Welche Schuhe sind die besten? Welchen Ball sollte man benutzen?

Zwei Fragen, die ich sehr häufig gestellt bekomme. Für Fußball-Freestyle ist ein sehr gutes Ballgefühl extrem wichtig. Da ist es hilfreich, wenn beim Schuh – vor allem am Schaft und am Bereich der Vorderkappe – weiches Obermaterial verarbeitet ist, damit man den Ball insbesondere mit den Zehen gut spüren und anspielen kann. Wenn diese Voraussetzung gegeben ist, ist das schon die halbe Miete und du bist gut vorbereitet, um der nächste Freestyle-Star zu werden.

Bei den Bällen empfehle ich sogenannte Matchbälle. Das sind Bälle, die auch häufig im Profifußball verwendet werden, unter anderem bei den Weltmeisterschaften. Sie bestehen aus einem synthetischen Material und haben eine nahtlose Oberfläche. Diese Bälle sind etwas teurer als herkömmliche Bälle, es lohnt sich aber auf jeden Fall, das Geld dafür zu investieren. Der Ball wird schließlich schnell zum besten Freund.

Aus dem Grund habe ich meinen ganz eigenen Ball entworfen. Ich habe die Marke namens »Ballinparadise« ins Leben gerufen, die meinen Lebensstil und meine Einstellung unterstreicht und jedem die Möglichkeit gibt, frei zu sein und die Tricks auszuführen, wo und wie man will.

»DER BALL IST DER BESTE FREUND.«
MARCEL GURK

Ich habe einen eigenen Fußball-Freestyle-Ball herausgebracht, der sich mit seiner Oberfläche super für Freestyle eignet und dessen Design direkt ins Auge springt. Lasst uns das Lebensgefühl auf der Welt verbreiten und werde ein Teil von »Ballinparadise«.

WWW.BALLINPARADISE.COM

Ich gebe hier Tipps, die auf meiner Erfahrung und meinen Vorlieben beruhen. Doch Fußball-Freestyle ist und bleibt eine individuelle Sportart, bei der man eigenständig entscheidet. Jeder entwickelt einen eigenen Stil und Geschmack. Das fängt bei dem Ball an und endet bei den Tricks.
Wenn du mehr Tipps, Anregungen oder Inspirationen brauchst, folge mir gerne meinen Auftritten in den sozialen Netzwerken und probiere einfach den »Ballinparadise«-Ball aus.

UND JETZT AB ZUM TRAINING. ALL YOU NEED IS A BALL!

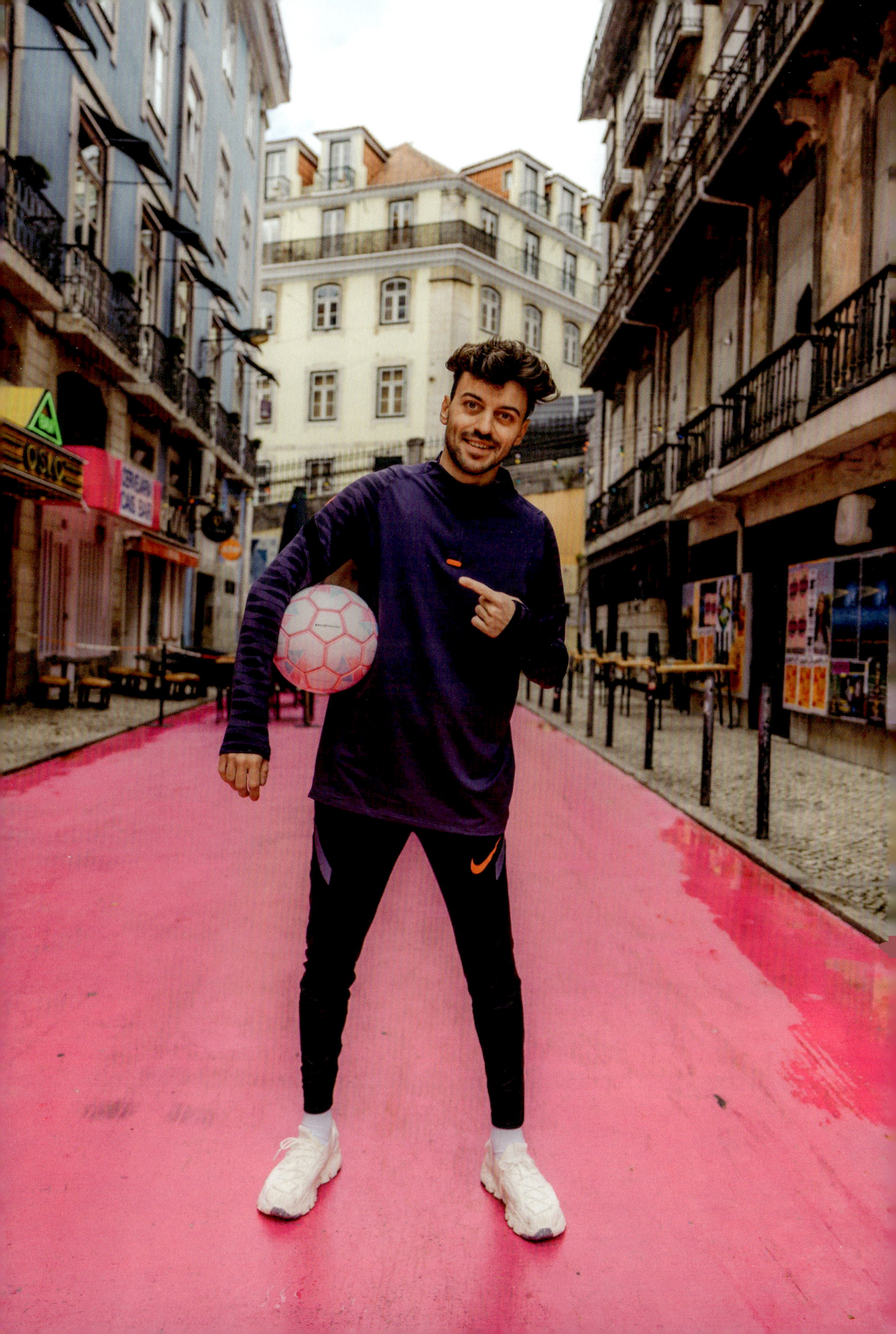

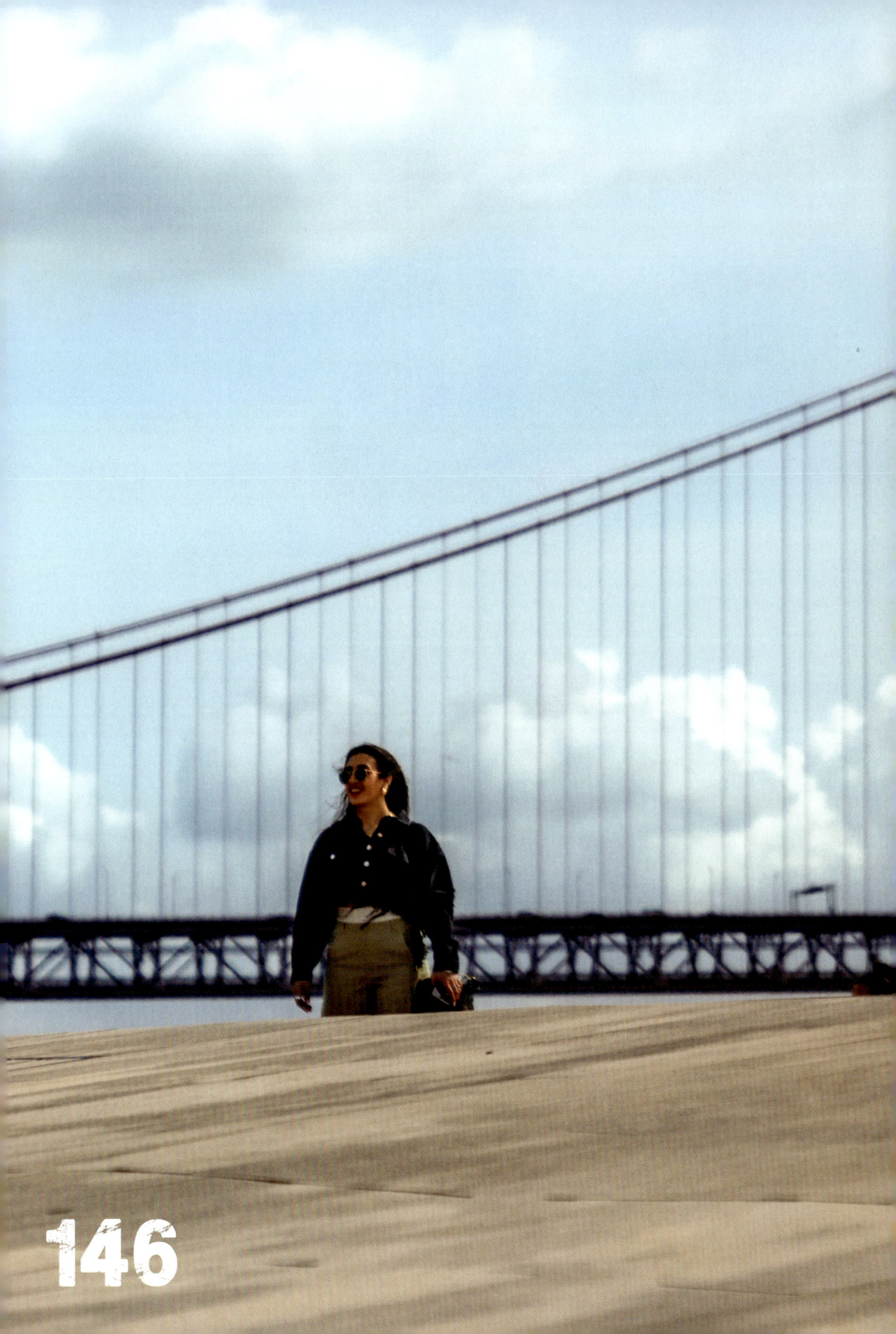

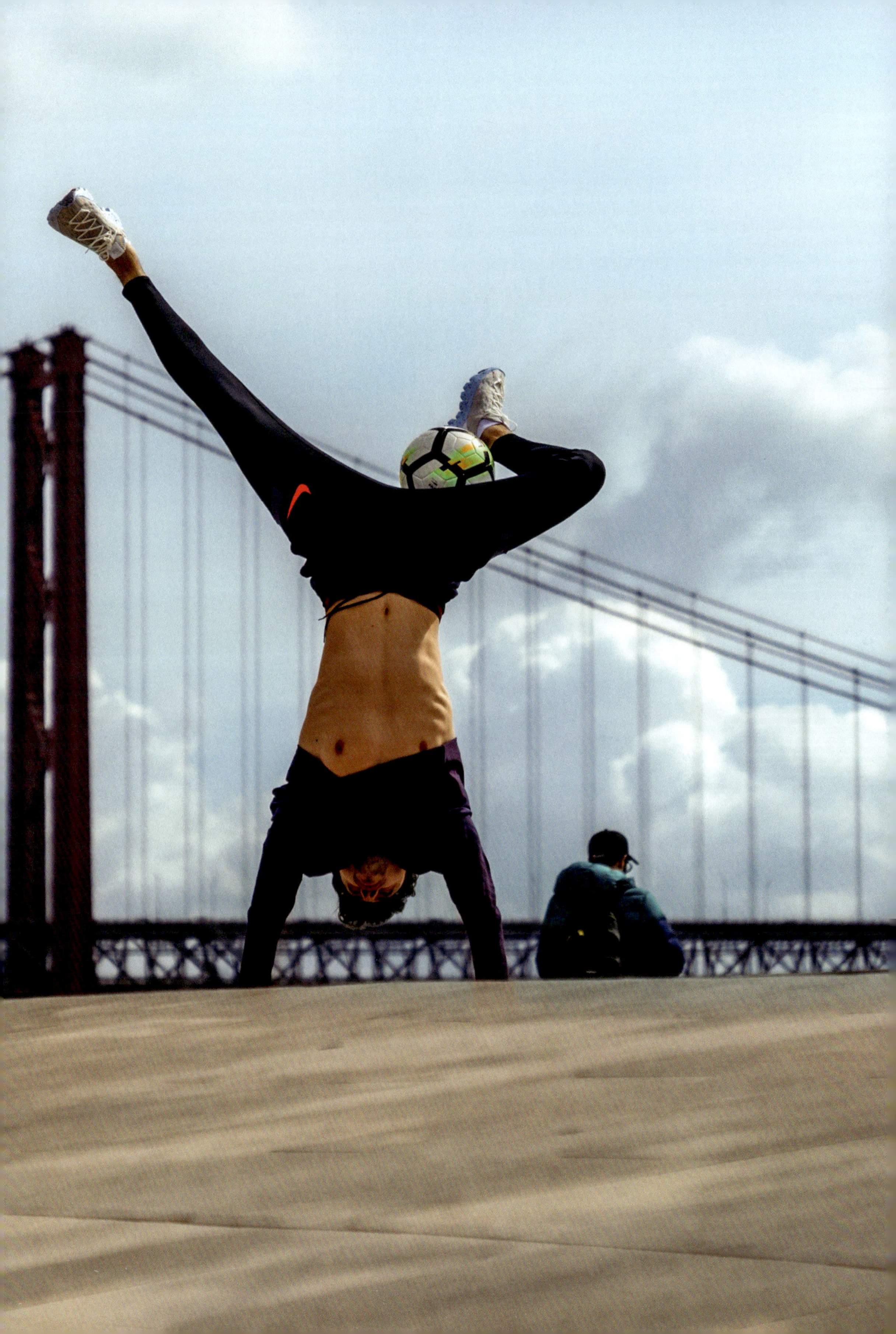

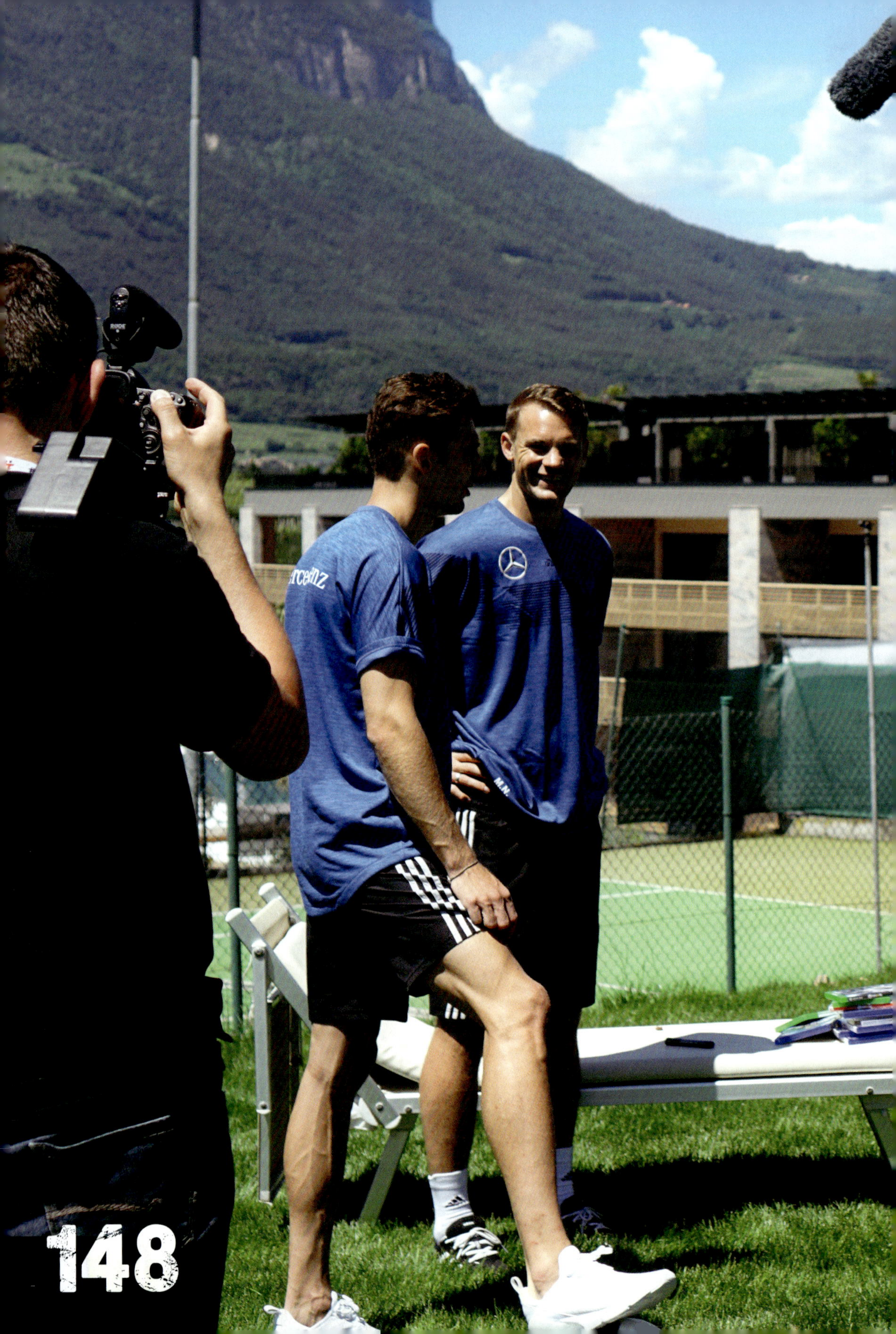

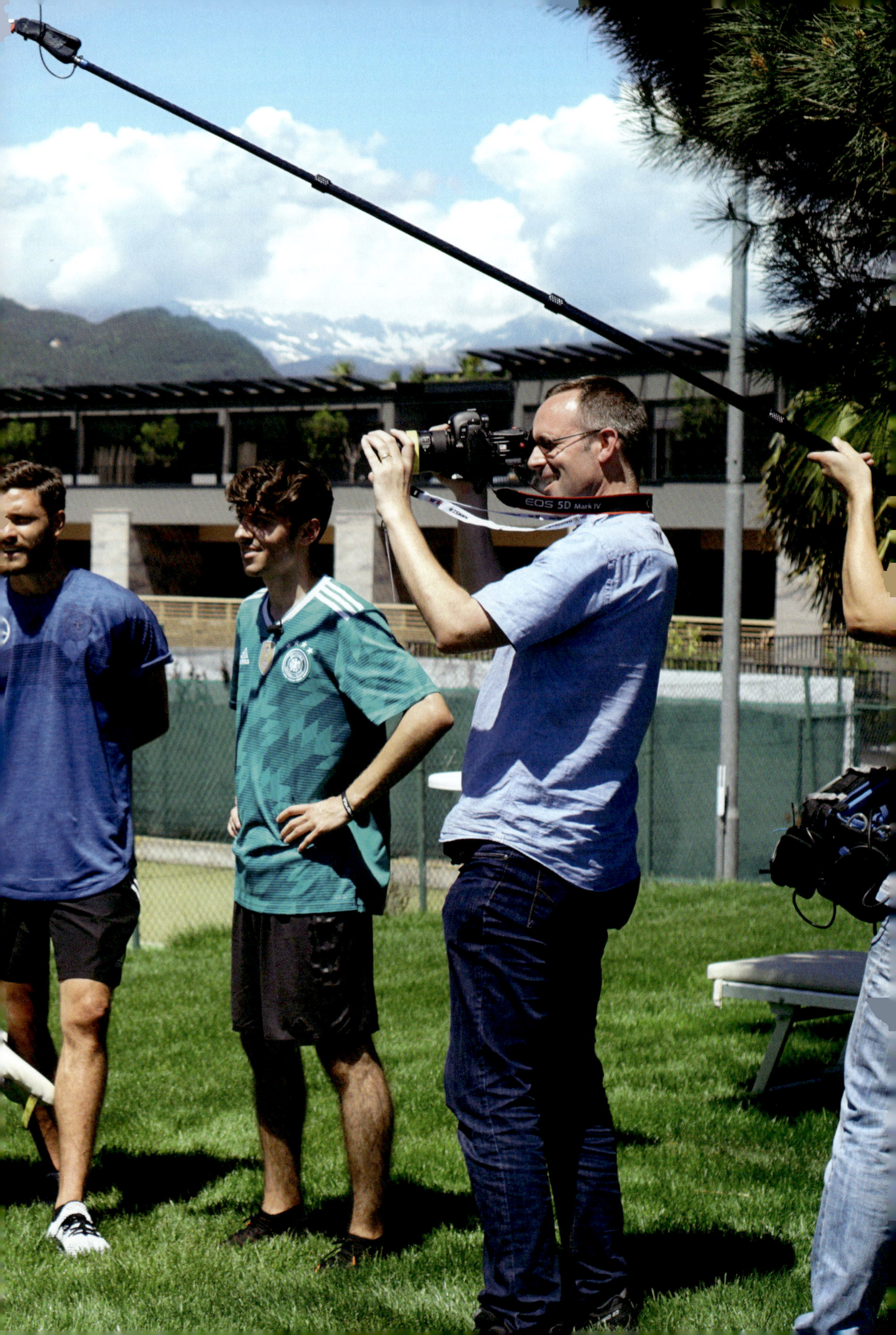
EOS 5D Mark IV

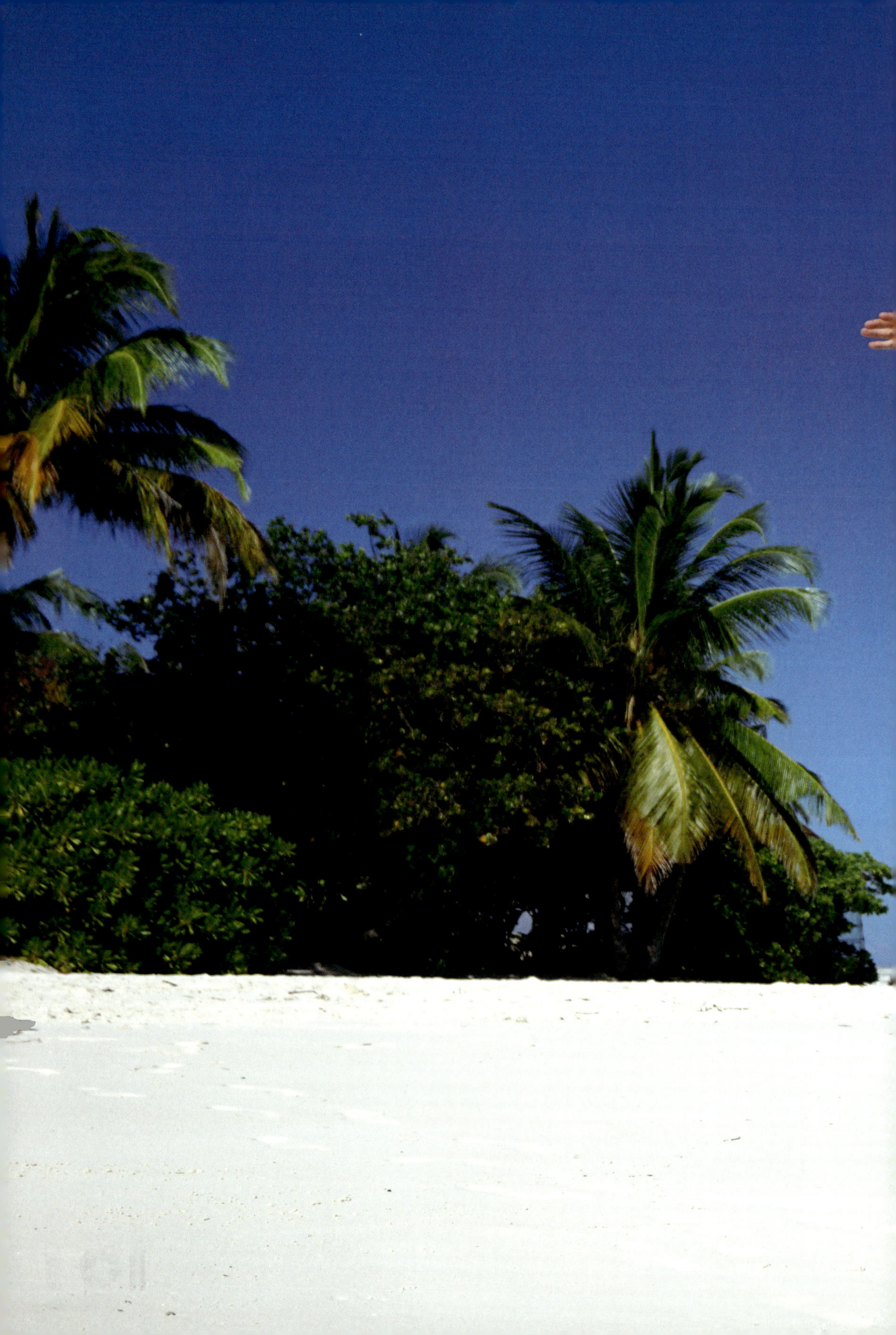

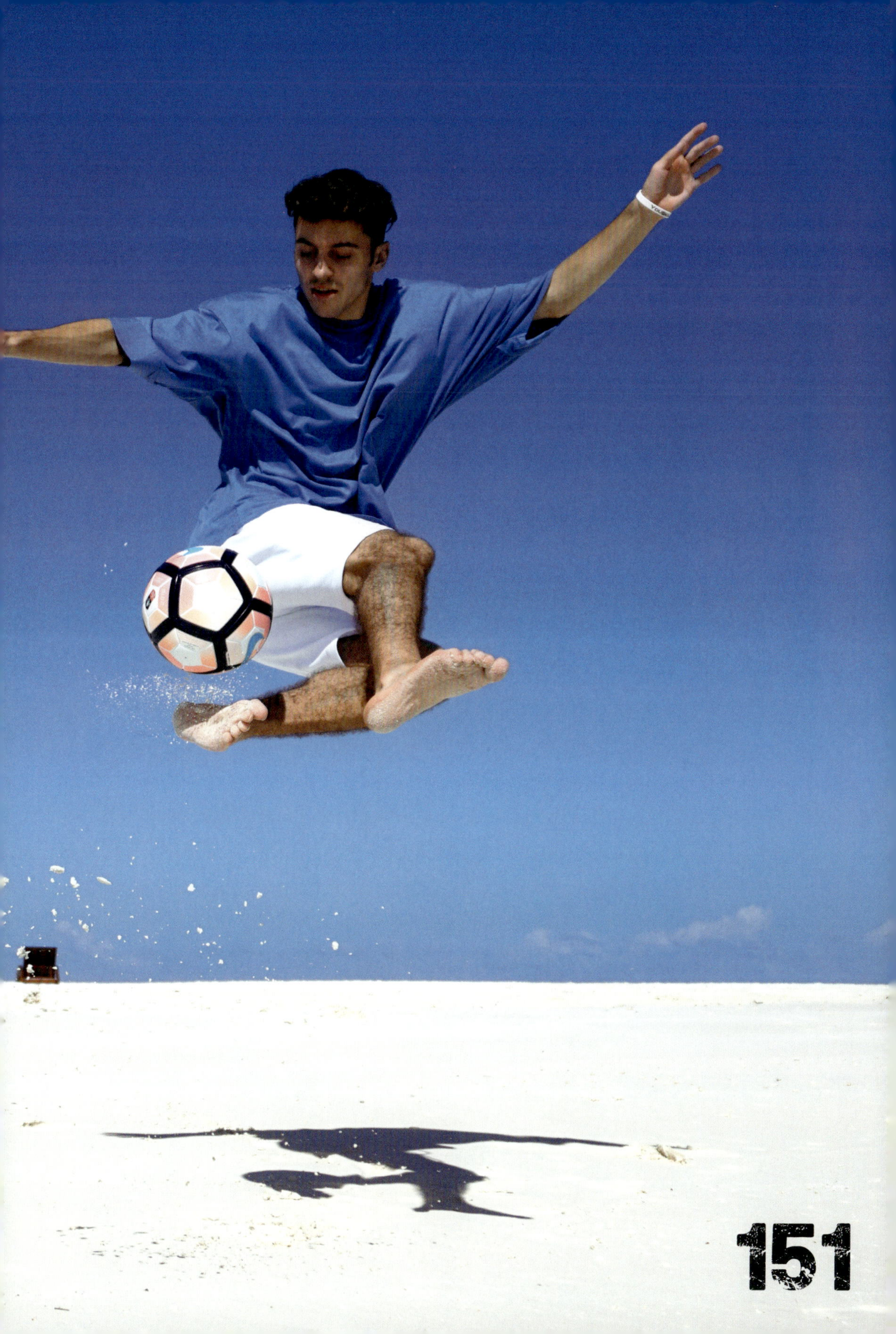

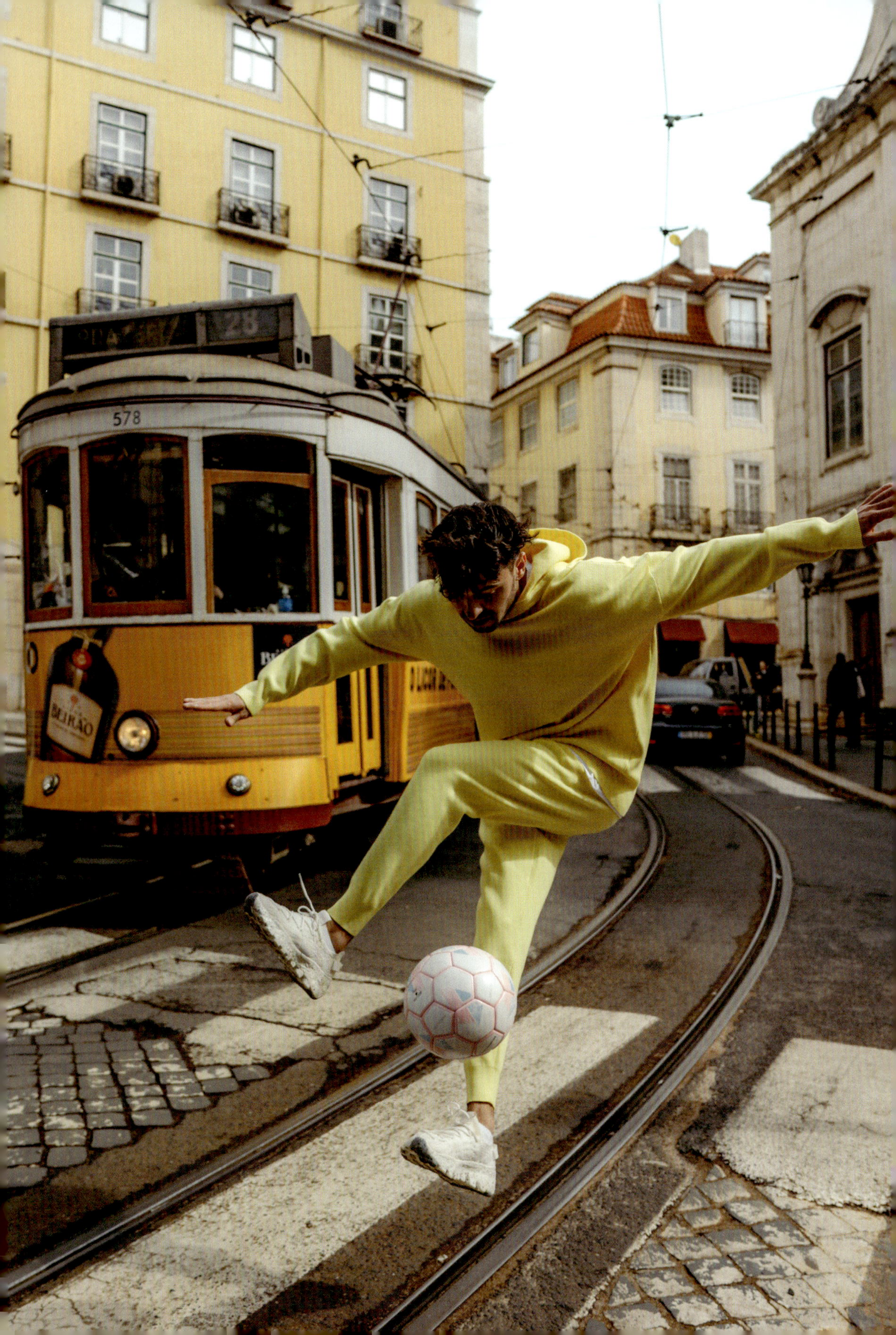
28
578

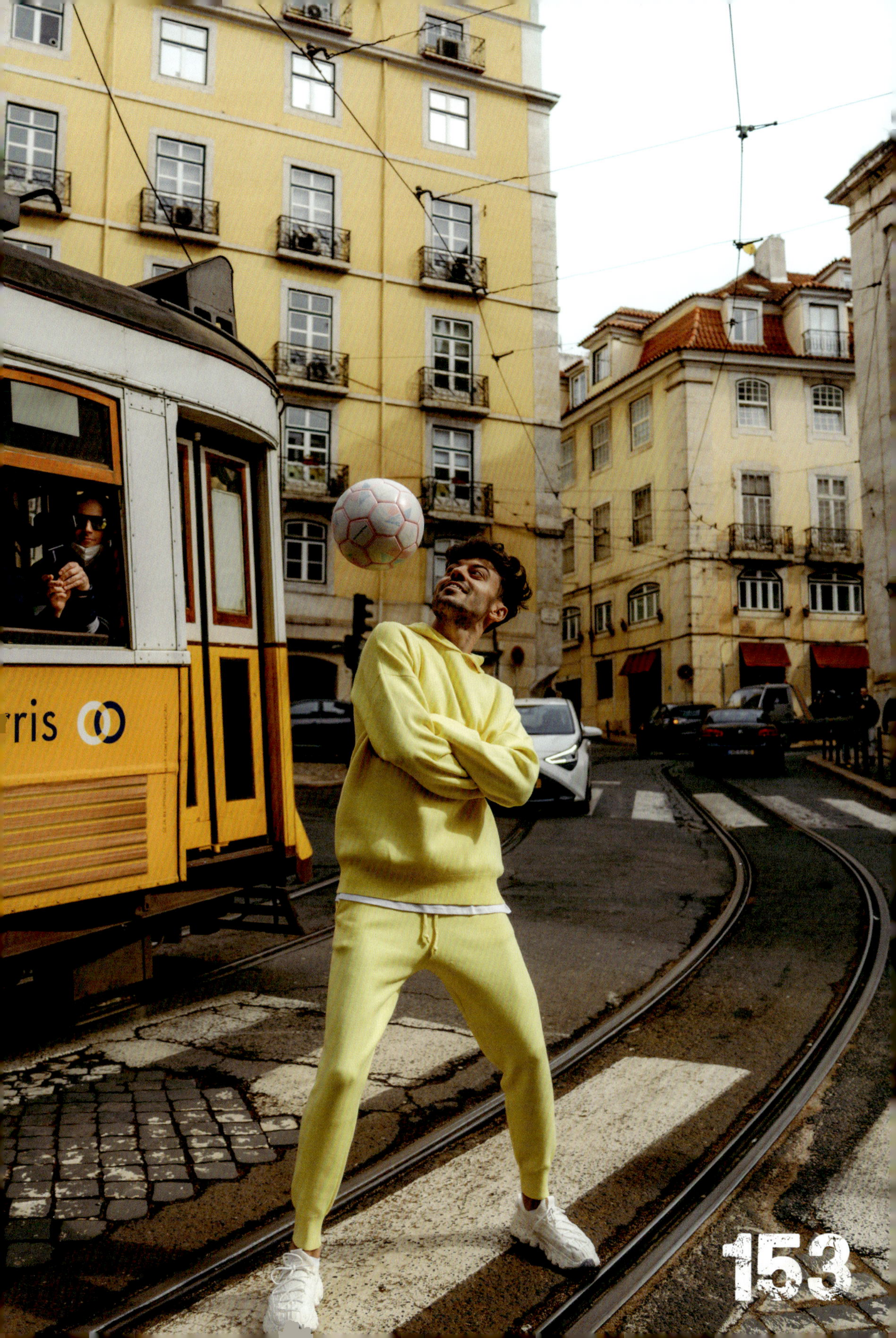

SKILLS CHECK / ALLE TRICKS

FLICK UPS

1. Jump	
2. Heel Jumper	
3. Okocha	
4. Roll Up	
5. Lion	
6. Spin	
7. R10	
8. Popcorn	
9. Sombrero	
10. Bang	

UPPERS

1. Head Juggles	
2. Shoulder Juggles	
3. Neck Stall	
4. Head Stall	
5. Shoulder Stall	
6 Sidehead Stall	
7. Chest Stall	
8. Arm Roller	
9. Carousel	
10. Neck Catch	
11. Around The Moon	

LOWERS

Ball hochhalten	
Foot Stall	

1. Around The World	
2. Hop The World	
3. Crossover	
4. Toe Bounce	
5. Knee Stall	
6. Heel Stall	
7. TATW	
8. Heel Juggles	
9. AATW	
10. HTATW	
11. Slap	
12. Spin Magic	
13. Dragon Stall	
14. AMATW	
15. ATATW	
16. AHTATW	
17. Clipper	
18. LATW	
19. 360 Around The World	
20. Heel X-Over	
21. Kamalio	
22. Eclipse	

SIT DOWNS

1. Sit Down Juggles	
2. Shin Stall	
3. Sit Down Crossover	
4. Sit Down X-Over	
5. Sole Stall	
6. Sole Juggles	
7. Dimetto	
8. Yosuke Stall	

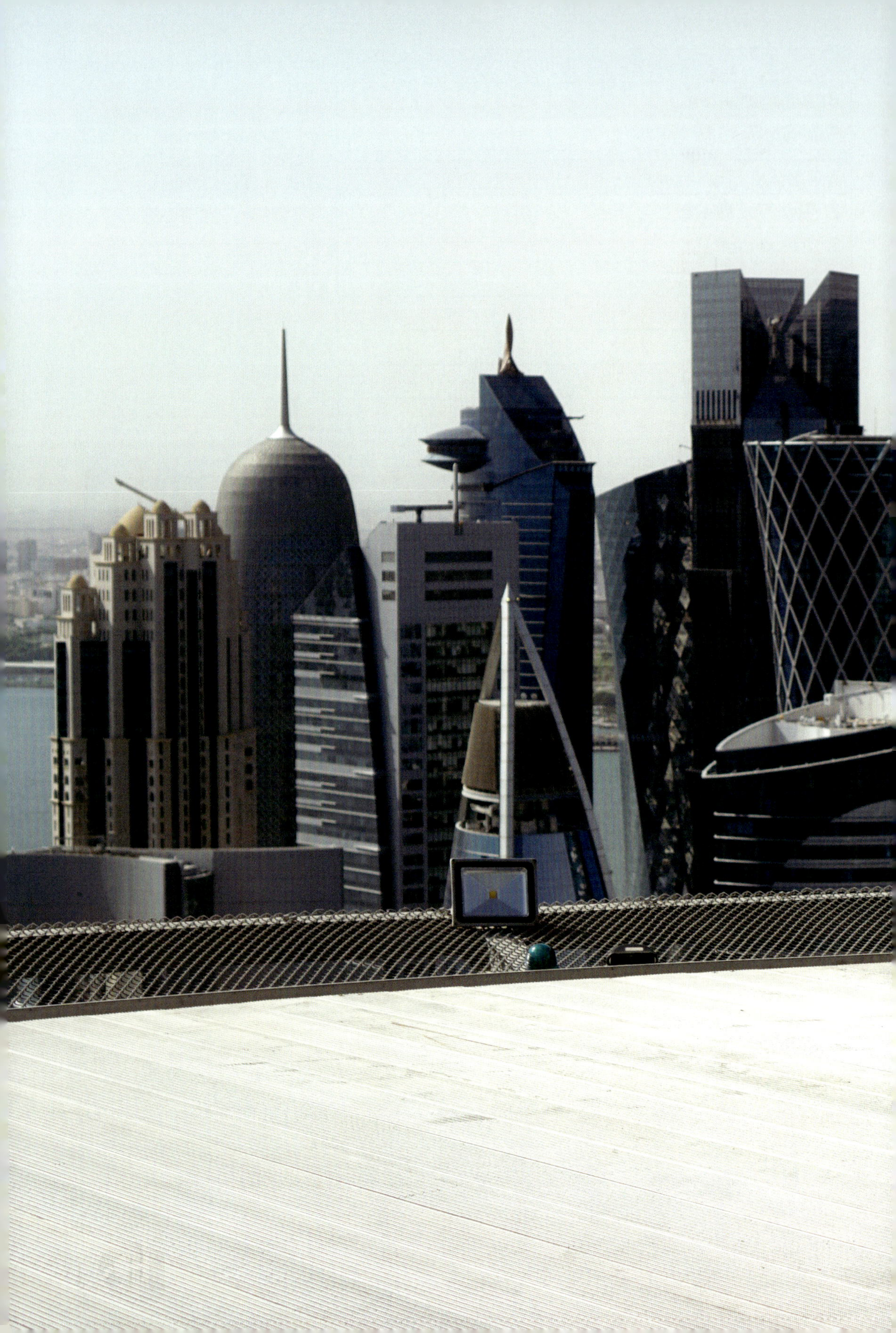

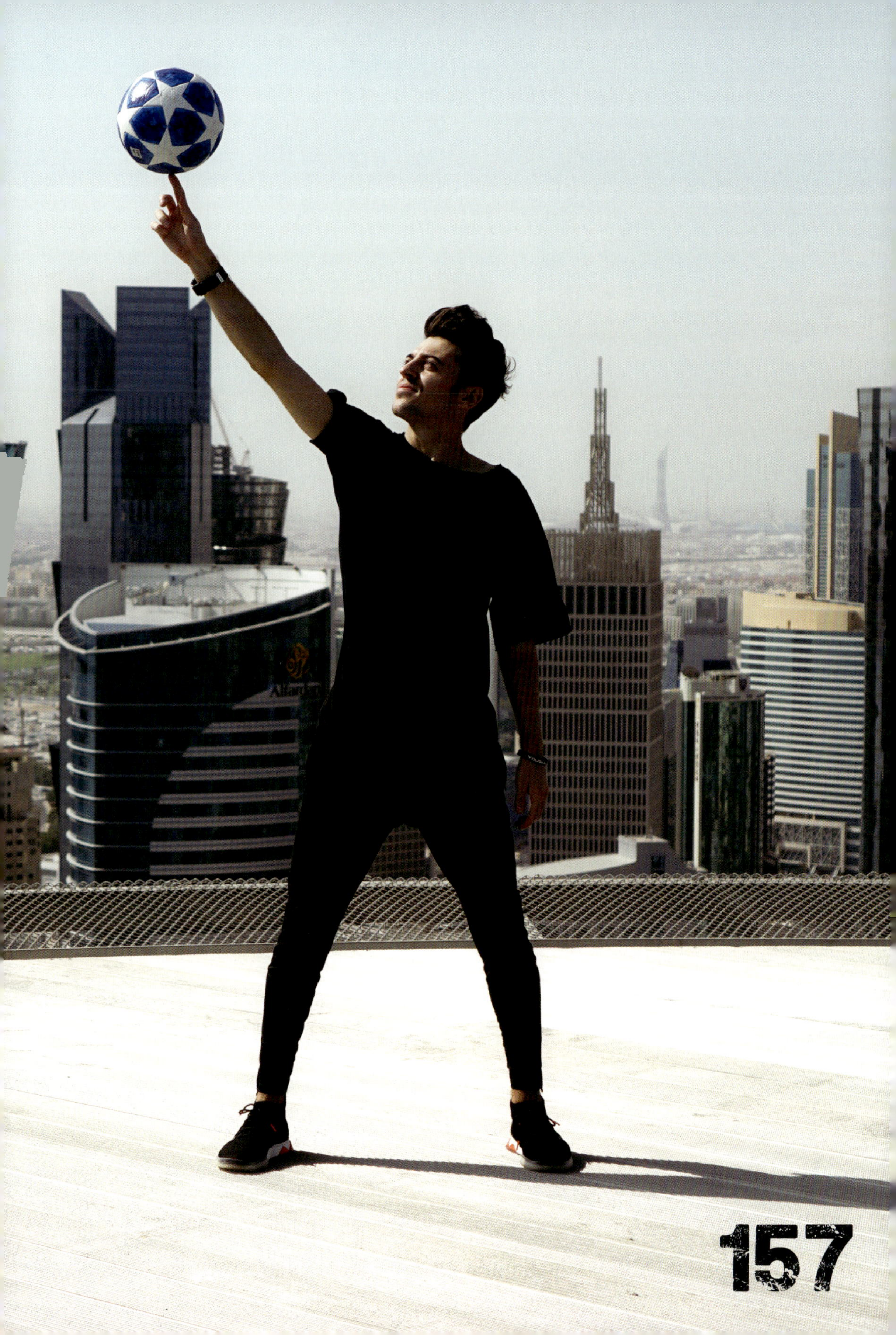

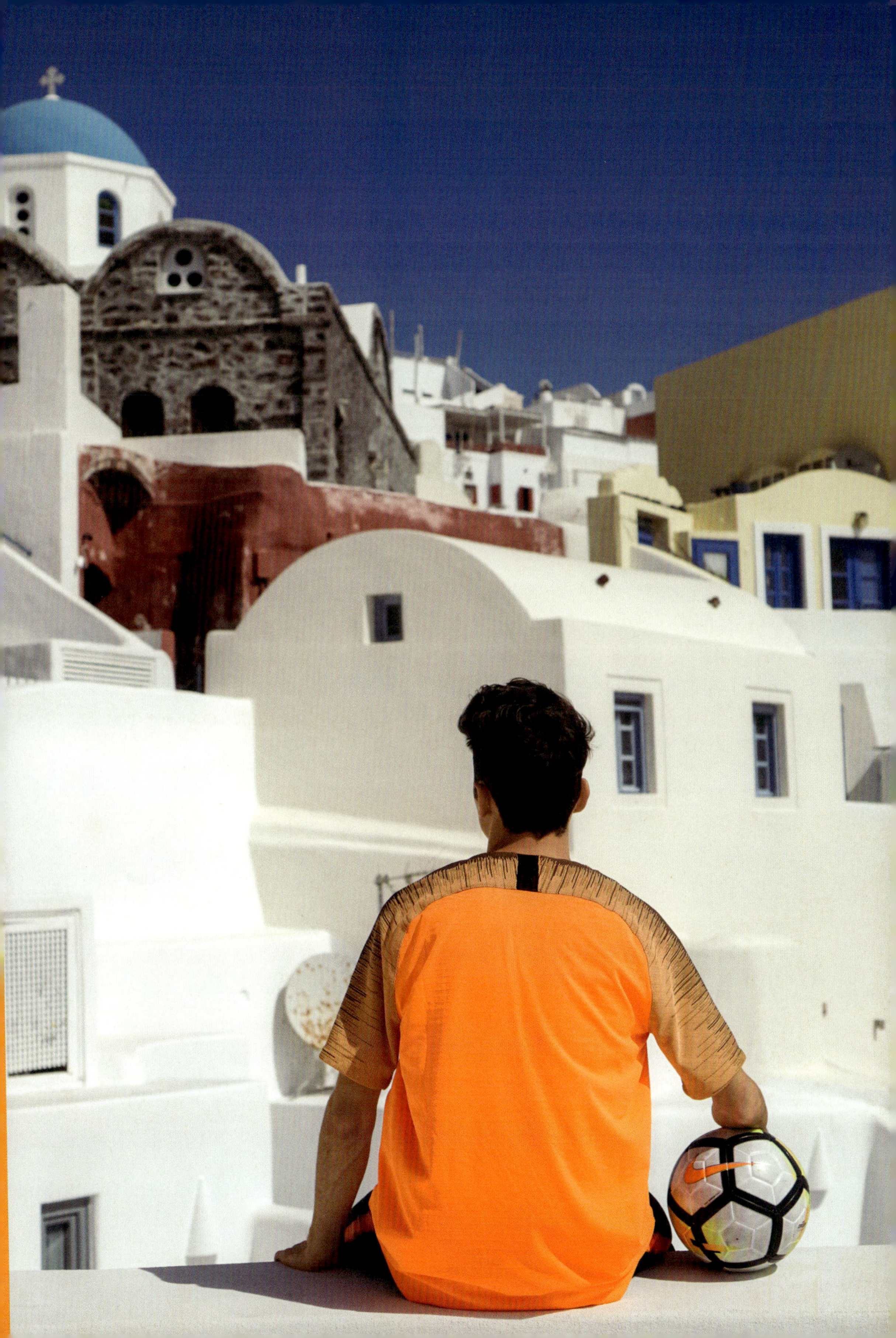

Bibliografische Information der Deutschen Nationalbibliothek
Die Deutsche Nationalbibliothek verzeichnet diese Publikation
in der Deutschen Nationalbibliografie; detaillierte bibliografische
Daten sind im Internet über http://dnb.dnb.de abrufbar.

2., überarbeitete und ergänzte Auflage
ISBN 978-3-667-12490-6

Lektorat: Niko Schmidt, Andreas Beune
Layout: Jörg Weusthoff, Weusthoff & Reiche Design Hamburg
Lithografie: Mohn Media, Gütersloh
Druck: Himmer Druckerei und Verlag, Augsburg
Printed in Germany 2022

Abbildungsnachweis:
Frontcover: privat
Backcover: privat

Seite 2: privat; Seite 4/5: Julia Gutierre; Seite 6/7 Eugenia Hanganu; Seite 8/9: Pascal Gurk; Seite 10/11: Pascal Gurk; Seite 12: privat; Seite 15: Pascal Gurk; Seite 18/19: Pascal Gurk; Seite 20: Pascal Gurk; Seite 23 Bild 1 (Ticket): Niclas Lenhard; Seite 23 Bild 2 (Straße Miami): privat; Seite 24/25: Aileen Höltke/c h v b b l s; Seite 26: privat; Seite 28/29: Eugenia Hanganu; Seite 31: Pascal Gurk; Seite 33: 1: Julia Gutierre, 2: Felix Leichum, 3: privat; Seite 34/35: Orlando Rivera; Seiten 36–45: Eugenia Hanganu; Seite 47: privat; Seite 48/49: Orlando Rivera; Seite 51: Rivera; Seite 52–61: Eugenia Hanganu; Seite 63: privat Seite 65: privat; Seite 66–67: privat; Seite 68–103: Eugenia Hanganu Seite 104/105: Privat; Seite 106–107: Orlando Rivera; Seite 108–121: Eugenia Hanganu; Seite 122: Pascal Gurk; Seite 123 (Manuel Neuer): Patrick Zeitler; Seite 124/125: Orlando Rivera; Seite 126–139: Eugenia Hanganu; Seite 141: privat; Seite 142/143: Eugenia Hanganu Seite 145: Eugenia Hanganu Seite 146/147: Eugenia Hanganu Seite 148/149: privat; Seite 150/151: privat; Seite 152–153: Eugenia Hanganu; Seite 156/157: privat; Seite 159: privat

Delius Klasing Verlag, Siekerwall 21, D-33602 Bielefeld
Tel.: 0521/559-0, Fax: 0521/559-115
E-Mail: info@delius-klasing.de
www.delius-klasing.de